广西高等学校优秀中青年骨干教师培养工程（桂教人〔2013〕9号）
广西特色高校建设项目

旅 游 表 演 学

朱江勇　陆栋梁　著

南开大学出版社

天　津

图书在版编目(CIP)数据

旅游表演学 / 朱江勇,陆栋梁著. —天津:南开大学出版社,2015.8（2018.7重印）
 ISBN 978-7-310-04879-3

Ⅰ.①旅… Ⅱ.①朱… ②陆… Ⅲ.①旅游学—表演学 Ⅳ.①F590

中国版本图书馆 CIP 数据核字(2015)第 188014 号

版权所有　侵权必究

南开大学出版社出版发行
出版人：刘运峰
地址：天津市南开区卫津路 94 号　　邮政编码：300071
营销部电话：(022)23508339　23500755
营销部传真：(022)23508542　邮购部电话：(022)23502200
*
三河市同力彩印有限公司
全国各地新华书店经销
*
2015 年 8 月第 1 版　　2018 年 7 月第 2 次印刷
230×170 毫米　16 开本　13.75 印张　248 千字
定价：38.00 元

如遇图书印装质量问题，请与本社营销部联系调换，电话:(022)23507125

作者简介

朱江勇（1976— ），江西瑞金人，2010年毕业于厦门大学戏剧戏曲学专业，获文学博士学位，现任桂林旅游学院教授，研究方向为戏剧与区域文化、旅游文化。2007年以来在《舞台艺术》（人大复印资料）、《南方文坛》、《贵州民族研究》、《戏剧文学》、《四川戏剧》、《旅游论坛》等刊物发表学术论文30余篇。著有《桂剧研究》、《桂剧》（合著），主编《戏曲中国》等。其中《桂剧研究》获广西第十三次社会科学优秀成果二等奖。

陆栋梁（1962— ），广西灌阳人，2010年毕业于福建师范大学民族音乐学专业，获文学博士学位，现任桂林旅游学院教授，研究方向为民族民间音乐、中国传统音乐、民间音乐与文化旅游。2006年以来在《音乐研究》《民族文学研究》《广西师范大学学报》《旅游论坛》等刊物发表学术论文30余篇。著有《生死场域中的三乐与三灵——灌阳县丧葬仪式音乐研究》、《桂剧》（合著）等。其中《生死场域中的三乐与三灵——灌阳县丧葬仪式音乐研究》获广西第十三次社会科学优秀成果三等奖。

序一

从该书的市场背景而言，旅游表演产业作为 21 世纪旅游产品策划过程中的重要创新点和经济增长点，以其亮丽的旅游创意形象，受到了世界各国和地区旅游企业、景区景点的广泛关注与积极追捧，国内外一些旅游景区景点都加大了对旅游表演产业的营销力度，特别是发达国家的旅游表演市场的产业与实践已相当成熟。随着我国建设世界旅游强国步伐的加快，以及旅游市场和营销策划的深化，旅游表演产业也取得了举世瞩目的成就，成为旅游产业发展过程中最令人瞩目的文化创意产品之一，其对国民经济和旅游发展的影响力不断加强，受到了中国各级政府及旅游企业的高度重视。随着旅游产业发展过程中日益激烈的市场竞争，任何旅游目的地或旅游企业的发展，都不可忽视旅游表演产品在市场营销中的巨大作用，以旅游表演客源市场为导向，才能将潜在市场转化为现实市场，增强旅游表演市场的竞争能力，提高旅游经济效益。

从该书的写作特色而言，中外旅游表演产业和市场的蓬勃发展，呼唤着融合国际学科发展前沿、具有中国特色的旅游表演学理论的构建，迫切需要结合教学研究和案例实践中逐渐积累起的有关旅游表演学的理性与感性认识，进一步提升旅游表演产业学科体系，亟待编写或改编高质量和高水平、反映中外旅游表演理论最新成果、适合高等院校本科生的旅游表演学教学的著作。该书共分 8 章，分别阐述了旅游表演学的理论建构及其运用与实践、旅游表演的类型、旅游表演的时空展演与空间结构、旅游表演场域中的角色与角色关系、旅游表演的基本属性、旅游表演项目的创意与策划、旅游表演项目的生产与营销、旅游表演人才的构成和来源及其培养等方面的内容，不但借鉴和引用了旅游学、地理学、管理学、社会学、哲学、人类学、心理学、传播学、语言学、文学等国内外专家学者的大量相关成果，而且试图体现国内外关于旅游人类学、人类表演学、社会表演学等旅游表演学相关的理论研究与典型案例的最新成果，同时基于旅游表演研究理论与案例实践的前瞻性、时代性、变幻性、超前性、新颖性，融入了作者多年的研究与实践，将国内外旅游表演的最新典型实践案例有机地融入到旅游表演学的基本原理中。

从该书的应用价值而言，由于旅游表演学的理论与实践反映了旅游表演市场的发展规律，其理论与实务是政府旅游机构和旅游企业进行表演市场营销的重要依据，日益受到旅游学术界和企业界的高度重视，相信越来越多的中外高等院校的旅游管理专业会越来越重视旅游表演学的课程教学与应用实践。而该书以提高本科生的整体素质为基础，体现了写作过程中的先进性、简明性、适用性、通俗性的原则，在大量引用国内外旅游表演学的新理论、新知识、新经验、新案例的同时，也考虑到了适用性和时效性，又在此基础上有所创新和突破，可以使学生接触到国内外最新的旅游表演学研究和典型案例及其应用成果，从而使学生看问题的视野更具全方位特点，对学生未来的工作与实践会有极大的开拓价值。

从该书的教学与科研效益而言，有利于发挥教师和学生两方面的积极性，一方面教师可以充分发挥和运用自身全面扎实的专业技能、高超精湛的表达能力、灵活多样的教学方法、前沿信息的捕捉能力、良好规范的职业道德、出类拔萃的科研能力；另一方面积极引导学生发现、分析和解决旅游表演中的相关研究专题和存在问题，包括对旅游表演学的理论探讨、问题剖析和前沿探索，通过促使学生以主体身份参与旅游表演实际问题的研讨，刺激学生的求知欲望，提高学生分析和解决实际问题的能力，充分发挥旅游表演学的教学与科研优势，通过课堂讲授法、小组讨论法、案例教学法、团队协作法、实地调研法、专题讲座法、课题教学法、实战教学法和情景教学法等多种教学形式，采用教学与实践相结合、课上与课下相结合等教学方式，提高学生的分析研究能力和应用实践能力，培养学生的科研能力、创新能力、演讲能力、组织能力和沟通能力，增强学生的团队合作意识，使课程教学理论与实践内容有机结合。

从该书的人才培养而言，可以要求学生通过运用所掌握的旅游表演学的相关知识和理念，以旅游表演产业和市场发展的实际问题为载体，进行深入的旅游理论探讨、问题剖析和前沿探索。不但注重对学生的全才培养，更要注重对学生的专才培养，使学生尽快了解国内外旅游表演市场的发展趋向和市场运行规则，具备科学进行旅游表演项目策划、营销、协调、咨询等活动的综合能力、开拓意识和互动能力，使学生具备自身定位准确、心理素质较好、实际操作能力和组织能力较强、适应工作岗位快等优秀品质，培养学生成为一专多能、全面发展、知识面广、适应性强的复合型旅游专业人才，以适应全球化背景下旅游表演市场对国际化人力资源的竞争和需求。

受我国知名学者周其厚教授之托，经过认真拜读朱江勇、陆栋梁老师的《旅游表演学》，特做上序。

郭英之
博士、教授、博士生导师
复旦大学旅游学系
2015年5月于复旦光华西主楼

序二

我对于戏剧，可以说完全是一个门外汉。我记得小时候，在老家高密县，也去看、去听戏剧，就是高密茂腔，总是拉着长调，苦大仇深，如泣如诉。那时候，没有太多的业余生活，晚上人们聚集在一起，看得津津有味。然而对于我来说，基本上凑个热闹而已。因为是家乡的地方剧种，不管唱腔如何，我还是能听得懂唱词，知晓大体的内容是什么。稍长，又知道山东吕剧、山东快书，也觉得很有趣。吕剧是山东的地方剧种，如同河南的豫剧、安徽的黄梅戏等一样。而山东快书，如武松打虎，甚是有名。在"铛地个铛"声中，语言简洁明快，妙趣连连，山东人豪爽、好客的性格就这样直白地表现了出来。我多少有了一些感悟，原来戏剧是群众的戏剧。"一方水土养一方人"，一方水土会有一个地方的戏剧。这是当地群众创造的，而且是在劳动中创造的。时间流逝，历久弥新。

2008年，我来到桂林后，进入桂林旅游学院，一所专门培养旅游人才的学校。对于旅游的认知，总有一个学习的过程。这个领域，是一个广阔的天地，包罗万象，无所不容。特别是置身于桂林山水中，既感受到"抗战文化"，又有阳朔的"印象·刘三姐"，震撼了我的心灵，这就是旅游。戏剧的表演，可以与旅游联系起来，而且成为旅游不可缺少的一部分。迄今，到了阳朔的游客，不看"印象·刘三姐"，就觉得没有到桂林、没有到阳朔一样。可见，演艺在旅游中具有重要的地位。

再后来，我见到了我的同事朱江勇博士。他给我的第一印象是，他是一个不善言谈，沉默不语的人。但在他的身上，我分明感觉到，总是有一种内在的东西。与他谈起桂剧，那种快乐的心情，溢于言表。我知道他在桂剧研究方面成就斐然。近几年，他出版了一本"广西国家级非物质文化遗产"的书——《桂剧》，又出版了专著《桂剧研究》，还有"海外孔子学院偶动漫经典戏曲教材"

的书——《戏曲中国》。他在"桂林百姓文化大讲坛"上，讲解桂剧的由来、演变与发展，深入浅出，生动有趣。艺术，走进了寻常百姓中间。我还记得，桂林电视台要做一个关于"桂剧三百年"的纪录片，到省会南宁寻找研究桂剧的专家，人家告诉说，在桂林的朱江勇，就是研究桂剧的专家。于是，节目组又回到桂林，采访了江勇，这个纪录片做得很成功。随后，江勇说，要在桂林日报、晚报上，介绍桂剧表演艺术，特别是一些著名的艺术家。果然，在这两个报纸上，刊登了他的数篇文章，图文并茂，可读易懂。又后来，听他说抗战时期，许多戏剧名人聚集桂林，如欧阳予倩等。这些人物值得研究，在他们的后人手中有资料、有照片，这是一个宝库，很值得挖掘出来，这是件很有意义的事。我听了以后，极赞成他的想法。

陆栋梁博士是我校音乐表演系的老师，在民间音乐方面有很深的造诣。他懂音乐，懂地方文化、风俗，特别是民间流传下来的音乐，更让他如醉如痴，而达到了忘我的程度。我想，做学问到了如此之地步，是很令人感佩的。他认为，民间音乐是群众劳动创造的产物，虽不是"阳春白雪"，但这种音乐更是生活的本真，没有丝毫的造作。研究民间音乐表演，有无穷的乐趣，能参悟人生，理解现实。

江勇、栋梁两位博士，共事多年，志同道合，经常在一起切磋戏剧、音乐的表演与旅游的关系。他们觉得，戏剧、音乐在旅游发展中大有用武之地。演艺文化是现代旅游的重要成分，占有很重要的一席之地。但如此丰富的宝藏，却没有很多人去挖掘，去研究，至今没有建立一个系统的体系。如果做一番深入探讨，于国家民族，于旅游业，于培养旅游人才，岂不是一件大好事！这既是一个重要的学术贡献，又具有很高的现实价值。他们在对这个问题长期研究的基础上，萌发了写作《旅游表演学》的想法，于是说干就干，共同讨论，明确分工，各负其责。中间，查资料，求证；访问戏剧表演人物，包括他们的后人，启发了更多的灵感，又丰富了自己的研究。他们日录夜作，废寝忘食，为此付出了很大的心血，历时两年多，终于完成了这部专著，呈现在读者面前。

综观这部著作，其特点有五：（一）建立了旅游表演学的基本理论，其学术意义不可低估；（二）奠定了旅游表演学研究的学术规范，创新了该领域的研究范式；（三）重视旅游表演实践的研究，通过大量案例提炼出旅游表演人才的培养模式、课程体系，教育与产业相结合的构想；（四）资料丰富，持之有理，言之有据；（五）文字平实，生动有趣。

我觉得，书一旦出版了，最有发言权的是读者。作为作者的同事，作为读者之一，我把自己的感受写出来，与大家分享。

是为序。

周其厚

2015年3月

于桂林旅游学院

前　言

　　21世纪是色彩斑斓的世纪，用诸多的词语也只能描绘它的冰山一角：科技化、产业化、信息化、城市化、娱乐化、节奏化、程序化、虚拟化、视觉化、日常生活审美化、传统断裂化等，抑或描绘为知识经济时代、生物技术时代、海洋时代、智能交通时代、电动汽车时代、心理疾病时代、非致死战争时代、毫微技术时代、表演时代、旅游时代、物联网时代等。一方面科技进步和社会发展给地球上人们的生活带来许多便利，另一方面伴之而来的人口膨胀、环境恶化、资源危机、生理和心理疾病等同样困扰着地球上的人们。因而我们必须用冷静、清醒的头脑来审视我们所处的时代，哪怕是思考这个时代的一个小小的侧面也会有益处，本书更多涉及的是21世纪的旅游和表演两个貌似无关却又紧密相联的话题。

　　21世纪是旅游时代，这里所讨论和研究的旅游，主要是指第二次世界大战以来特别是20世纪60年代以来作为大众化、产业化的产物，是世界性的现象和旅游活动，集中在作为现代社会消费性质的"大众旅游"层面。旅游到底是什么？虽然长期以来学界对旅游下过诸多不同的定义和做过不同的类型区分，但都很难将它做完备的概括，这种矛盾如同当今先进的科学技术在量上趋向无限精细，却难以对科学技术创造者本身的内心深处描述一样。不可否认，旅游成为可以与每个人都息息相关的活动，如同麦克内尔喊出的那样："直面旅行大革命吧，人人皆游客。"人们在节假日见面通常会聊"去哪里旅游啦？"之类的话题，似乎有时间不去旅游是不合时宜的。全世界各地的人们选择不同的时期，怀着不同的动机，用不同的方式，去不同的地方旅游和感受旅游，他们的旅游活动如同剧院的舞台上，每天上演着多姿多彩的剧目。或许，剥去那些对旅游概念性与技术性的认识，可以更好地理解旅游作为人的活动的本质：旅游是当下人生活的一种状态，一种情绪释放的方式，一种为了达到生命另一种境界必须通过的"仪式"，一种逃离于日常生活模式与节奏的经验过程，一种"游戏"，一种"文化移动"，一种全球性的"混合物"，一种像观剧一样进入舞台幻觉的体验……

  21 世纪是表演时代，人类表演学理论最著名的旗手、美国纽约大学教授理查德·谢克纳（Richard Schechner）在 21 世纪初就说过，"21 世纪是表演世纪"。①当然，谢克纳对表演的理解是在一切人类活动都可以当作表演来研究的总体思路和理论框架之下，表演不仅包含戏剧影视的表演（狭义的表演），还包含日常生活中的表演（广义的表演），即"凡是自我指涉的行动就是表演"。②"表演化"（很多地方可以用"作秀"一词）充斥在我们生活的周围：层出不穷的影视作品、多如牛毛的电视娱乐节目、形形色色的旅游景区表演、官员的竞选演讲、企业产品的推销、各地选美活动、法庭上的辩论、街头政治游行、同性恋自尊游行，以及将现实生活"表演化"的电视节目如职场真人秀③、婚姻调解栏目④、找对象栏目⑤、热播中的亲子节目《爸爸去哪儿》等，甚至城市的大街小巷、学校、酒店、银行、居民生活小区，和高速公路等因装上摄像头将人们生活置于镜头之下。这使我们想起几百年前莎士比亚一句意味深长的话："世界是一个舞台，所有的男男女女不过是一些演员，他们都有下场的时候，也都有上场的时候。一个人的一生中扮演着好几个角色。"

  普遍联系的世界里，不难找出事物或现象之间的联系，旅游和表演之间的关系就是如此显而易见。从现象层面讲，世界各地旅游业都有为了吸引游客的娱乐需求开展各式各样表演（更多是狭义的表演）的状况，形成了以旅游表演为内核、融合多种艺术门类、呈现出多种姿态的旅游演艺产品体系。从学术层面讲，前人的研究很早就注意到表演（广义的表演）和旅游的关系，从 20 世纪 50 年代欧文·戈夫曼的"拟剧理论"、麦克内尔的"舞台化真实"理论、西方学者的"表演旅游地"、中国学者谢彦君的"旅游体验"研究，到理查德·谢克纳的"环境戏剧"等，这些研究实质都是运用了人类表演学理论来研究旅游

---

  ① 孙惠柱，高鸽. 什么是人类表演学——理查德·谢克纳教授在上海戏剧学院的讲演[J]. 戏剧艺术，2004（5）：4-8.
  ② 孙惠柱，高鸽. 什么是人类表演学——理查德·谢克纳教授在上海戏剧学院的讲演[J]. 戏剧艺术，2004（5）：4-8.
  ③ 此类栏目有美国的《学徒》、瑞典 TV3 的《竞争者》、德国 RTL 的《大老板》等，中国有东方卫视的《创智赢家》、浙江卫视的《天生我才》、中央电视台的《赢在中国》、江苏卫视和中国教育频道的《职来职往》等。有研究者认为，"职场真人秀的特点是参与者被指定在摄像机前面完成所规定的需要一定专业技术技能的任务，由评判者根据参与者的完成情况做出淘汰和选拔的决定"。谢耕耘，陈虹. 真人秀节目：理论、形态和创新[M]. 上海：复旦大学出版社，2007.
  ④ 此类的栏目有：江西卫视的《金牌调解》、湖北电视台的《调解现场》等。
  ⑤ 此类的栏目有：江苏卫视的《非诚勿扰》、湖南卫视的《我们约会吧》、东方卫视的《百里挑一》等。

活动取得的相应成果。①此外，还有对旅游服务表演特性、服务体验与戏剧表演、旅游与角色再造、旅游与仪式等方面的研究，这些都反映出旅游与表演之间存在着的密切联系和较大的学术研究空间。

尽管如此，很少有人矢志不渝地对旅游和表演两者做深入研究。笔者在接触到谢克纳的人类表演学理论时，惊叹于他对传统学科规范的突破，他倡导的人类表演学理论可以用来研究各种各样的无边无际的人类活动，事实上该理论已经渗透到几乎所有的人文学科领域，这种敢于突破传统学科规范的思维方式令人深思。人类表演学理论运用广泛，并呈现出理论和实践相结合的两面性，在中国，谢克纳的弟子——上海戏剧学院孙惠柱教授在接受了谢克纳的人类表演学理论基础上，依据中国的现实创立社会表演学，尽管社会表演学和人类表演学之间存在着很大的差异，但它们都是涉及旅游研究时所需要和借鉴的。当笔者在关注旅游演艺、旅游真实性、旅游活动中的角色关系、文化商品化、传统保护、旅游体验等诸多问题时，在人类表演学和社会表演学理论的触发下，笔者强烈地体会到旅游表演学提出的可能性与必要性，如果这个问题还不能构成一门学科的话，说它是旅游表演研究体系也行。2009年笔者在《旅游表演学：理论基础、内涵与内容及其实践》②一文提出建构旅游表演学的设想，包括一系列论文，如《论人类表演学理论在旅游研究中的运用》③《"舞台互动"：旅游表演学视域下的旅游展演空间》④《"角色互动"：旅游表演场域中的角色及角色关系》⑤等都旨在从另一个视角去研究人类的旅游活动与行为，回归到旅游活动的本质研究，即对人本身的研究之中。

建构一门学科或一种理论体系，是令人既兴奋又苦恼的事情，如同在黑暗中见到前面的光芒却无法靠近。幸好陆栋梁教授同时也在进行旅游表演方面的研究，他的学术专长和旨趣体现在一系列旅游研究的课题中，这些课题在旅游表演人才培养模式、课程体系、教育与产业的理论与实践、民间音乐文化进入旅游场域中的流变现象以及空间上的分布等诸多问题上提出了很多卓有洞见的观点。经过多番与陆栋梁教授的磨合后，我们决定合力研究旅游表演学。

什么是旅游表演学？本书中是指研究旅游场域中各类表演现象及其规律

---

① 朱江勇，覃庆辉. 论人类表演学理论在旅游研究中的运用[J]. 旅游论坛，2009，2（3）：330-334.
② 朱江勇. 旅游表演学：理论基础、内涵与内容及其实践[J]. 河北旅游职业学院学报，2009，14（4）：24-27.
③ 朱江勇，覃庆辉. 论人类表演学理论在旅游研究中的运用[J]. 旅游论坛，2009，2（3）：330-334.
④ 朱江勇. "舞台互动"：旅游表演学视域下的旅游展演空间[J]. 旅游论坛，2014，7（2）：87-93.
⑤ 朱江勇. "角色互动"：旅游表演场域中的角色及角色关系[J]. 旅游论坛，2015（1）：87-94.

的学科，它是人类表演学系统中的一个子系统，是在吸收人类表演学和社会表演学理论的基础上，把旅游活动作为人类活动的一部分并当作人类表演学中的"表演"来研究的一门学科，其对象是以人的活动为中心的整个旅游活动，既包括旅游活动中为吸引旅游者进行的戏剧、音乐、舞蹈、魔术杂技、民俗风情等各式各样的表演，即狭义上的表演（在旅游业中更多指旅游演艺）；也包括旅游活动中日常性和非日常性的各种仪式展演与文化表演，以及由各种表演带来的人们已经关注到的旅游真实性、文化商品化、传统保护、旅游体验等诸多问题，还有将会拓展开的研究旅游活动中各种角色行为与他们之间的关系、导游人员的教育与培训、景区空间设计等方面的问题，即广义上的表演。

  但要说实话，研究和写作"旅游表演学"这个题目是很冒险的，甚至在旁人看来还有些盲目，因为我们不知道建构这样的理论是否能抓住旅游研究的本质和反映旅游活动本身。难怪前人有过如此的经验与教训："写书就像走夜路，谁知道能走到哪里去。"然而我们坚定地认为，这个跨学科、不同领域交叉的基础理论和应用相结合的课题值得研究，有巨大的探索空间，它在黑夜的密林深处不断地闪烁着光芒。说实话，我们并非旅游学科研究的行家，只能将自己定位为旅游现象和旅游学科研究的冷静观察者，但我们深信旅游学术研究是具有灵活性的，一方面不应当"因为学术崇拜而从别的学科全盘引进"，另一方面"旅游研究应当成为检验和发展社会理论的一块沃土"[①]。

  于是，我们选择了这个寄托着理想、从未有人到达的地方作为我们的"异托邦"，收拾好行装前行。

---

① Franklin, A, and Crang, M. The trouble with tourism and travel theory? [J]. Tourist Studies, 2001, 1 (1): 5-22.

目 录

序一 1
序二 1
前言 1

上篇 理论篇

第一章 旅游表演学理论建构、运用与实践 3
    第一节 旅游表演学的理论基础、内涵与研究内容 3
    第二节 旅游表演学理论研究取得的成果 12
    第三节 旅游表演学的实践 19
第二章 旅游表演的类型 24
    第一节 旅游演艺 24
    第二节 作为仪式展演的旅游 32
第三章 旅游表演的时空、展演空间与空间结构 52
    第一节 旅游表演的时间和空间 52
    第二节 旅游表演的展演空间 59
    第三节 旅游表演的空间结构——以旅游表演中戏剧表演为例 73
第四章 旅游表演场域中的角色与角色关系 88
    第一节 旅游表演场域中的角色 88
    第二节 旅游表演场域中的角色关系 95
    第三节 旅游活动中的性别角色 101

下篇 实践篇

第五章 旅游表演的基本属性及其运营的基本原则和一般模式 111
    第一节 旅游表演的基本属性 111
    第二节 旅游表演运营的基本原则 115

  　　第三节　旅游表演运营的一般模式……………………………119
第六章　旅游表演项目的创意与策划…………………………………124
  　　第一节　项目的创意与早期筹备……………………………124
  　　第二节　创建运营组织………………………………………126
  　　第三节　项目的策划…………………………………………133
第七章　旅游表演项目的生产与营销…………………………………161
  　　第一节　表演团队的组建……………………………………161
  　　第二节　项目的生产…………………………………………169
  　　第三节　项目的营销…………………………………………171
  　　第四节　项目的表演…………………………………………176
第八章　旅游表演人才的构成、来源及其培养………………………182
  　　第一节　旅游表演的人才构成………………………………182
  　　第二节　旅游表演人才的来源………………………………184
  　　第三节　旅游表演人才的培养………………………………186
参考文献……………………………………………………………………194
后记…………………………………………………………………………199

上篇 理论篇

第一章　旅游表演学理论建构、运用与实践

凡是自我指涉的行动就是表演。

——理查德·谢克纳

第一节　旅游表演学的理论基础、内涵与研究内容

开篇先引用美国学者丹尼逊·纳什在《旅游人类学》里的一段话：

"有闲的旅行者（旅游者），不管是个人还是群体，都可以看作是在一些旅游戏剧中扮演重要角色的人。戏剧场面中当然还包括各类东道主（如饭店员工、商店营业员和亲戚）、交通运输和导游人员（比如飞行员、汽车驾驶员和导游）以及那些使他们能得以成行的人（比如旅游机构、朋友和亲戚）。所有这些演员以及他们相关的人，都能成为旅游研究的对象。"[1]

丹尼逊·纳什将整个旅游活动看成是一场广义上的表演，旅行者扮演的重要角色和各类东道主构成了整个戏剧场面的人物，他们也成为旅游研究的对象，沿着这种思路，我们慢慢走进旅游表演学。

一、旅游表演学的理论基础

涉及旅游表演学之前，必须先探讨人类表演学和社会表演学这两门学科，因为旅游表演学以这两门学科理论为基础。

---

[1] [美]丹尼逊·纳什. 旅游人类学[M]. 宗晓莲, 译. 昆明：云南大学出版社，2004.

（一）人类表演学

人类表演学始于人们把自身的活动当作"表演"来认识，如人们常说"人生如戏""生活就像大舞台""天地大舞台"，人们生活在世界上就像在舞台上表演，每个人在不同的场合扮演着不同的角色，直到离开这个世界，这些都是人类表演学中表演含义雏形。

学术上人类表演学从20世纪50年代就有了萌芽，期间经历了欧文·戈夫曼的拟剧理论、维克多·特纳的社会戏剧、克里福德·格尔茨的文化文本以及格莱格雷·贝曾关于仪式、游戏和表演三者之间关系理论，最终由维克多·特纳和理查德·谢克纳在20世纪80年代形成吸收前人成果的人类表演学理论，并由理查德·谢克纳不断修正。这里简要介绍比较有代表性的欧文·戈夫曼的拟剧理论。

美国社会学家欧文·戈夫曼写于20世纪50年代的《日常生活中的自我呈现》[1]一书，是对哲学、人类学、心理学、传播学、语言学、管理学、文学诸多社会科学领域较有影响的著作。戈夫曼写作这本书是以"人生是一场表演，社会是一个舞台"观点为前提，书中最大目的在于用戏剧表演的理论来研究人们日常行为，特别是日常生活中人们面对面的具体互动细节，展示那些隐含的、不公开的互动规律，即如何运用符号预先设计或展示在他人面前的形象，如何利用符号进行表演，并使表演取得良好效果，他的理论被称为拟据理论。

1. 拟剧理论主要内容

（1）人们通过符号表演，目的是赢得观众的认可。

（2）表演主要分为前台行为和后台行为。

2. 拟剧理论描述自我在日常生活中的表演使用的主要戏剧术语

（1）剧场：人与人面对面互动的过程、舞台。

（2）前台：人们进行表演的地方，人们表现的是社会化的自我一面。

（3）后台：不让观众看到的，限制观众与局外人进入舞台的部分，人们表现的则是自我中自发的、最本质的一面。

前台与后台的关系在于，如果观众进入后台，后台就会变成前台，成为另一场演出的前台。

（4）剧组：彼此协作以形成某一特别情景定义的表演。剧组的特点是相互

---

[1] Erring Goffman. The Presentation of Self in Everyday Life[M]. New York: Anchor Books, 1959. 该书中文译本有：欧文·戈夫曼. 日常生活中的自我呈现[M]. 黄爱华, 冯钢, 译. 杭州：浙江人民出版社, 1989; 欧文·戈夫曼. 日常生活与自我表现[M]. 徐江敏, 译. 昆明：云南人民出版社, 1988; 欧文·戈夫曼. 日常生活中的自我呈现[M]. 冯钢, 译. 北京：北京大学出版社, 2008.

依赖、不破坏演出和共守秘密,形成"秘密社会"。

3. 拟剧理论的实质是"印象管理"

"印象管理"即如何在他人心中塑造一个自己所希望的印象的过程,或者是当被人观察时如何表现自己。

人类表演学(Performance Studies)正式得名于 1979 年在纽约大学(New York University)成立的人类表演学系[①],是美国著名戏剧学者理查德·谢克纳(Richard Schechner)和人类学家维克多·特纳(Victor Turner)所倡导的戏剧学与人类学相结合的产物,由于特纳在 1983 年去世,谢克纳便成为人类表演学这门新学科的最著名的旗手。随后,谢克纳将他自 20 世纪 60 年代起主编的刊物《戏剧评论》(TDR:The Drama Review)改名为《戏剧评论——人类表演学刊》(TDR:The Drama Review,Performance Studies),以示对表演的重视,该刊物成为国际公认的人类表演学旗舰刊物。

人类表演学是谢克纳突破传统戏剧的框架,提倡反百老汇、非商业、非主流的后现代先锋戏剧主张与诞生欧洲的人类学一开始就注重考察非西方原始部落仪式表演,把重点放在前现代的仪式表演和后现代先锋戏剧研究相结合的产物,对现代社会中百老汇或外百老汇式的、资产阶级客厅式的主流戏剧兴趣很小,对中产阶级专业人士的社会表演关注度也不高。

人类表演学理论在谢克纳的《在戏剧与人类学之间》(Between Theatre and Anthropology)一书中得到比较系统的阐述,后来有了进一步发展。2004 年谢克纳在上海戏剧学院做了"什么是人类表演学"的讲演,进一步阐释他的人类表演学理论,他认为人类表演学中的"表演"不仅包含了戏剧影视中的表演(狭义的表演),而且包含了舞蹈、仪式和日常生活中的表演(广义的表演)。谢克纳认为对广义的表演的研究,实质上是对人的本质的研究,这个表演是永远不会结束的,也是不断变化的,发生在我们身边,凡是自我指涉的行动就是表演。从理论上来说,谢克纳的人类表演学建立在存在主义哲学基础上,表演可以从以下四个方面来考察:存在(being)、行动(doing)、展示行动(showing doing)、对展示行动的解释(explaining showing doing)。[②]第一个方面从哲学角度讲是最复杂的,being 就是存在本身,而存在的东西又是不断发展变化的,因此存在就是行动,存在的东西其实是一种运动,非静止的存在。人的存在(human being)也是一样的,从心理、生理、个人、社会上讲也是这样的。表演并非只是戏剧

---

① 人类表演学系的前身为研究生戏剧系。
② 孙惠柱,高鸽. 什么是人类表演学——理查德·谢克纳教授在上海戏剧学院的讲演[J]. 戏剧艺术,2004(5):4-8.

影视中的表演，而是包括演讲、在咖啡店喝咖啡、和孩子说话、各种庆典或一些世俗的活动等日常生活中的表演，即展示行动。前三个方面的表演就是人类表演学中的表演，第四个方面对展示行动的解释就构成了人类表演学。

谢克纳的人类表演学的总体思路和理论框架是：一切人类活动都可以当作表演来研究，它渗透到人类学、社会学、心理学、传播学、文学、文化学、政治学、工商管理等几乎所有的人文学科领域。除了谢克纳所在的纽约大学外，像美国另一所名校西北大学（Northwestern University）在1984年也成立了Department of Performance Studies[①]，其后受纽约大学的人类表演学的影响，欧美有上千所大学相继开设表演学专业或课程[②]，即使没有专门的专业，开设课程的系部有传播系、文学系、心理学系、政治学系、社会学系、人类学系等，"各种系科的学者和实践家都在从不同的角度来研究、探索人类表演学的具体课程与用途"[③]。

人类表演学运用的工具来自不同的社会学科，如社会学、历史、性别研究、心理分析、符号学、博弈论、大众文化研究、传播学等，所要提供的是对社会、政治、宗教、仪式、体育等各个领域的表演的理解，通过教人们一种批评理论和批评能力，教人们对已经接受的知识与权威提出问题，鼓励对真理的自由追求和探讨。

人类表演学作为一种研究与应用相结合的学科，教育或训练人们既要学会利用表演性行为，又要学会质疑表演性行为。目前，在国外人类表演学理论已经运用于各种职业表演的培训，如帮助演员克服怯场，帮助医生、律师、商人更好地解决他们与病人、当事人和谈判对手的关系等，我国有些学者则将该理论用于教育培训，如研究、探讨教师和学生之间关系。[④]

人类表演学理论对旅游研究的介入，主要是以作为现代社会具有消费性质的大众旅游层面的旅游为对象的，目前主要成果体现在舞台化真实理论、文化商品化、传统保护、旅游体验研究等诸多方面，是旅游研究者不自觉运用人类表演学理论的结果，这些成果既是旅游表演学提出的前提与基础，也是旅游表

---

① 该系的前身是老牌的演讲系，后改名"口头阐释系"（"口头阐释"包括各行各业的社会表达活动），有人将其译为"口头表演学"以区别于纽约大学的"人类表演学"。

② 如美国伯克利大学将戏剧系改为"戏剧、舞蹈和表演学系"，其研究生专业总称为人类表演学，英国威尔士大学成立"人类表演学研究中心"、澳大利亚悉尼大学成立"人类表演学系"，还有的名字为"传播与人类表演学系""音乐与人类表演学系"等。孙惠柱. 社会表演学：现实与虚拟之间[J]. 上海大学学报（社会科学版），2008, 15 (1): 58-63.

③ 孙惠柱. 社会表演学：现实与虚拟之间[J]. 上海大学学报（社会科学版），2008, 15 (1): 58-63.

④ 朱江勇, 覃庆辉. 论人类表演学理论在旅游研究中的运用[J]. 旅游论坛, 2009, 2 (3): 330-334.

演学的雏形。

(二) 社会表演学

上海戏剧学院孙惠柱教授于20世纪80年代中期，在纽约大学师从谢克纳教授进入人类表演学领域，接受谢克纳"一切人类活动都可以当作表演来研究"的总体思路和理论框架。孙惠柱教授回国工作后在国内成立第一个人类表演学研究中心，他结合人类表演学和中国国情，开拓出一门新的学科——社会表演学。

社会表演学有两个重要的理论来源：一是人类表演学，即认为人的大多数行为都可以视为表演；二是马克思主义的人性观和社会观，强调人性要受社会性的约束。孙惠柱教授在探索人类表演学与中国实际结合时，认识到在人类表演学的框架内两个具体领域——前现代的仪式性表演和后现代的先锋戏剧，对于中国来说不是特别重要，他认为"中国的当务之急是要研究都市社会里各行各业、各种各样的社会表演，而且要在中外社会的比较中来进行分析研究"[①]。因为"近一二十年来，中国的政治民主化、经济市场化、娱乐和新闻媒体化，催生了越来越多的社会表演，这些表演有积极的一面，也不时露出消极的一面。不少行业缺乏规范，滥用'包装'，使表演成了虚假的同义词"[②]。

和人类表演学倡导的反传统、反权威、反共性，以个人自由选择的存在主义哲学为基础不同的是，社会表演学更加关注的是社会上大多数人日常所作所为，既重视个人表演，又强调社会的规范；表演既有个人向社会展示的个性的一面，同时也有受制于社会的共性的一面。简言之，社会表演学把人当作有自觉意识的主体，研究人如何能动性地表演——在规定情境中实现贯串动作，其范式是在剧场表演学、人类表演学、口头表演学等表演学范式的基础上发展而来，是强调规范性的一门具有中国特色的新学科。其宗旨是"深入分析现实的社会生活与虚拟的模仿表演之间多层次、多样式的过渡关系，一方面在社会表演和艺术表演中探索更多更好的方法，另一方面识别有害的和以假乱真的，以改善人们的社会生活"[③]。

社会表演学立足实践、着重分析，帮助设立各种社会角色规范，吸收社会学的方法，成为研究中国都市社会里的各种行业、企业、各种社会组织的团体或个人社会表演范本的学科，在教育、法律、医学、企业培训等领域显示出良好的研究价值和应用前景，如运用社会表演学的方法在企业培训中开展沟通培

---

① 孙惠柱. 社会表演学[M]. 北京：商务印书馆，2009.
② 孙惠柱. 社会表演学[M]. 北京：商务印书馆，2009.
③ 孙惠柱. 社会表演学：现实与虚拟之间[J]. 上海大学学报（社会科学版），2008，15（1）：58-63.

训、销售培训、创意培训、情绪培训等，[①] 诚如孙惠柱教授所说："中国需要这样一种社会表演学，既有中国特点，又能和世界接轨；既能帮助人改善社会表演的能力，也能帮助人识别虚假表演。"[②]

二、旅游表演学的内涵与研究内容

（一）旅游表演学的内涵

由于旅游涉及面过于宽泛，以至于很难为旅游下一个公认的、最具有概括性的定义，尽管关于旅游的概念和词汇多不胜数，但是都围绕一个行为和活动：离家到外面旅行。有学者将作为具有具体行为的旅行（travel）和作为现代社会行业的旅游（tourism）区分为："前者偏向于具有特定空间转换的具体行为和现象，后者则更集中指示在现代社会的旅游行业中的特定活动和行为。"[③]不管是旅行还是旅游，都包含了人类自古有之的旅行行为活动，这些活动就可以运用以一切人类活动为对象的人类表演学理论来研究。

笔者在 2009 年发表了《论人类表演学理论在旅游研究中的运用》[④]一文，简要阐述了自 20 世纪 50 年代以来，欧文·戈夫曼的拟剧理论、麦克内尔的舞台化真实理论、朱迪·阿德勒和蒂姆·艾丹瑟的作为表演的旅游研究、谢彦君的旅游体验研究[⑤]，到谢克纳的环境戏剧等，实质都是运用了人类表演学理论来研究旅游活动，可以说人类表演学理论在旅游研究中的运用几乎和自身理论的发展同步，它涉及旅游研究中舞台化真实、文化商品化、保护传统、旅游体验研究等诸多旅游基础理论研究的热点问题，这些成果成为旅游表演学的研究基础。鉴于人类表演学理论在旅游研究中的理论基础、实践与成果都已经相当成熟，在此提出旅游表演学范畴，作为旅游研究中一门以新的视点来研究旅游、需要有不同领域的人来不断深化的学科。

什么是旅游表演学？笔者所提出的旅游表演学是研究旅游场域中各类表演现象及其规律的学科，是人类表演学系统中的一个子系统，是在吸收人类表演学和社会表演学理论的基础上，把旅游活动作为人类活动的一部分并当作人类表演学中的"表演"来研究的一门学科，其对象是以人活动为中心的整个旅

[①] 运用社会表演学的方法在企业培训中的应用代表成果有，彭勇文. 戏剧与企业培训[M]. 上海：上海远东出版社，2011；吴致美. 体验式培训的运用与发展[D]. 上海：上海戏剧学院，2011；杨俊霞. 办公室的戏剧呈现[D]. 上海：上海戏剧学院，2011.

[②] 孙惠柱. 社会表演学[M]. 北京：商务印书馆，2009.

[③] 彭兆荣. 旅游人类学[M]. 北京：民族出版社，2004.

[④] 朱江勇，覃庆辉. 论人类表演学理论在旅游研究中的运用[J]. 旅游论坛，2009，2（3）：330-334.

[⑤] 谢彦君. 旅游体验研究：一种现象学的视角[M]. 天津：南开大学出版社，2006.

游活动，既包括旅游活动中为吸引旅游者进行的戏剧、音乐、舞蹈、魔术杂技、民俗风情等各式各样的表演，即狭义上的表演（在旅游业下更多指旅游演艺），也包括旅游活动中日常性和非日常性的各种仪式展演与文化表演，以及由各种表演带来的人们已经关注到的旅游真实性、文化商品化、传统保护、旅游体验等诸多问题，还有将会拓展开的研究旅游活动中各种角色行为与他们之间的关系、导游人员的教育与培训、景区空间设计等方面问题，即广义上的表演。

旅游表演学吸收人类表演学强调个人自由选择的存在主义哲学，即存在主义所倡导的以人为中心、尊重人的个性和自由，人可以在存在的基础上自我造就，活得精彩。旅游者是能动的自由者和自觉者，由于人们的日常工作、生活、学习和某些偶然的突发事故，造成了他们无聊、厌恶、挫折和悲哀等情绪，他们可以自由能动地选择旅游来调节自我，将日常生活的责任和义务暂时"搁置"，赋予乏味的生活新的生命意义，求得肉体的放松和精神上的洗礼，从这个意义上理解旅游是一种"生命的仪式"。纳尔什·格雷本教授在《作为仪式的旅游：旅游的一般理论》（Tourism as Ritual：A General of Tourism）一文中有"旅游是一种特殊的仪式"的著名论断，格雷本认为旅游——不论是追逐阳光、大海、色情，还是体育休闲旅游，都是一种来自个人或社会的仪式性表达，它被深深地植入与健康、自由、自然、自我完善相关的价值观念，成为一种"再创造"的仪式，这种仪式可以和朝圣，以及那些更具传统意味与弥漫着宗教气氛的仪式相提并论。将旅游理解成一种仪式，实际上是强调旅游者自我个性的舒张与精神追求，在必要时选择众多世俗礼仪中的一种——旅游，去实现精神和理想的放飞，正是存在主义哲学中尊重个性与自由，自我造就和自我完善，要活得更精彩思想的体现。

旅游表演学也注重社会表演学所倡导的社会规范性，强调人要受社会的共性制约的一面。马克思在对人的本质论述时有个著名论断，"人的本质并不是单个人所固有的抽象物，在其现实性上，它是一切生活关系的总和"。马克思还指出："这里所说的个人不是他们自己或别人想象中的那种个人，而是现实中的个人，也就是说，这些个人是从事活动的，进行物质生产的，因而是在一定的物质的、不受他们任意支配的界限、前提和条件下能动地表现自己的。"按照马克思主义的观点，每个人在自由、自觉、能动地表现自己时，很大程度上要受人的社会关系的制约，人的社会关系除了阶级关系外，还包括性别—性取向关系、种族—文化—宗教关系、地域—语言—习俗关系等构成人的本质。当代西方马克思主义哲学家哈贝马斯在研究人的社会行为时同样强调社会对个体的影响，他的代表性著作《交往行为理论》①将人的社会行为分为目的性行为、规范调节行为、戏剧性行为和交往行为四大类,其中规范调节行为强调每个行为者在一定的语境中必须服从(或违抗)某种规范,规范是一个社会群体中共识的表现。

旅游活动本质是人的社会性行为活动,它在旅游场域这个特定的语境中同样需要强调应有的规范性,一般而言,所有参与旅游活动的个人、集体都要受旅游业"机械化"和"标准化"的制约,包括受不同国家和地区的法律法规、宗教、种族、习俗、伦理道德、行业规定等,以及制定的路线、活动安排、人身安全等诸多因素的制约,一旦脱离了这些规范,旅游活动会变得无序,甚至无法开展。

(二)旅游表演学的研究内容

21世纪是表演世纪,表演的含义和研究对象在半个世纪以来先锋派的表现艺术家的带动下被扩展了,而且被不断增加的跨文化交往和互联网络所推动。以旅游活动中狭义上的表演和广义上的表演为对象的研究,就构成了旅游表演学的研究内容。就狭义上的表演而言,旅游活动中为吸引旅游者进行的戏剧、音乐、舞蹈、魔术杂技、民俗风情等各式各样的表演,作为"美学奇观"吸引广大旅游者,同时展示了旅游区的民俗风情与文化、提升了旅游的层次、创造了巨大的经济效益。研究旅游活动中狭义上的表演,重在研究旅游演艺在旅游业中运作模式、经济效益、表演空间、旅游演艺人才培养模式、旅游演艺产学研等,以及许多旅游演艺本身存在的庸俗化、不尊重艺术规律的现象等负面因素及其对策探讨。

例如,对旅游景区戏剧表演空间范式的考察,"我们可以发现目前旅游区戏剧的表演空间范式形式上虽然存在,但是和空间紧密联系在一起的戏剧表演时间有了变化,内涵也发生了变化……旅游业对民族文化的开发,在一定程度上促进了戏剧这一艺术样式的继续保留的同时,我们又必须清醒地看到,这种保留很大程度上只是形式的再现,戏剧艺术或仪式在外延和内涵两方面被改变,完全不是古老的祭祀、娱乐和祈福避害的活动,明显带有使之成为旅游商品的努力色彩,旅游业下如何开发和利用传统文化是仍需面对和解决的问题"②。

旅游表演学广义上的表演是以旅游活动中人的一切行为和各种相关问题为研究对象,比狭义上的表演要广,也更为复杂。它包括旅游活动中日常性和

---

① 有多个中文译本和多家出版社出版,其中有尤尔根·哈贝马斯. 交往行为理论[M]. 曹卫东,译. 上海:上海人民出版社,2008.

② 朱江勇,梁姣,韦凡荣. 论旅游景区几种戏剧表演空间范式[J]. 旅游论坛,2008,1(2):299-303.

非日常性的各种仪式展演和文化表演，以及由各种表演带来的人们已经关注到的旅游真实性、文化商品化、传统保护、旅游体验等诸多问题，还有将会拓展开的研究旅游活动中各种角色行为与他们之间的关系、导游人员的教育与培训、景区空间设计等方面问题。除了目前广义上的旅游表演研究所取得的成果外，还要拓展用人类表演学理论对导游、旅游者和东道主等角色探讨和他们之间角色关系分析、导游人员的教育与培训、景区空间设计等方面的研究，这里仅以景区空间设计为例。

在旅游活动中，旅游者活动的食、住、行、游、购、娱等六要素的旅游活动空间都是经过人重新建构的空间。以旅游者活动的重要活动空间旅游景区为例，旅游景区可以界定为："由一系列相对独立景点组成，从事商业性经营，满足旅游者观光、休闲、娱乐、科考、探险等多层次精神需求，具有明显的地域边界，相对独立的小尺度空间旅游地。"[①]旅游景区按照旅游资源可以分为自然类、人文类、复合类、主题公园类和社会类等，按照景区主导功能可以分为观光类、度假类、科考类、游乐类等，[②]但是不管是怎样分类，还是哪一种类型，也不管是人工造区，还是自然风景区，旅游景区都是一个经过人"改变的空间"，是旅游活动的"表演环境"。在这个空间里，导游通过语言讲解（类似剧本）或者借助自身肢体语言、景区布景等方式表演给作为观众的旅游者看，导游和旅游者之间，建立起演员与观众之间的关系。旅游者也充当了演员的角色，是在充当演员（兼导演）角色的导游带领下，一起在景区这个"表演环境"中上演这场戏。在旅游表演学的范畴里，导游和旅游者的角色在演员（兼导演）与演员、演员与观众之间转换，所有人都是参与者或旁观者，所有人的行为都是表演，都在旅游活动的各种空间进行。

在谢克纳《环境戏剧》的空间观念中，除了提倡"改变的空间"外，创造表演环境的另外一种方法是"发现空间"，其侧重点不是改造，而是协商和对话，或者对发现的空间稍微加以改造，赋予发现的空间新的意义。发现的空间大部分被发现于户外或者那些不能改变的公共建筑里，这种发现的空间来源于美国的抗议游行或者示威——为人权、妇女权力、反战、劳工、特殊利益集团等，它是作为一种现代性的产物，其表演美学结果是游行或示威的街道不再只是使行人从这里走到那里的地方，而是变成了公共圆形舞台、试验场地、演出说教戏剧的剧场。在旅游活动中，也有许多这样的"发现空间"，以桂林阳朔西街为

---

① 马勇，李玺. 旅游景区管理[M]. 北京：中国旅游出版社，2006.
② 马勇，李玺. 旅游景区管理[M]. 北京：中国旅游出版社，2006.

例，当国内旅游者和国外旅游者都还没有来到西街时，它和其他的街道没有两样，只是作为商品交换、居民居住或给行人行走的地方。一旦国内外旅游者都来到西街，西街就变成了东方传统文化和西方现代文明融合、交流的处所，成了一块神奇而又浪漫的地域。其实发现的空间在中国戏曲舞台上体现得非常突出，当空荡荡的舞台上出现三五个士兵时，舞台的空间变成了战场；当舞台上包拯坐在那里判案时，舞台的空间变成了公堂；当老船夫在舞台上做摇船姿势时，舞台的空间变成了江河或者湖泊。同样的舞台，因为人物和动作赋予不同含义，成了不同的发现的空间。英国导演彼得·布鲁克就很重视舞台空间易懂而又意味深刻特性，除了必不可少的东西之外，几乎是一片空白，是"空的空间"，把空间留给观众和演员去想象、去发现，这种做法对景区空间设计也很有启发。

第二节　旅游表演学理论研究取得的成果

人类表演学理论中广义上的表演运用于旅游研究时间比较早，从 20 世纪 50 年代欧文·戈夫曼的拟剧理论，到 20 世纪 70 年代麦克内尔的舞台化真实理论，谢克纳的环境戏剧理论和他后来的人类表演学理论，到 20 世纪 90 年代的西方主流旅游研究领域中的表演转向，进入 21 世纪以来中国学者谢彦君的旅游体验研究等对旅游研究的涉及，实质都是运用广义表演学理论来研究旅游活动取得的相应成果，成为旅游表演学理论研究成果的一部分。

一、欧文·戈夫曼的拟剧理论

欧文·戈夫曼的拟剧理论中所研究的人们日常生活的自我呈现和后来的人类表演学所研究人们日常生活的表演是一致的，他最早将拟剧理论运用于旅游活动中。

戈夫曼认为，人们在交往过程中总是通过行为来表现自己给别人印象的，这种表现可以分为两个部分：一部分是行为个体相对比较容易控制的表达，包括各种语言符号或它们的代替物，这种表达是明显的，是给予的（give）；另一部分则是行为个体似乎不甚留意或没有加以控制的流露，它包含在广泛的行动之中，是隐含的意义，也是戈夫曼所强调的表演（performance）的意义及其对这部分加以控制的技巧。①如果两部分的表达是相符的，那么表演就可以达到理想化状态；相反，如果两部分的表达并不一致，或者是相互矛盾的，我们通常会以隐含的意义为基准去检验给予意义是否可信。因此，要在交往的互动中制造某种印象的话，就会有意无意对隐含的未加控制的流露进行控制，以便达到希望产生的印象。但是要做到既要控制，又要显得未加控制，这就是戈夫曼所说的印象管理，或者说是为别人在制造情景定义。

戈夫曼还在书中分析社会机构时借用"商业大楼"为例，以说明在"同一个真实"面前由于不同人群在接触和认识上的限制与局限，从而对"真实"产生不同的描述和认知：

"假设以特定的表演作为参照点，我们根据功能区别出三种关键角色：作为表演者的角色，作为接受表演的角色，以及既不参加表演又不观察表演的局外人……上述三种关键的角色还能根据角色扮演者所进入的区域来加以描述：表演者出现在前台区域和后台区域，观众只出现在前台区域，局外人则完全排斥在这两种区域之外。"②

戈夫曼把大楼分成两部分，前面是举行会议、主人会见客人或者从事商业服务的地方，后面是房屋主人或者工作人员休息、进行表演的准备和表演后放松的地方，这就是戈夫曼的"前/后两分制"理论。

如果把旅游目的地比作一个大舞台，那么东道主和旅游者的角色扮演就构成了演员与观众的关系，目的地展示给旅游者的是前台，隐藏的是后台，戈夫曼拟据理论的印象管理和"前/后两分制"理论也随之体现出来。就东道主而言，他们的"明显表达"一面给旅游者印象很突出，比如迎客歌、特色饭菜、民族服饰等；就旅游者而言，他们在这个舞台是休闲放松的，不是处于前台工作和日常生活中单调乏味状态，他们往往兴致勃勃，赞美怡人的风景与东道主的热情，甚至说一些恭维东道主的话语。而隐含的一面，戈夫曼认为东道主和旅游者双方也会在这样的表演中得以表达，"例如，在设得兰岛，一位农场佃户的妻子，在伺候一名英格兰大陆旅游者吃当地菜时，会带着殷勤的笑容留神听着这位旅游者有礼貌地对所吃食物表达出来的赞词；同时，她会注意这位来访者举叉或匙送到嘴里去的动作速度，把食物送入口的急欲程度，以及嚼食物时表现出来的兴致，用这些标记来检验对照食物表达出来的看法"③。

在整个表演中，东道主和旅游者双方都会运用"印象管理"的技巧使双方

---

① 欧文·戈夫曼. 日常生活中的自我呈现[M]. 黄爱华，冯钢，译. 杭州：浙江人民出版社，1989.
② 欧文·戈夫曼. 日常生活中的自我呈现[M]. 黄爱华，冯钢，译. 杭州：浙江人民出版社，1989.
③ 欧文·戈夫曼. 日常生活中的自我呈现[M]. 黄爱华，冯钢，译. 杭州：浙江人民出版社，1989.

的表达达到最理想的状态。东道主和旅游者在表演中表达通常可以在理想的状态还在于,东道主是用"前台"展示"真实"给旅游者的,而旅游者的走马观花式观摩会满足于"前台"的"真实"。作为个人的前台组成部分有官职或地位的标记,服饰、性别、年龄和种族特征,身材与外貌,言谈方式等,也就是给对方看见的部分。

欧文·戈夫曼还用"前/后两分制"理论对旅游活动中酒店服务员的表演做过详尽的分析。总体上讲拟剧理论对人类表演学理论形成,旅游研究中舞台化真实理论以及引起相关的探讨都起了深远的影响。

二、麦克内尔的舞台化真实理论

20世纪70年代,美国社会学家麦克内尔(Dean MacCannell)把欧文·戈夫曼的拟剧理论用于旅游研究,并在此基础上有了发展,形成麦氏的舞台化真实理论。他在《旅游者休闲阶层新论》[①]一书中提出了有关旅游者的动机和经验研究的"真实性"问题。他把旅游者定位在以现代人为核心、以中产阶级为主体的模式之上,麦氏的观光客旅游的目标和目的就是为了看到他们所预期的那种"真实",即看到他们生活以外的旅游标示物。按照麦氏的模式分析,后台区域对观众和局外人是关闭的,对现代旅游者而言,旅游者所到达的仅仅是他者的前台,那里的一切都是专门为旅游者的游览预先设计好的,也就是已经舞台化了,后台区域在一定程度上保留了神秘、原始、封闭的隐藏的一面,这些隐藏的部分正好构成了最具有吸引力的他者。[②]

因此,麦克内尔认为旅游所见到的旅游标示物其实只是一些真实性的外在象征符号,并不是作为"整体"本身,不管旅游者以什么样的方式,选择什么样的角度,都不可能是完整意义上的整体真实和真实的自我,而是舞台化真实。舞台化真实理论引起了西方旅游界对真实性的深刻探讨,较有影响的有以色列社会学家埃里克·科恩(Erik Cohen),他在《旅游的真实性和商品化》一文中不同意麦克内尔对旅游者一味追求"真实"的看法,[③]认为舞台化的真实意味着旅游者注定在寻找"真实",这种"真实"是客观存在,只是被"舞台的布景"所掩盖而已。但是,由于现代旅游中"商品交易化"的作用,所有的事物和活动都在商品的交换过程当中获得了一种价值转换,事物和活动的交换价值是以市场价格为表现形式的。这种情况下,任何物质和事物内在固有的品质都已经

---

① [美]Dean MacCannell. 旅游者休闲阶层新论[M]. 张晓萍,等译. 桂林:广西师范大学出版社,2008.
② 彭兆荣. 旅游人类学[M]. 北京:民族出版社,2004.
③ 埃里克·科恩. 旅游社会学纵论[M]. 巫宁,马聪玲,陈立平,译. 天津:南开大学出版社,2007.

丧失殆尽，由此推及旅游过程中的所谓"真实性呈现"是非真实性的。

科恩在《作为游戏的旅游》①一文中阐述了他对旅游中"真实"问题的看法，他认为对于大多数的旅游者来说，旅游是一种游戏，本质是"假装的真实"，这样的游戏虽然是虚拟的，但是它代表的意义是真实的。人们乐意接受游戏性的自我欺骗，也乐意接受这样的幻想，把假造的、不真实的情形当成是真的，或者认为它是代表"真实"的。

由拟据理论出发形成的舞台化真实理论，除了引起西方旅游界对真实性讨论外，还涉及保护传统、文化商品化等诸多方面问题，对旅游业的持续发展有着重要的意义。

三、西方主流旅游研究领域中的表演转向

随着旅游研究的发展，以表演性特征来研究旅游活动的学者不在少数。自20世纪90年代以来西方主流旅游研究呈现出表演转向，朱迪·阿德勒、蒂姆·艾丹瑟等一批学者通过表演视角审视旅游并取得丰硕成果。表演转向源于对英国学者厄里（Urry）所提的旅游凝视理论的批判，它质疑厄里强调视觉感受在旅游体验中处于核心地位的观点，认为旅游者并非是被动的消费者，旅游者在凝视旅游地（舞台）的同时，会步入"舞台"用身体进行创造性表演，因而表演转向关注旅游者如何通过多种身体感官去体验目的地；表演转向还认为旅游地是通过旅游者的表演产生的，只有旅游者在上面表演才能作为旅游地（舞台）。表演转向在关注旅游者如何体验目的地的同时，还关注旅游者如何生产、设计、展示他们的体验，如旅游者讲述的故事和传播的照片对旅游地产生再造的作用。②

总体而言，表演转向关注旅游者做了什么以及他们是如何做的，厄里本人对学术上的表演转向充分认可，他并未固守自己的旅游凝视理论，而是投身到表演转向中，与他人合作撰写《表演旅游地》（Performing Tourist Places）一书通过表演透镜对丹麦旅游地的生产与消费进行研究，在一定程度上是厄里对以往观点的修正与拓展。表演转向研究的学者中，朱迪·阿德勒和蒂姆·艾丹瑟的"作为表演的旅游"③比较突出，这里对这两位学者的观点做简要介绍。

对旅游体验的表演性特征所作解释最富有洞见的是朱迪·阿德勒，她在

---

① 埃里克·科恩. 旅游社会学纵论[M]. 巫宁，马聪玲，陈立平，译. 天津：南开大学出版社，2007.
② 李淼，谢彦君. 以博客为舞台：后旅游体验行为的建构性诠释[J]. 旅游科学，2012，26（6）：21-31.
③ 谢彦君. 旅游体验研究：一种现象学的视角[M]. 天津：南开大学出版社，2006.

1989年《作为表演艺术的旅游》[①]一文中阐述了将旅游描述为"表演艺术"的观点。她指出,自16世纪欧洲兴起教育旅游(Grand Tour)以来,尽管旅游在实践上被看作是一种表演艺术,但是学术界还未对这种文化艺术类型给予足够的重视。在旅游过程中,一个明显的事实是它将一个表演者带到了一个日常生活环境之外的世界中,由此所产生的种种观察、遭遇以及逸闻,都可以作为一种抽象的能指符号,而相应地旅游体验也可以变成思想的恒久触媒,供日后随时品味和解释。因而一次深刻的旅游表演(体验),被镌刻在记忆中,或拍摄成照片或记录成文字,一旦遇到情感的触发就会被激活,并拥有全新的解释,因而旅游对个人生活有重要意义。

蒂姆·艾丹瑟在2000年发表的《旅游的舞台化:旅游者作为表演者》一文指出,"旅游是一个不断建构和重构伦理的实践过程",[②]即旅游是通过发生在具体空间中的贯穿的行为过程来影响社会行为规范以及习俗的形成或变更的。为了证实这个观点,他用表演来比喻旅游,进而检验在旅游场所发生的各种活动,他认为表演并不是一种程式化的过程,而是一种互动、应激的过程,表演的成败与演员的技艺、表演的现场情景以及观众对表演的解释方式有密切关系。即便是那些广为人知的社会表演,也必须根据不同的具体演出条件重新演绎,而观众能否接受这种演绎也绝非演员所能控制。就人们在社会大舞台的"表演"而言,尽管它多少有文饰之意,但往往并非有意为之。在组织日常事务的过程中,人们每天的所作所为都在形成一些新的具体的实践知识,这与大量的旅游实践活动非常吻合。

以上两位学者都把旅游者比作表演者,把旅游活动比作表演艺术,实际上是和人类表演学所强调的"不仅是要保存戏剧这种艺术的重要性,而且还要看到戏剧作为一个比喻在社会上的重要性"[③]是合拍的,因而他们文章中表演的含义用人类表演学广义表演含义来理解比较合适。

四、谢彦君的旅游体验研究

谢彦君教授的《旅游体验研究:一种现象学的视角》[④]一书,是我国第一项以旅游体验为题所进行的比较大型的专门研究,作者在书中提出诸如生活世

[①] Adler J. Travel as Performed Art[J]. American Journal of Sociology,1989,94(6):1366-1391.
[②] Edensor T. Staging Tourism: Tourists as Performers[J]. Annals of Tourism Research,2000,27(2):322-344.
[③] 孙惠柱,高鸽. 什么是人类表演学——理查德·谢克纳教授在上海戏剧学院的讲演[J]. 戏剧艺术,2004(5):4-8.
[④] 谢彦君. 旅游体验研究:一种现象学的视角[M]. 天津:南开大学出版社,2006.

界、旅游世界、旅游情境、旅游场、旅游愉悦、旅游体验的舞台化模型、旅游表演等范畴，为旅游者心理问题研究拓展了很大的空间。

该书第五章旅游体验中的舞台化、本真性和商品化提出旅游体验的"舞台化模型"："旅游体验是在旅游世界发生的，是旅游者在顺序地体验了不同的旅游情境之后所获得的主观情感。那么，我们可否将这一个个旅游情境设想成一幕幕的戏剧场景，而旅游体验的过程就像是旁观或参与一个戏剧表演的过程呢？"[1]这里把旅游者的旅游活动，比作"旁观者"或"参与者"经历了一个戏剧表演，这种表演显然是人类表演学中的广义表演，谢克纳解释人类表演学中表演时曾说："当我仅仅在街上走路的时候，我不是在表演，但当我走给你们看时，我在表演走路。街上有很多人并不是有意识地展示走路，但是因为有你或者很多人在看，那么你和那些看的人就把他们的走路变成了表演。"[2]即旅游活动中旅游者"旁观"（受他人观察）或"参与"（有意识展示）都是表演。

该书还积极吸取剧场空间追求开放、可变、融合与结合的思想，进一步把旅游体验过程看作是一个宏大的剧场现象，引出了对此现象的结构性描述：表演的参与者，主要是旅游者、东道主和掮客，这三类人因在旅游表演中的目的不同会衍生出十分复杂的旅游行为。表演的区域，一种是具有物理实在和空间固定性的景观单体或组合体，是旅游者表演的舞台或背景，如主题公园；一种是可能有物理实在但在空间上却不固定，或几乎没有物理实在依托但可观赏（或愉悦）的现象，如庆典、仪式和专门为旅游者组织的演出。表演的区域又分为前台区域和后台区域，前台区域表演是取悦旅游者的公开、矫饰、标准化的，后台区域表演是排除旅游者的，是隐藏的、真实的。

将旅游体验的过程和戏剧表演过程相比，在结构和意义表达方式上有着惊人的相似性，当旅游者全身心地投入这场游戏，扮演着各种虚拟角色，在整个过程中获得了一个真实的体验，达到体验的真实，并获得了极大的快乐，有助于对旅游者心理问题做深入探讨。

五、理查德·谢克纳的环境戏剧与人类表演学理论

谢克纳的人类表演学提出之前，在他写于1971年至1972年的《环境戏剧》（Environmental Theatre）一书中提出了环境戏剧理论，他的环境戏剧是有别于观众坐在剧场位置上，从一个镜框式舞台上看演出的"正统戏剧"，是"除房间

---

[1] 谢彦君. 旅游体验研究：一种现象学的视角[M]. 天津：南开大学出版社，2006.
[2] 孙惠柱，高鸽. 什么是人类表演学——理查德·谢克纳教授在上海戏剧学院的讲演[J]. 戏剧艺术，2004(5)：4-8.

界限之外的一切剧场形式。它发生于所有的空间样式中——其中某些为某种需要而整个地改造了，某些是'寻找到的'空间"[1]。环境戏剧实际上是将戏剧空间带到了剧场之外，表演环境不仅指舞台或者演员，还包括观众所处的地方、演员化装与换装的地方、剧场休息厅、售票处、行政办公室等，甚至厕所和运载观众来去的交通系统也是"表演环境"的一部分。环境戏剧理论建立在三个关系上：一是演员与观众，强调观众不是戏剧的旁观者而是参与者；二是演出与环境，这是该理论的最重要环节，演出空间不仅从舞台扩展到剧场，而且突破剧场走向整个生活空间；三是戏剧与生活，演出空间的扩大使戏剧与生活互相渗透，戏剧包含着生活，生活也包含着戏剧。

随着人类表演学理论的提出，他在1993年写的《〈环境戏剧〉：对中国戏剧有用吗？》明确说流行娱乐、主题公园以及定点特殊演出中，像迪斯尼主题公园以及它的仿制品、"仿古村庄"和"活的博物馆"、列队巡游、街头狂欢节、同性恋自尊游行、邮轮和火车旅游，在全美国许多公园和街头可以找到的街头娱乐表演等都属于环境戏剧。[2]他把环境戏剧所指涉的范围扩大，实际上也是对人类表演学理论的阐述。总之，"所有的客观存在都是存在，所有的存在都在行动中，凡是自我指涉的行动就是表演，我们中有一些人专门研究这些表演，就是人类表演学"[3]。

人类表演学的前提是我们生活在一个后殖民的"表演化"时代，这个时代的各种各样的文化相互碰撞、相互交流，这些交往和冲突就是所谓的"跨文化表演"。人类表演学研究的是人们生活中表演性的行为，表演性的行为包括经常会重叠的五大门类：审美表演、社会表演、大众表演、仪式表演、游戏表演。传统的戏剧研究一般只研究审美表演，而人类表演学把这种研究扩展到了另外四类。旅游活动实际上涉及了社会生活中五大门类的表演，很多旅游区的戏剧表演属于审美表演，是传统意义上影视戏剧的表演；旅游活动的各种角色的表演，如东道主和旅游者、导游和旅游者、旅游者和旅游者之间的表演，又和另外四种表演交织在一起，是属于人类表演学中的表演。

---

[1] 理查德·谢克纳. 环境戏剧[M]. 曹路生, 译. 北京: 中国戏剧出版社, 2001.
[2] 理查德·谢克纳. 环境戏剧[M]. 曹路生, 译. 北京: 中国戏剧出版社, 2001.
[3] 孙惠柱, 高鸽. 什么是人类表演学——理查德·谢克纳教授在上海戏剧学院的讲演[J]. 戏剧艺术, 2004(5): 4-8.

第三节 旅游表演学的实践

旅游表演学是以在旅游研究中的运用为前提的,自20世纪50年代以来人类表演学理论在旅游研究中的运用与成果,表明旅游表演学在雏形阶段就显示出两种鲜明的特征:即基础理论研究和应用研究。基础理论研究如舞台化理论、旅游真实性、文化商品化等都是热点问题,应用研究如旅游演艺模式与类型、旅游演艺人才培养,导游、旅游者和东道主之间的角色关系研究,导游人员的教育与培训,景区空间设计等方面都是旅游表演学研究的实践,行动上的实践可以追溯到波兰著名导演格洛托夫斯基的"类戏剧"实验和后现代戏剧与旅行表演。

一、格洛托夫斯基的"类戏剧"实验[①]

耶日·格洛托夫斯基(1933—1999),波兰导演、戏剧家,理查德·谢克纳称他是与斯坦尼斯拉夫斯基、梅耶荷德、布莱希特并列的20世纪西方戏剧四位伟大的导演之一。格洛托夫斯基继承了法国戏剧家安托南·阿尔托的残酷戏剧理论,并不断加以修正,开拓性地提出了具有革命性的质朴戏剧主张,他在获得世界性的声誉之后,转而离开戏剧界,从事具有实践人类学的"类戏剧""源头戏剧""客观戏剧"和"艺乘"等实验,取得了丰硕的成果。

格洛托夫斯基在20世纪70年代后进入"类戏剧"(或称为"参与戏剧")的时期,被西方学者认为是一种"实践人类学","类戏剧"是要彻底打破演员和观众的界限,使演员和观众在一起活动,就像生活中的普通人相处。这种共同活动或"相处"可以是三个小时,也可以是三天;可以在一个封闭的空间,也可以在露天空地或者路上。格洛托夫斯基继而提出"节日"的概念,"节日"即相互毫不畏惧的人相处在一起,既各自充分表现自己,又能充分考虑到他人,大家相互信任共同生活在一起。

1975年春,格洛托夫斯基的实验剧院发出预告下一年度开展国际性活动的宣传册子,活动的名称是"火焰山",宣传册子传遍波兰和全世界,结果成百上

[①] 或称为"参与戏剧",西方戏剧研究者通常将格洛托夫斯基40年的艺术生涯(1959—1999)分为五个时期(或四个时期,即将"客观戏剧"视为过渡时期):演出戏剧(1959—1968),参与戏剧(1969—1978),源头戏剧(1976—1982),客观戏剧(1983—1986),艺乘(1986—1999)。

千的来自不同国家的人们（大多数是年轻人）聚集到格洛托夫斯基身边。人们住在狭窄的剧院宿舍，或者住在郊外，每餐只有一片面包、一杯牛奶和两粒苹果，但是没有人想多要，因为他们只是渴望"存在"而不是"拥有"。

　　这种被人认为带有夏令营性质的实验和旅游活动颇为相似，类戏剧都有一个密码般的名称并围绕这个主题活动，如"火焰山""不眠""不眠之夜""人树""路"等。①"节日"表面上没有人指挥，但实际上有一位像导游那样的人负责安排，暗中将任务告诉每一位参加者，而参加者就按照这种指示去活动，但也可以发挥自己的创造性，只要在表现自己的同时不妨碍整个活动。格洛托夫斯基曾举办过一次著名的登山活动，参加者们为了摆脱日常生活的忧虑，全都住进营地，集体在森林中度过，在一起唱歌、跳舞、攀登高山，举行夏令营式的篝火晚会。格洛托夫斯基认为这样的活动与戏剧不同在于戏剧情节没有了，只有象征的戏剧境界，所有人都是体验者和参与者，事实上这种活动和今天的旅游活动没有多大的区别，所有旅游者都是体验者和参与者，他们的行动是人类表演学中广义的表演，活动的目的都是发展人的个性、恢复人的本性，获得精神上的更新。

　　"类戏剧"产生于波兰并非偶然，早在19世纪上半期，波兰作家密茨凯维奇就提出关于场外剧场的思想。"密茨凯维奇确信，伟大的戏剧既是对整个大自然开放的，也是对苦难的人世间开放的，将来在某个时候一定会在欧洲、在全世界产生"②。今天大众的旅游活动，和格洛托夫斯基的"类戏剧"已经没有多大的区别。"类戏剧"中活动参与者就是旅游者，活动中暗中负责安排的人相当于导游，但是观众和演员的角色是没有明显界限的。尽管密茨凯维奇的话有着争取民族解放的背景，但笔者认为今天的大众旅游正是密茨凯维奇所说的对整个大自然开放的"伟大的戏剧"的实现，在这种重在每个个体的表演行为的活动中，演员与观众角色的划分已经不清晰也不重要，目的是使人做一个真实的人，一个不怜惜自己、不隐瞒自己又善于和人交往的人。

---

① 这些密码般的名称，往往是不同民族文化传统中的一些隐喻，如"火焰山"既是客观存在的地理上的符号，也是存在于人的集体无意识中山的意象，格洛托夫斯将大批参与者登山过程和成年仪式中的"考验"联系起来，他在《火焰山方案》中写道："如果在地球不同的地方搏动着相似的心律，那么，地球的律动之一就是山。山代表着远方，就是你从那儿回来的……你去登山时和去看戏的时候完全不一样。她（山）要求人们善于分配生命中的时间。你在这件事情山的投入不带有'钱'的性质；她包含着已经下定决心的人们的努力和时间。"陈世雄. 导演者——从梅宁根到巴尔巴[M]. 厦门：厦门大学出版社，2006.
② 陈世雄. 导演者——从梅宁根到巴尔巴[M]. 厦门：厦门大学出版社，2006.

二、后现代戏剧与旅行表演

剧场外的剧场理念，是戏剧家试图将戏剧扩展到与它相邻、甚至更远领域的体现。旅行表演作为后现代戏剧表演的一种，被设计成导览巴士观光成为其组成部分。强力娱乐剧团①于 1995 年在英国谢菲尔德和 1997 年在荷兰鹿特丹两个城市上演的《这个城市的夜晚》(Night's in this City)，嘻嘻流行剧团②于 1997 年在德国城市吉森上演的《施莱姆拜瑟的旅行》(Schlammbeissers Reisen) 就是这样的例子。这几场戏剧表演都设计为旅行表演，即将观众放在旅行者的位置上，观众都是由一辆安排好的观光巴士接送，谢菲尔德和鹿特丹的观光巴士都是从一个车站出发的，而吉森的巴士则是沿路都有停靠，观众可以随意参加进来或者离开。

这里介绍 1995 年在英国谢菲尔德上演的《这个城市的夜晚》③，这次演出是强力娱乐剧团在 1995 年度上演该剧的第一站。《这个城市的夜晚》的宣传材料称这场演出是"以整个城市为背景的一场戏剧表演"，它将"模糊现实与戏剧之间的界线"，这里的"现实"就是谢菲尔德的街道和居住在这些街道上的人们，街道和街道上的人们，都是"未参加过预演"。宣传材料还说，"毕竟，从巴士的窗户里向外看去，一切像是演出的一部分"。一些评论者认为谢菲尔德的人们就是"参演的明星——两个女孩子抬着一个电烤箱横穿诺福克公园的电车轨道，一个独自饮酒的人从酒吧窗户里向外望，注视着那些正在旅行中的观众"④。

《这个城市的夜晚》将观众定义为旅行者⑤，他们的第一个导游是谢菲尔德当地的巴士司机（剧本中的名字是"雷"），雷把巴士停在一座小山的山脊上，在那里能够俯瞰城市中心，雷指给旅行者看他曾经居住和工作过的地方，以及 15 年前他结婚的地方，试图以他自己的经历勾画出一幅这个城市的地图给旅行者看。雷给旅行者灌输的是一个"现实中"的谢菲尔德，引发旅行者的思考——

---

① 英文名称为：Forced Entertainment.
② 英文名称为：SHE SHE POP.
③ 莉兹·汤姆林. 跨越边界：后现代表演与旅行陷阱[M]//理查德·谢克纳，孙惠柱. 人类表演学系列：政治与戏. 北京：文化艺术出版社，2011：176-192.
④ 莉兹·汤姆林. 跨越边界：后现代表演与旅行陷阱[M]//理查德·谢克纳，孙惠柱. 人类表演学系列：政治与戏. 北京：文化艺术出版社，2011：176-192.
⑤ 剧本中给观众设定的角色被马克辛·费弗称为"后旅行者"(Post Tourist)，用约翰·厄里这些旅行者"根本没有真正的旅行经历，有的只是可以玩的游戏、可以表演的剧本"。莉兹·汤姆林. 跨越边界：后现代表演与旅行陷阱[M]//理查德·谢克纳，孙惠柱. 人类表演学系列——政治与戏. 北京：文化艺术出版社，2011：179-180.

如果旅行者都用他们自己的回忆来描绘这个城市，那会将是怎样的一幅地图？

接着，雷被另一个神秘出现在山脊上的人代替（剧本中的名字是"阿兰"），当巴士向市中心驶去的时候，阿兰接过雷的麦克风向旅行者叙述戏剧的发展。雷开始保持沉默，尽管阿兰在进行独白的时候常常提到雷并跟他说话，雷的沉默意味着他从一个主体变成了一个为剧本而存在的对象，戏剧表演从本地特色转向观光导览，雷对谢菲尔德的传记性和历史性的描述被阿兰的后现代叙述所代替。

在阿兰的台词中，谢菲尔德成为一个城市的虚像，处处都有但又处处都没有。阿兰富有引诱性的叙述给城市背景叠加出了一系列想象出的形象，通过这种想象的转变，旅行者对城市的感知始终处于两个形象之间——一边是"现实"的城市，一边是"混合了世俗成分、纯粹想象的成分、几乎是童话般的、电视上才能看见的一个地方"。

阿兰继续让整个观光活动按照既定的路线开展下去。巴士载着旅行者穿过城市中心，街上拥挤的交通和众多车辆使得巴士变得毫不起眼，人们认为这只是众多巴士中的一辆而已，而街道上的人们在不知情的状态下被整合成戏剧表演的一部分。

巴士离开了城市中心和市郊，上了城市公路，穿过一个又一个街区之后，来到了一个庄园区——谢菲尔德最贫穷的住宅区之一。巴士没有停下，没有让车上的旅行者走出巴士、进入庄园区的街道。巴士沿着庄园区狭小的小路前行，离住户客厅的窗户只有几米的距离，这时候"参演的明星"成为在自己庄园区的个体，他们如同被放在自己的家里展览。《这个城市的夜晚》在谢菲尔德和鹿特丹的演出，都有安排去经济贫困地区考察，旅行者在车上可以观察到贫困区居民的日常生活而不被发现，他们所观察的地方成为"当地活生生的博物馆"，观察者掌控一切（被认为是以一种殖民主义眼光的偷窥者），"本地人"被设计成具有日常的异国情调的展览品，"本地人"的私生活被公之于众。如同加利福尼亚的洛克镇的中国住民一样，被发展成为一个"真正具有中国风味的旅游景点"，这里的住民遭受着剥削——"他们日常生活的细节、他们在街道上来回穿梭的样子都被当成旅行者的一种'经历'，成为市场买卖的对象"[①]。在这个旅行表演中，剥削当地居民的是巴士里的观众。

巴士继续沿着庄园区那些狭小、几乎废弃的街道前行，有些居民对巴士里的旅行者有了不同的反应，他们认为旅行者的视线再不是毫无目标，而是带有

---

① Dean MaCannell. Empty Meeting Ground: The Tourist Papers[M]. London: Routledge, 1992.

冒犯性地指向他们，因而有些居民对巴士报以挑衅的姿态或加以恶言恶语，这时巴士成为当地人的一种展品。

《这个城市的夜晚》整个作品的进行是用一种"叙述权力"的实验，这个实验是通过巴士里和巴士窗外的人的观看与表演地位不断地变换来实现的。随着表演的环境不断变化，巴士里的人成为活跃的观众、旅行者、后旅行者、殖民主义者以及偷窥者、展品等不同的角色，引发我们对旅游研究的多方面思考。

第二章　旅游表演的类型

最好将旅游理解为一种仪式，一种与日常家居生活、工作形成强烈反差的，集休闲、旅行于一体的特殊仪式。

——纳尔什·格雷本

旅游表演纷纭复杂，要做一个类型的划分实属不易，本书对旅游表演类型的划分基于对旅游表演现象的分析和旅游人类学理论、旅游表演理论研究成果的吸收，将旅游表演类型大致划分为：旅游演艺、作为仪式展演的旅游和其他类型表演。其中，旅游演艺是旅游表演最重要的组成部分，各种带有表演行为的仪式（这里仪式看成是一种表演过程）展演范畴也很广，包含向旅游者展示或旅游者参与的各种表演性的行为或活动，其他类型表演像旅游摄影，可以看成是旅游活动过程中的即兴表演。

第一节　旅游演艺

演艺现象自古已有，它是指有目的的、职业性的各种技艺展示。旅游演艺则是旅游表演场域中的各种演艺，当今旅游业中，世界各地都存在着为吸引旅游者进行的各种表演，有戏剧、歌舞、民俗、魔术杂技、茶艺等层出不穷的形式。就戏剧而言，与戏剧相关的文化尤其是戏剧演出成为世界各地旅游业的重要依托，英国、美国（如纽约第五大道时代广场剧院）、法国、韩国、日本、印尼巴厘岛等世界各地许多国家和地区旅游业的兴旺都与戏剧演出密切相关。

在中国与戏剧相关的旅游主要体现在北京、上海等大城市剧院所演出的话剧、京剧、沪剧、越剧、昆曲等成为游客的看点，中国各地传统戏曲文化作为民族文化旅游资源的开发和利用，形成特有的戏曲文化旅游现象。①

旅游业中以旅游者为对象而进行的各种表演，是旅游表演学表演范畴中狭义上的表演，但它在表现形态和营销方式上都有别于传统表演艺术，其中很多被打造成旅游品牌的新人文景观，成为深受旅游者喜爱的视听盛宴。形态多样优秀的旅游表演项目，不但改变和丰富了传统旅游产品的内涵，而且获得了巨大的社会效益和经济效益，它在样式、功能、运作和经营模式、营销策略等多方面都赋予了当代文化产业与旅游产业新的内容，是旅游学科研究中值得关注的热点问题，有研究者认为旅游演艺是旅游业继 30 年前重点发展游乐业、10 年前重点发展酒店业之后的转折点，它成为旅游业今后重点发展的对象和进入新兴辉煌时代的标志，被认为是"一种旅游营销的新范式"。2009 年 8 月，文化部和国家旅游局共同发布了《关于促进文化与旅游结合发展的指导意见》，鼓励运用现代高新科学技术，创新演出形式，提升节目创意，突出地域特点和文化特色，打造高品质旅游演艺产品。

当前学术界对旅游演艺的研究主要涉及以下几个方面：旅游演艺概念辨析与梳理、旅游演艺产业营销战略、旅游演艺产品开发与模式、旅游演艺企业核心竞争力、旅游演艺与民族文化的传承、旅游演艺文化体验和本真性等，这里仅对旅游演艺概述及其概念、旅游演艺的类型、旅游演艺的功能三个方面做简单梳理。

一、旅游演艺概述及其概念

学术界对旅游业中以旅游者为对象进行的各种表演并没有统一的叫法，我国对该领域的研究始于 20 世纪 90 年代，学者们关注旅游业较多的是当时主题公园和旅游景区的文娱演出，用主题公园文娱表演、主题公园文艺表演、景区景点文艺演出、旅游景点文化表演、（景区）舞台表演等术语来描述此类活动。进入 21 世纪以来，我国旅游景区以"印象系列"为代表的演出获得巨大成功，学界对以旅游者为目标的演出更为关注，出现山水实景演出、原生态歌舞表演、旅游表演、旅游演出、旅游演艺等术语，随着该领域研究的推进，"旅游演艺"一词用法趋于普遍，似乎形成一种约定俗成的说法。

旅游演艺是当代旅游产业发展的产物，在我国一般认为它始于 1982 年陕

---

① 朱江勇，梁姣，韦凡荣. 论旅游景区几种戏剧表演空间范式[J]. 旅游论坛，2008，1（2）：299-303.

西省歌舞剧院古典艺术团面向旅游者推出的《仿唐乐舞》[①]，或者认为始于20世纪90年代中期深圳中华民俗村、世界之窗等主题公园的文娱表演。但也有人认为旅游演艺自古已有，以中国为例，像古代帝王苑囿（最早的景区景点）的演艺娱乐，古代民间旅游景点的演艺如唐代长安曲江池初春时节的歌舞游宴、宋元东京城瓦肆勾栏的戏曲杂技、钱塘江上的弄潮表演、明清秦淮河船上歌女的缠绵歌声等都很普遍。[②]再者，中国古代的客舍、旅店为了招徕与款待客人，也会像现代宾馆一样设置演艺场所、配备演艺人员，明张岱《陶庵梦忆》[③]中记载的泰安州客店是一个很典型的例子，住店客人不论贵贱都能欣赏到娱乐演出，店中有规模庞大的专职演员班子，说明当时以演艺节目留住客人的做法比较普遍。

而像当代旅游演艺一样以吸引旅游者为目的的表演，早在1917年中国上海大世界游乐场就有，当时以吸引旅游者的戏曲、说书、杂技、魔术、演唱、电影等文娱表演名闻遐迩，乃至有"不到大世界，枉来大上海"之说。

旅游演艺概念的界定同样存在着多样性，早在2001年李永红发表题为《"蜀凤"<蜀魂>双星辉映》的文章，首次提出"旅游演艺"概念但未做深入分析。随着学术界对旅游演艺的研究，研究者们从不同的角度来界定旅游演艺，这里选取一些代表性的观点：

1. 旅游演艺是以吸引游客观看和参与为主要意图，在主题公园和旅游景区现场上演的各种表演、节目、仪式的观赏性活动。[④]

2. 在旅游景区现场进行的各种表演活动，以及在旅游地其他演出场所内进行的，以表现该地区历史文化或民俗风情为主要内容，且以旅游者为主要欣赏者的表演、演出活动，统称为旅游演艺。[⑤]

---

① 《仿唐乐舞》被誉为中国第一台仿古乐舞，自1982年9月推出以来，至今盛演不衰，成为陕西省旅游业的特色旅游产品，曾出访过世界上的40多个国家，接待过数以百计的国家首脑和政府要员。《仿唐乐舞》表现了唐明皇和杨贵妃在宫廷的片断生活，舞由14段音乐、舞蹈组成，它既是一个完整的艺术作品，又可以各段独立进行表演。其中舞蹈部分有："燃灯舞""观鸟扑蝉""柘枝舞""剑器""白纻舞""面具金刚力士""踏摇娘""踏歌"等。

② 朱立新. 中国古代的旅游演艺[J]. 社科纵横, 2009, 24（12）: 97-100.

③ 张岱《陶庵梦忆》卷四《泰安州客店》载："客店至泰安州，不敢复以客店目之。余进香泰山，走至店里许，见驴马槽房二三十间，再进有戏子寓所二十余处……客房三等，贺亦三等：上者专席、糖饼、五菜、十肴、果核、演戏，次者二人一席，亦糖饼，亦肴核，亦演戏；下者三四人一席，亦糖饼有核，不演戏，亦弹唱。计其店中，演戏者二十余处，弹唱者不胜计。泰安一州，与此店比者五六所，又更奇。"

④ 李蕾蕾, 张晗, 卢嘉杰, 等. 旅游表演的文化产业生产模式：深圳华侨城主题公园个案研究[J]. 旅游科学, 2005, 19（6）: 44-51.

⑤ 李幼常. 国内旅游演艺研究[D]. 成都：四川师范大学, 2007.

3. 旅游演艺是指在旅游目的地进行的且能够充分突显地域文化特色或民俗风情的、以旅游者为主要观赏和参与对象的文艺表演节目与演出活动。①

4. 旅游演艺是以异地观众为主要观赏对象的演艺活动，所谓"异地观众"隐含着两层意思，一是节目在本地演出，但观赏者是来自异地的旅游者；二是节目到异地演出，观赏者虽然在自己的常住地观看，但相对节目的产出地仍然是异地观众。②

5. 旅游演艺是以异地观众为主要对象的艺术表演活动，这种艺术表演在大多数情况下以表现该地区的地脉、人脉、文脉为主要内容，以异地观众为主要客源。③

综合以上代表性的观点，我们认为旅游演艺是旅游场域中有意识为旅游者进行的各种节目或活动的表演，这里可以进一步对旅游演艺做以下分析：

1. 旅游演艺是当代旅游产业发展的产物，它和旅游业捆绑在一起，是通过旅游营销呈现给观众的旅游产品，因而其表现形态和营销方式都有别于传统表演艺术。

2. 旅游演艺是人类表演学范畴中狭义上的表演，跟传统表演艺术一样是以"演员—观众"关系为核心，观众除了以旅游者为主要对象外，还可以是巡演节目在异地演出时的原住地观众。

3. 旅游演艺的演出场所主要是在旅游目的地的景区景点或其他场所，巡演节目演出场所则在异地的景区景点或其他场所。在表演空间上，旅游演艺突破了传统剧场"四堵墙"的限制，根据演出规模和表演内容选择剧场（如依托自然的山水实景演出），并由此带来对传统演出观念与实践上的颠覆。

4. 旅游演艺的内容主要是表现旅游目的地地域特征的历史、文化和民俗风情等，它在某种程度上通过地域文化元素开发实现民族文化传承与发展。

二、旅游演艺的类型

旅游演艺有别于传统表演艺术，在当代旅游产业发展中呈现出多姿多彩的形式，当前我国的旅游演艺总体上表现为"编演阵容庞大、艺术叙事宏观、音乐舞蹈原创、舞美声光时尚、服装道具华美、演出场地自由、观众层次广泛、观赏效果逼真、市场需求稳定、经济效益明显等十大特点"④。由于研究的出

---

① 徐琪. 国内大型主题性旅游演艺产品开发初探[D]. 上海：华东师范大学，2009.
② 朱立新. 中国当代的旅游演艺[J]. 社科纵横，2010，25（4）.
③ 杨卫武，徐薛艳，刘嫄. 旅游演艺的理论与实践[M]. 北京：中国旅游出版社，2013.
④ 徐世丕. 旅游演艺的历史、形态、格局与类别[N]. 中国文化报，2009-5-15（3）.

发点视角不一,研究者们对旅游演艺的类型划分也不一样。这里选取一些对旅游演艺类型划分的代表性观点:

朱立新在《中国当代的旅游演艺》[①]一文中对旅游演艺的基本类型做了细致划分:

1. 按节目演艺场所的固定与否可分为驻场式、巡演式、驻场与巡演结合式。驻场式是指演艺节目在固定地点演出,如张艺谋"印象系列"、《梦回大唐》(西安大唐芙蓉园)、《宋城千古情》(杭州宋城)等,绝大多数旅游演艺都属于此类;巡演式是指演艺节目没有固定的演出场所,云南的《云南映象》,上海的《金舞银饰》等属于此类;驻场与巡演结合式,嵩山少林寺的《少林雄风》是非常典型的例子,除了在旅游景点少林寺演出,还在全国各地乃至国外演出。

2. 按节目演艺场地类型分类可分为户外和室内演出。户外演出有实景演出和广场演出,室内演出有景区专业剧场和宴饮场所演出。

3. 按演出内容分类可分为百戏杂技、戏曲文艺、民俗歌舞、卡通小品等表演形式。

4. 按表演主体分类可分为演员表演、动物表演和高科技表演等形式。

徐世丕从旅游演艺产品的文化生态、文化内容、艺术特色出发,将旅游演艺分为山水实景演出、民族风情展示、文化遗产演绎三大类型。[②]

张力、王磊将旅游演艺从产品形式分为六大类:山水实景类、景区综艺类、巡游类、剧院类、各地巡演加驻场表演类、宴舞类。[③]

三、旅游演艺的功能

理查德·谢克纳认为人类表演有七大功能:娱乐、美化、建立或改变身份、创造或维持社区、治疗、教育或劝说、与上界或下界的存在交流,这些功能并不是孤立的,因为表演很少只有一两个功能。旅游演艺作为人类表演的一种,它有着传统表演艺术的娱乐、审美、教育、治疗和交流等功能,但是旅游演艺跟传统表演艺术在表演空间、表现特点、运作和经营模式、观赏方式、艺术表现形式和营销等方面都有较大的差异,因而对旅游演艺的功能要结合旅游业来具体分析,笔者认为旅游演艺总体上发挥着娱乐和审美、经济效益、民族文化传承与发展等功能。

---

① 朱立新. 中国当代的旅游演艺[J]. 社科纵横, 2010, 25 (4).
② 徐世丕. 旅游演艺对我国传统演出市场的冲击和拓展[J]. 中国戏剧, 2008 (9): 14-17.
③ 张力, 王磊. 山水实景演出: 点亮夜色的一种可能性[N]. 中国旅游报, 2007-6-13 (13).

(一) 娱乐和审美功能

娱乐和审美是人类表演的重要功能，作为当代一种文化创意产业的旅游演艺是娱乐和审美的结合体。从娱乐层面讲，旅游演艺以独特的形式丰富了旅游者的精神生活，成为一种时尚的娱乐消费方式。从审美层面讲，有研究者指出"美学价值是旅游演艺的价值基石，它的一个产业效益或功能作用都是基于为游客产生的独特美感体验而衍生的"[1]。

旅游活动具有明显的娱乐特征，正如科恩所说"旅游是游戏，大家在扮演虚拟的角色中寻求快乐"。旅游演艺的兴起极大提高了旅游者的精神与娱乐品位，有研究者认为大型的旅游演艺节目如同"大餐"，是一种流行时尚、高度市场化的"产品"，而以地方戏曲、民间艺术为特色类旅游演艺如同"小鲜"，是旅游者在旅游过程中的调味品。[2]以中国戏曲类的旅游演艺节目为例，[3]这一类节目将戏曲的娱乐传统和旅游的娱乐性相结合，如到北京的旅游者在登长城、吃烤鸭、逛故宫之后，把听京戏作为一大乐事；到浙江金华的旅游者大多知道，婺剧《文武八仙》中的"三跳"即"跳魁星""跳加官""跳财神"显示的是一种吉祥如意的场面，符合中国人追求长寿、希望升官发财的心理。中国戏曲在表演方式上风格迥异、生动直观，像秦腔的"吐火"、川剧的"变脸"、晋剧的"帽翅功"和"翎子功"、蒲剧的"扇子功"和"手帕功"、婺剧的一身扮两人等绝技都给旅游者带来快乐。

当代旅游演艺大多数采用多媒体、激光、发光二极管（LED）等高科技手段，融合歌舞、影视、魔术、杂技等表演形式打造成令人震撼的舞台演出。

像桂林的大型山水实景演出《印象·刘三姐》、云南的原生态民族歌舞演出《云南映象》、无锡的宗教展演《灵山吉祥颂》、杭州的《宋城千古情》、承德的《鼎盛王朝·康熙大典》、登封的《禅宗少林·音乐大典》、都江堰的《道解都江堰》、开封的《大宋·东京梦华》、泰安的《中华泰山·封禅大典》等优秀的旅游演艺产品，都以不同的样式呈现给观众不一样的美学奇观。如杭州《宋城千古情》的舞台设置有移动瀑布、移动台阶、升降杂技飞杠、移动座椅、升降旋转台等，加上音响、激光、水幕、魔幻灯、烟雾等构成一个现代科技舞台，场景和场面随着故事演绎不断流转，呈现给观众的是一幅幅华丽与浪漫、宏大与细腻、写实与虚幻结合的流动美学画面。被誉为一次演出和视觉革命，集艺术性、震撼性、民族性于一炉的漓江风情巨献，大型山水实景演出——《印象·刘

---

[1] 赵刘. 美学视角下的旅游演艺[N]. 中国旅游报，2013-6-28（11）.
[2] 王德刚. 旅游演艺：做大餐，更需烹小鲜[N]. 中国旅游报，2012-7-18（2）.
[3] 朱江勇. 中国戏曲文化旅游概述[J]. 旅游论坛，2010，3（2）：240-244.

三姐》，通过现代科技手段将自然山水之美、生态环境之美呈现在类似古希腊露天剧场的舞台上，达到天人合一的极致之美，笔者认为它在审美价值取向的选择上，不同于原汁原味的民族风格，而是中西合璧舞台艺术的另一模式。①

(二) 经济效益功能

现代旅游业是一种以经济效益为驱动的产业，旅游演艺给旅游业带来的经济效益是显著的，尤其是大型的旅游演艺甚至可以成为某地旅游"夜经济"的增长点。大型的旅游演艺以大手笔、大制作的魅力将来自远方的旅游者留下来多住一晚，形成不可忽视的"一个床板，两顿饭"经济效应，有专家估计文化演出业对周边产业的带动是1:7的比例。

2011年8月4日《光明日报》刊载《"大制作"做出大餐还是鸡肋》的文章，文中一系列例子和数字足以说明旅游演艺带来的经济效益：

"2003年的《印象·刘三姐》，首开'大投资、大制作、大导演、高科技'先河。近亿元的'大投资'在两年内就收回成本，现在一年的演出门票纯利润更是达到6000万元，靠这台演出，每年带给桂林旅游及相关产业4亿多元利润。"

"2005年杭州市每年有4000万游客，但许多客人都是游完西湖就离开，后来杭州市积极打造了《印象·西湖》《宋城千古情》等旅游演出后，很多游客选择多住一晚……杭州市完成了最初提出的'241工程'——让游客多留24小时，为全市多增加100亿元收入。"②

文中还指出正是实景演出巨大的经济效益功能，全国类似的、具有一定知名度的旅游演艺节目有200多个，几乎每一个著名景区都有自己的演艺团队。在我国实景演出成为推动旅游产业与文化产业互动融合的一种新型经济增长模式，当然，旅游演艺准文化、半商演，需要经受严酷的市场考验的性质决定了它的投资存在着很大的风险，只有达到艺术性、娱乐性、商业性和演出节奏的完美结合，它才能成为拉动当地旅游文化的一道"大餐"，否则它会变成进退两难的"鸡肋"。

(三) 民族文化传承与发展功能

当代旅游演艺起着民族文化传承与发展的作用几乎得到共识，无论是国外的百老汇戏剧、红磨坊歌舞、巴厘岛的音乐戏剧舞蹈等有名的旅游演艺，还是国内的山水实景类、历史文化类、民族风情类的旅游演艺，都在不同程度上展示和宣传了民族文化或地域文化。在旅游场域中，民族文化和地域文化不但可

---

① 朱江勇. 论旅游演艺的审美价值取向——以《印象·刘三姐》为例[J]. 当代旅游, 2012 (12): 21-22.
② 张玉玲. "大制作"做出大餐还是鸡肋[N]. 光明日报, 2014-8-4 (16).

以转化为资本,即实现民族文化资本化,而且在一定程度上得到传承与发展。国外的像印度尼西亚巴厘岛的音乐戏剧舞蹈等传统文化都在旅游业下保持了良好的发展,美好的音乐、精湛的戏剧和舞蹈吸引着来自世界各地旅游者。国内《印象·刘三姐》中的广西山歌和广西形象"刘三姐",《云南映象》中的云南原生态民族歌舞,《宋城千古情》中的良渚文化、岳飞抗金事迹、西子传说、梁祝传说,《天门狐仙·新刘海砍樵》中的刘海砍樵传说、桑植民歌、花鼓戏、茅古斯舞,《井冈山》中的中国革命历程、烈士精神等都是以民族文化或地域文化为底蕴的。

非物质文化遗产是民族传统文化的代表,在全球化、信息化、城市化的进程中,非物质文化遗产的传承与发展受到严峻的挑战,许多民间故事传说、表演艺术、社会风俗、礼仪与节庆、传统手工艺等都消失殆尽,如何传承与发展人类宝贵的非物质文化遗产成为全球共同关注的话题。文化学者郑泰森曾针对中国当前城市化进程与传统文化继承的矛盾指出,"现在传统文化的继承和传播面临着一个严重的挑战,这个挑战就是当工业文明以其不可阻挡之势改变着世界面貌的时候,由不同的国家、民族和历史形成的文化特色与独特的文化遗产正在迅速地消亡。在全球化文明的演进当中,城市的面貌与生活方式从来没有像今天这么雷同和千篇一律"[①]。郑泰森同时认为旅游演艺与非物质文化之间有一条结合之路,如河南旅游演艺节目《禅宗少林·音乐大典》在水、木、风、光、石五大乐章,通过钟声、风声、水声、虫鸣的交响,音乐中对禅机的昭示,武术中对生命力的宣示,歌词中对和谐人生的喻示等,着力表现禅宗潜心静修与少林禅武合一的文化内涵。

国内许多旅游演艺将民间传说、民歌、地方戏曲、舞蹈相结合,形成旅游演艺与非物质文化遗产的经典结合。如湖南张家界天门山的大型高山峡谷实景音乐剧《天门狐仙·新刘海砍樵》,是世界上第一台以高山奇峰为舞台背景、以山涧峡谷为表演舞台的山水实景演出。有学者指出,《天门狐仙·新刘海砍樵》用刘海与白狐之间的人狐之恋贯穿始终,渗透了大量的地域文化元素:土家民俗民风、花鼓戏、桑植民歌、茅古斯舞等,将天门峡谷、湖湘文化与泼辣、多情、执著的湘女形象不留痕迹地融合在一起。[②]其中,桑植民歌和茅古斯舞都在 2006 年经国务院批准进入第一批国家级非物质文化遗产名录,花鼓戏则于 2008 年进入第二批国家级非物质文化遗产名录。

---

① 周丽燕. 旅游演艺:非物质文化遗产传承的助推器[N]. 人民政协报,2011-1-27(C02).
② 刘铁群. 地域文化与湘女神韵——论大型高山峡谷实景音乐剧《天门狐仙·新刘海砍樵》[M]//桂学研究(第一辑). 桂林:广西师范大学出版社,2014:210.

《天门狐仙·新刘海砍樵》第二幕在土家少女清晨洗衣情节中，插入脱胎于桑植民歌代表曲目《棒棒捶在岩板上》的唱词："郎在高山上打一望（呦呵）/姐在（呦）河下（呲）（情郎哥哥喂，咿呲）/洗衣裳（咿哟）洗衣棒棒儿捶得响（哟呵）……"，这段唱词表达了白狐对人间真爱的渴望，为刘海与白狐相恋做了华丽的铺垫。第三幕和第四幕则用到耳熟能详的花鼓戏《刘海砍樵》的比古调："我这里将海哥哥好有一比呀/胡大姐/哎/我的妻啊/你把我比作什么人哪/我把你比牛郎不差毫分哪/那我就比不上啊/你比他还有多哇/刘海哥你是我的夫啊/胡大姐你是我的妻呀/海哥哥你带路往前走啊/胡大姐你随着我来行啊/走啊/行哪/得儿哎……"，实景演出吸收了花鼓戏人物造型和舞美设计，白狐手拿花扇，刘海手执扁担，"刘海哥/我的夫——胡大姐/我的妻——"这句经典的唱词贯穿始终。为了表现湘女的多情与执着，《天门狐仙·新刘海砍樵》第四幕在欢快的花鼓戏比古调后切换了刚劲、粗犷的土家族茅古斯舞蹈，一群扮演茅古斯的村民挥舞着粗大的木棍，带着愤怒和杀气唱着"狐狸精/要害人/剥你皮/抽你筋"向刘海和白狐逼近，山崖上的漫山遍野的红狐也高喊"杀死她"，村民和狐狸都容不下他们的爱情，刘海被村民抓住暴打，白狐则无路可逃。最后，执着的白狐在绝境中没有放弃真爱，和刘海在雪花飞舞中痴情守望，终于感动上天，两人紧紧拥抱在一起。

《天门狐仙·新刘海砍樵》是众多旅游演艺产品中将地域文化、非物质文化遗产完美融合在一起的典型，它不但让广大旅游者了解多样的地域文化，而且用另一种形式将处于濒临消失状态的非物质文化遗产复活。当然，有研究者指出类似这样的旅游演艺产品必须在不改变非物质文化遗产原始内涵的前提下，用现代化的手段适当地加以包装，使它更适合现代人的接受心理的做法是可行的。

第二节 作为仪式展演的旅游

仪式被认为是涵盖了上至宇宙观认知，下至具体实践行为的"巨大的话语"，它一直被人类学家当作观察人类情绪、情感以及经验意义的工具，它将人的行为符号化、神圣化，用以表达对某些事物象征意义的解读。仪式大到作为一个族群生活集体性与公开性的"陈说"，成为人类学家热衷的一种思想和民族志范本的重要对象，小到日常中诸如"你好"等礼节行为。对仪式的研究成果

众多,仪式的定义也多不胜数,为了更好地理解仪式,这里选取一些对仪式代表性的表述:①

仪式是一种通过表演形式进行人际交流和文化变迁的"社会剧"。(维克多·特纳)

就最一般的和最基本的方面来说,仪式是按照计划进行的或即兴创作的一种表演,通过这种表演形成了一种转换,即将日常生活转变到另一种关联中。在这种关联中,日常的东西就改变了。(波比·亚历山大)

仪式就像一场令人心旷神怡的游戏。(列维·斯特劳斯)

完全公开的仪式是"文化表演"。(辛格)

仪式研究在范围和形式上表现为:仪式的表述范围越来越大,分类更加细致,包括宗教仪式、世俗仪式、节日庆典、市民礼仪、私人仪式和集体仪式、旨在造反的活动与集结活动、参展的表演与仪式的表演、体育运动的仪式等。具体到社会生活中,如国家领导人的迎送与会晤、官员的竞选、国与国之间的各类协议签署、运动会上的拼搏(升会旗、运动员入场、运动员宣誓、升国旗、奏国歌、颁奖等),以及社会上个体的人生礼仪(出生、满月、周岁、成年、毕业、婚丧嫁娶)等一系列活动无不涉及。在大众旅游活动中,一些仪式逐渐演变为旅游者的看点,如英国白金汉宫门前女王卫队换岗仪式和泰国大王宫卫兵换岗仪式,吸引了很多旅游者前来观看。

英国白金汉宫门前女王卫队换岗仪式

仪式虽然具有多重理解意义和多种形式,但它可以理解为一种现场性、可看见的表演形式。在人类表演学的范畴里,戏剧影视等审美艺术的表演属于狭义上的表演(也称为"扮演"),而只要有人在关注的行为活动就属于广义上的

---

① 彭兆荣. 人类学仪式的理论与实践[M]. 北京:民族出版社,2007.

表演（也称为"非扮演性的表演"），按照这个理解，大多数仪式属于广义上的表演。有学者将"非扮演性的表演"和"扮演"做了区分，如下表所示。①

非扮演性的表演	扮演
A. 表演者并不化身为特定的、个性化的角色	A. 表演者化身为特定的、个性化的角色
B. 存在于特纳所称的"社会戏剧"、各种宗教和民俗活动的仪式，以及舞蹈、杂技、时装秀等表演者并不化身为角色的艺术中	B. 存在于戏剧（含话剧、歌剧、舞剧、哑剧等）和电视、电影中
C. 表演者并不处于富于戏剧性的规定情境中	C. 表演者处于富于戏剧性的规定情境中
D. 不需要体验个性化角色心理	D. 必须体验个性化角色心理
E. 呈现不同情形：在公众仪式上观众看到的是表演者本人，并不产生幻觉而认同他是另一个人；在某些巫术活动中，巫术接受者可能把巫师视为神灵的代言人或替身	E. 观众产生幻觉，从而把表演者看成是他所扮演的角色

可见，仪式并不是秘而不宣的，而是普遍存在于人们生活中的可见的陈述性言说，属于非戏剧影视艺术中非扮演性的表演。

一、旅游作为一种仪式的比喻

（一）"最好将旅游理解为一种仪式，一种与日常家居生活、工作形成强烈反差的，集休闲、旅行于一体的特殊仪式。"——纳尔什·格雷本

美国旅游人类学家纳尔什·格雷本教授在《作为仪式的旅游：旅游的一般理论》中说，"最好将旅游理解为一种仪式，一种与日常家居生活、工作形成强烈反差的，集休闲、旅行于一体的特殊仪式"②，这就是格雷本教授著名的"旅游仪式论"。"旅游仪式论"本质上是从旅游者深层的旅游动机出发，借用人类学的仪式理论，把旅游视为一种世俗仪式，借此来考察旅游者的旅游体验，③形成从人生过渡仪式的视角去研究旅游，它与从涵化与发展的视角研究旅游、把旅游视为一种上层建筑的视角研究旅游构成旅游人类学研究的三个经典视角。

---

① 陈世雄，邵牧. 戏剧人类学刍议[J]. 东南学术，2004（6）：86-93.
② Nelson Graburn. Secular Ritual：A General Theory of Tourism[M]. London：Cognizant Communications，2001.
③ 赵红梅. 论仪式理论在旅游研究中的应用——兼评纳尔什·格雷本教授的"旅游仪式论"[J]. 旅游学刊，2007，22（9）：70-74.

将来自世俗的旅游与来源于宗教的仪式相提并论，是旅游人类学理解旅游体验的本质所提供的独特视角，实际上是对仪式的认识上从宗教性到世俗性的转变。从宗教的角度理解仪式是"严肃、神圣"的，而充斥现实生活中诸多的仪式如婚礼、节庆、晋升等与宗教无关，是"轻松、随意"的，正是在这个意义上来理解，美国社会学家麦克内尔（MacCannell）指出：旅游是社会不同人群所上演的一种仪式。格雷本教授在其著作《旅游人类学》和《作为仪式的旅游：旅游的一般理论》中都对旅游与仪式的可比性进行了分析，尤其是在后者中从仪式性质、仪式结构与阈限体验等各方面对仪式与旅游进行比对，得出了"旅游是一种特殊仪式"的论断，我们可以从以下几个面来理解这个比喻：[①]

1．旅游的"世俗—神圣—世俗"三段结构。从结构上看旅游前和旅游后是"世俗的"，旅游过程中是"神圣的"，旅游前（格雷本称之为"快乐的期待"）和旅游后（可能是"忧喜交加的结果"）都受到旅游过程的影响；从旅游时空和旅游体验上来看，旅游也同样满足仪式"三段论"结构。

2．旅游的神圣性。格雷本认为旅游是两类不同生活倒换的标志，即神圣与世俗、不寻常与寻常、旅行与家居之间的分水岭。

3．旅游过程的"阈限式"的体验。格雷本认为神圣的旅游过程是特纳所说的"阈限阶段"，旅游体验就是"阈限式"的，这种认识是格雷本"旅游仪式论"成立的基础。

4．强化型旅游模式与过渡型旅游模式。格雷本认为不同模式的旅游都有强化与过渡礼仪的功能，如每逢周末、节假日、季节性的旅行，能够将年复一年、日复一日乏味的生活强化，从而赋予生命意义。像国外求学、蜜月旅行、退休旅行等是生命历程中标志性事件，具有过渡礼仪功能。

5．仪式逆转与旅游动机。从某种程度上讲，由于世俗生活是反人性的，人们才有逆转生活经历的欲望和动机，格雷本认为旅游者对旅游过程中"逆转"行为的追求，实际上是他们深层旅游动机和需求的反映。

总体上讲，"旅游是一种特殊仪式"是对旅游体验与动机的一种分析视角。

（二）"旅游是一种现代的朝圣。"——麦克内尔

西方中世纪的朝圣者虽以宗教为基础，但朝圣者在旅行途中的各种社交和娱乐活动，不免带有类似现代旅游的成分（如朝圣者不仅参加神圣庄严的宗教仪式，而且还参加各种节日狂欢和商品交易活动），因而引发了"朝圣与旅游"

[①] 赵红梅．论仪式理论在旅游研究中的应用——兼评纳尔什·格雷本教授的"旅游仪式论"[J]．旅游学刊，2007，22（9）：70-74．

之间关系问题的讨论。许多学者都探讨过朝圣和旅游的关系，不难看出早期的旅游者和旅游的关系非常密切，科恩曾说，"宗教朝圣是祖先活动的一部分，也是当代旅游的起源，这就使得人们要分析旅游与朝圣之间作为社会活动的差异所在"①。

如果将旅游看作是影响人们精神世界的活动，那么把旅游看成是"朝圣"具有深刻的意义。传统社会中的朝圣活动实质是对具有某种宗教意义上的目标和符号的追求，《英语牛津词典》（The Oxford English Dictionary）将"朝圣者"定义为"出于宗教的虔诚而启程前往一个神圣之地的人"，"朝圣"则是"一名朝圣者的旅程"。传统社会中教徒通过朝圣之旅可以获得精神上的更新、心灵上的安慰和地位上的巩固，现代旅游虽然是一种大众休闲活动，但是旅游者去旅游地享受大自然、异国风情、阳光，追求知识和开阔眼界等也是为了获得一种精神上的更新，即格雷本所说的"世俗的精神"。现代旅游活动中旅游者追寻的那种超自然的精神层面，尽管和朝圣者在宗教层面上的精神追求有所差别，但是在象征性层面上是一致的，因而"旅游是一种现代的朝圣"颇为深刻。

（三）"如果一个朝圣者是一个一半的旅行者的话，那么，一个旅行者就是一个一半的朝圣者。"——维克多·特纳

维克多·特纳是公认的仪式分析大师，他在对朝圣过程（pilgrimage processes）的比较研究中，考察了基督教、伊斯兰教、犹太教、印度教、佛教、儒教、道教等历史上几大主要宗教的朝圣制度，资料收集范围涉及古埃及、古巴比伦、中美洲的各种文明以前的基督教时期的欧洲，以及散布在世界各地的朝圣者、参观者的文献资料、口头叙述、经验感受、观察记录等。特纳将朝圣理解为一种"社会过程"，"朝圣这一过程包括一个特定的朝圣群体在出发前所做的准备、他们在旅途中的集体经验、他们在圣地的行为和感想及其归程。我们可以将这一过程的各个阶段看作是社会戏剧、社会事业以及其他过程化单位的各个环节"②。

特纳分析朝圣仪式有以下几个特征：（1）朝圣地通常在离朝圣者居住地很远的山里、洞里、森林里等。（2）朝圣是一种离开世俗世界的休憩。（3）朝圣过程中，所有的社会道德、价值伦理，如等级、地位都宣告消解，所有朝圣者一律平等。（4）朝圣属于个人自由选择，却有宗教意义上的虔诚与苦修。（5）朝圣行为有更为广泛的共同体价值，有时可以超越宗教、政治和民族界限。这

---

① 张晓萍．"旅游是一种现代朝圣"刍议[J]．云南民族大学学报（哲社版），2003，20（4）：91-93．
② [美]维克多·特纳．戏剧、场景及隐喻：人类社会的象征性行为[M]．刘珩，石毅，译．北京：民族出版社，2007．

里我们不难看出朝圣和旅游作为一种社会活动之间的密切关系,朝圣者和旅游者在空间移动、休闲状态、精神追求上都有相似性,其逻辑关系为:朝圣者必定是一个旅行者,而旅行者必然具有"朝圣"的意义。

(四)"旅游是一种包括一连串的、卷入大量节庆因素的、并由中介角色所引导的强制仪式。"——欧文·戈夫曼

在旅游人类学的研究中,将现代旅游看成是一种现代仪式已经成为一个带有普遍性的观念。在现实的旅游活动中,每个景点都有自己的独特性和不可替代之处,因而在旅游宣传媒体和其他多种价值观引导下,每个景点都带有不同程度的"自我强制"特性,这就是戈夫曼所说的旅游是一种"强制仪式",人们熟悉的"不到长城非好汉"就是最好的例子。

在现实旅游行为中几乎都普遍存在这种"强制仪式"的通用性套语:不看某符号性(标志性)的景物就等于没有到过某地,即旅游者到某地"不能不去"看某些地方、景点和景物。如同彭兆荣教授指出"不去看埃菲尔铁塔,不看凯旋门,不看圣母院,不去卢浮宫就等于没到过巴黎;不上长城,不进故宫,不去天安门就等于没有去过北京,等等,仿佛朝圣者必须去'朝圣'一般",好比一个旅游者到了欧洲,他就必须去看巴黎,到了巴黎,就必须去看卢浮宫,到了卢浮宫,就必须去看《蒙娜丽莎》那样。

二、旅游活动中的仪式展演

仪式与旅游关系密切,首先表现为,现代旅游可视为一种现代仪式,即将旅游看成是一种仪式的比喻。其次,旅游活动的许多仪式本身也是一种表演,对旅游者来讲具有可观赏性。最后,旅游活动中一些仪式具有可参与性,让旅游者直接参与到舞台性的表演之中,旅游者参加仪式的过程也是一种表演过程。这里我们将旅游活动中的仪式理解成一种表演过程,既有旅游者作为观众看到的各种样式的仪式表演,也有自身参与各种活动作为一种仪式的表演,这里用一些实例来阐述旅游活动中的仪式展演。

在表演理论中,表演通常是作为一种"文本"并置于"具体的语境"中加以讨论与关注,旅游活动中的仪式展演作为一种"文本"也是在"旅游场域"中进行的,它在大多数情况下属于辛格(Singer)所说的"文化表演"。"文化表演"概括人类社会文化在演变过程中的诸多历史形态和传统,不仅包括语言交流,而且包括非语言的交流,如歌舞、行为、造型艺术等,或融合了多种艺术要素的交流性民族、族群文化。

从类型来看,旅游活动中的仪式展演有日常性的生活展演和非日常性的生

活展演。日常性的生活展演即将日常生活或反映日常生活的事件搬演到旅游场域中,如女性梳洗长发(龙胜红瑶)、打油茶、打糍粑、田间栽种、狩猎捕鱼等体现族群生产生活的文化。

从功能性而言,涂尔干将仪式的功能归纳为四种:惩戒(个人的意志服从群体要求)、凝聚(宗教仪式的集体实践对社会团结的作用)、赋予人们以生命力、欢娱。结合仪式的功能,旅游活动中的仪式展演的特点有:(1)满足旅游者的求吉心理。旅游者普遍都有健康平安、升官发财的心理诉求,许多旅游活动中仪式展演契合了旅游者这种心理,如旅游者拜佛祈福、登青云石、喝圣水、走五福临门路(中国许多传统建筑前面五只蝙蝠包着福字的图案)、看"跳加官"(旧时中国戏曲中的开场仪式,因向观众展开的条幅上写着"天官赐福""加官进禄"等吉祥祝辞)等。(2)娱乐特性。许多旅游活动中的仪式展演都具有娱乐的功能,像旅游者参与的"科举考试""活人上演的复古村庄""婚礼"等,都给旅游者带来欢娱。(3)隐喻与象征。旅游活动中的仪式展演很多是以隐喻与象征的形式呈现的,像看"跳加官"、摸"时来运转"石、上刀山、过火炼、走福寿桥等都包含着隐喻与象征。(4)治疗特性。旅游活动本身是旅游者处于一种休闲放松的状态,对缓解平时工作、生活的压力有一定程度的治疗作用。旅游仪式展演中满足旅游者的求吉心理诉求、娱乐特性、隐喻与象征都与治疗紧密连在一起。

(一)旅游中的仪式展演一:到瑞金,去红井,喝红井圣水

瑞金是一个位于江西省南部、武夷山脉南段西麓的一个小山城,也是1931年中华苏维埃临时政府诞生地,1934年举世闻名的中国工农红军两万五千里长征也从这里出发,毛泽东、周恩来、朱德、邓小平等老一辈无产阶级都曾在这里生活、工作和战斗。瑞金在中国革命史和中共党史中有着重要地位,她也被誉为"人民共和国摇篮""红色故都"。随着红色旅游的兴起,瑞金成为全国红色旅游经典景区之一。

喝红井圣水

瑞金红色景区包括叶坪、红井、二苏大、中华苏维埃纪念园四大红色景区，其中红井是老少皆知的一处旅游胜地，几乎每一位中国的小学生都会读到《吃水不忘挖井人》这篇课文，课文讲述1933年毛泽东同志为了解决当地群众的饮水问题，带领战士找水源、挖水井的故事，水井边刻着"吃水不忘挖井人，时刻想念毛主席"的石碑成为符号性的景观。

到瑞金的旅游者几乎都要去红井，喝红井圣水，这是旅游活动中典型的"强制仪式"，旅游者自身参与性的展演。旅游者瞻仰红井、井边石碑等革命圣地，本身就可以受革命传统和理想信念的教育，通过喝红井水更能够将自身与革命先辈的事迹联系在一起，在实践饮水思源的行动中体会带有国家意义的神圣，因而喝红井圣水成为到红井参观的旅游者"必须"的表演。旅游活动中与喝红井圣水类似的有到庐山喝聪明泉水①、到北京吃烤鸭、到桂林吃米粉等，甚至形成类似"到北京，登长城，吃烤鸭""到桂林，看桂林山水，吃桂林米粉""到苏州，去看苏州园林，听昆曲"等带有通过仪式的活动。

（二）旅游中的仪式展演二：抚摸"时来运转"石

广西贺州玉石林景区是由一片十分罕见的汉白玉石柱、石笋组成，景区内地层石芽裸露、奇峰突兀，石笋石柱、地槽漏斗、狭缝密布，成就了"生命之源""雄狮迎宾""时（石）来运转""送子观音"等众多的奇异自然景观，被誉为"人间仙境"和"地质奇迹"。

摸石头（杭州灵隐寺）

"时来运转"石堪称贺州石林第一石，是石林文化宝库中的宝中之宝，它不仅有动人的民间传说，还被描述为"其内如宝似玉，其外呈送吉迎祥之像，

---

① 旅游活动中类似喝红井圣水的仪式有：到庐山喝聪明泉水，到北京吃烤鸭，到桂林吃米粉等。如喝聪明泉水，庐山东林寺神运殿后，翠竹林间有一口径约二平方米的方泉池，泉旁碑刻"聪明泉"三字以及唐代皮日休诗，"一勺如琼浆，将愚拟圣贤；欲知心不变，还似饮贪泉"，1980年版电影《庐山恋》中一对相恋男女用长柄竹筒一勺勺地畅饮泉水以表达彼此对爱情的忠心。

平滑圆润处如佛肚袒露，宛如是一尊弥勒佛，笑迎八方客"。"时来运转"石又名三多石，据说这块宝石能通人性，替人消灾，送人福气，参观者只要在石头前面闭上眼睛，平心静气，抚摸此石，便可得三多——多福、多寿、多文采。因此，旅游者为了消灾祈福、时来运转，抚摸此石成为他们的心理诉求和必须进行的仪式；像旅游者在苏州拙政园登青云石一样，左脚登青石，右脚登云石，一步一步意味着步步登高，即成语平步青云之意。笔者在苏州拙政园、杭州灵隐寺和新西兰南岛基督城（Christchurch）毛利文化博物馆，同样遇到摸石头给旅游者带来好运的场景。

毛利文化博物馆玉石（please touch）

石头被作为自然景观或者人文景观的现象比较普遍，像桂林城徽象鼻山、厦门鼓浪屿、青岛老人石，以及"天涯海角"（海南）、"飞云纵览"（庐山）、"五岳独尊"（泰山）、"石林"（云南）等景观本身就是石头，这些石头的天然性和人赋予它们特殊的内涵一起构成具有旅游地标志性形象的意义，旅游者到了那个地方以观赏、拍摄等方式使自己和它们联系在一起。

（三）旅游中的仪式展演三：上刀山，过火炼，走福寿桥

现代旅游业中，民族、族群文化逐渐成为展示当地文化，吸引游客的重要文化资源。仪式大多数原本为族群内部的活动，具有神圣性、神秘性、排他性，但是仪式服务于现代旅游业产生经济效益的同时，也体现出开放性、表演性和发明性等特性，借助、改造传统仪式开放性地表演给旅游者观看，或让旅游者一同参与的例子多不胜数。因此，仪式本身所具有的表演性和营造的场景气氛，成为体现和展示传统文化、地域价值的活动载体，如印度尼西亚爪哇岛巴科斯人的传统葬礼，贵州苗族的"上刀山"成人礼，贵州苗族的"牯藏节"，广西瑶族的"还盘王愿"，汉、瑶等族的过火炼，桂南客家地区的斩大幡、降生童子游神等，这里以笔者亲身经历的桂南客家地区的斩大幡活动①中的上刀山、过火

---

① 笔者 2012 年农历十月二十一日至二十五日参加了陆川县清湖镇举行的斩大幡活动。

炼、走福寿桥仪式为例。

上刀山

斩大幡是桂南客家人驱灾避难的一种打醮活动，是当地民间传统信仰中规模最大、最神秘和最具有代表的仪式之一，一般是村落遭遇到较大的困境之后，人们为了祈福驱灾建构新的希望而举行的。斩大幡是一个主题仪式，由一系列程序和科目组成，每个程序和科目（如请神、送神、砍树、砍竹子、杀猪牛等）都有特定的仪式，上刀山、过火炼、走福寿桥仪式只是其中的几个环节。

上刀山是斩大幡活动中最惊险、最刺激的仪式展演，吸引着大量的观众，一排排刀刃朝上长刀横插在竖起的树杆上（即刀山）。经过师傅们拜刀山、念咒语一系列仪式后，一个师傅开始上刀山，他先象征性地在指定的盆里洗手洗脚，然后手心、脚心由另一个师傅帮盖幡师印章后，开始徒手抓住刀山上的刀刃，赤脚踩着下面的刀刃上一步一步攀登刀山，爬到刀山顶端后坐下，从腰间拿出牛角号吹起。师傅下刀山后，其他参与者可以在师傅的指导下，按照规定的程序走完后，开始徒手赤脚爬刀山，一个下来后另一个接着上。上刀山是勇气和胆识的考验，像苗族把上刀山与成年礼联系在一起，即通过上刀山的仪式来获得一个人生命中重要的阶段成年的转变，刀山都敢上，还有什么不能战胜的困难？

过火炼是斩大幡活动在夜间进行的一个环节,师傅们将事先烧好的炭火铺成一条 10 米余长的火路,通红的炭火在夜间显得格外醒目。过火炼是参与度比较高的仪式活动,男女老少都可以参加,参与过火炼的男女老少赤脚排队站在炭火的一头等待,整个场面鸦雀无声,待师傅做完请神、念咒、画符、烧符等一系列的仪式之后,师傅一声令下"可以过",人们在一阵阵欢呼声中赤脚踩在通红的炭火上飞跑,脚踩炭火"哆哆"的响声伴着四处飞溅的火星,构成一幅既神圣又欢乐的场面。

过火炼

走福寿桥是斩大幡活动中不断重复的一个仪式,只要有参与者来就可以进行。福寿桥用新从山上砍下来的树搭在幡场中,形如一个两边相通的拱桥,一边门上写着"福寿桥",两旁对联为"祝福信人三多庆,寿如彭祖五福临",另一端门上写着"幸福门"。福寿桥旁边用新砍伐的竹子搭成 12 个简易的拱形门,门上依次挂着剪刀(锋利的刀口朝下)、镜子、锁和钥匙几样东西,剪刀、镜子是中国传统民俗中挂在门上的辟邪物,锋利的剪刀口朝下意味着可以剪去进入的邪物,镜子则将邪气反射出去。锁意味着一个关节点,或者是生命历程中一个难关,开锁过关意味着战胜困难。经过一系列的仪式之后,参与者在师傅的带领下,穿过十二个简易的拱形门,每过一道门师傅用钥匙将上面的挂锁打开,然后从福寿桥的"幸福门"上桥,从桥的另一端下来。走福寿桥意味着参与者战胜了一关又一关的困难,最终走向幸福、安康。

走福寿桥

（四）旅游中的仪式展演四：拜佛，爬船底，摸铜钟，钻菩提树

宗教旅游是指宗教信仰者的专门朝圣以及一般旅游者参观宗教景区景点的活动，是一种富有特色的旅游形式。这里的宗教旅游是指一般旅游者参观宗教景区景点的活动，以佛教旅游为例，在东南亚国家和中国等地较为常见，尤其是泰国的佛教旅游具有代表性。

泰国旅游资源丰富，气候和交通条件都比较优越，泰国旅游业是东南亚国家旅游业的风向标。泰国旅游业有多种形式和特色，但最突出一点是佛教色彩，到泰国的旅游者几乎都会接触和体会到它的佛教文化，如参观寺庙、购买佛教旅游纪念品等，可以说佛教文化是一只无形的巨手，掌控着泰国旅游业的各个方面。一般旅游者到寺庙参观往往形成拜佛、烧香、转法轮、祈福、求签等固有的仪式，笔者在泰国彭世洛府一个寺庙里参观时经历了一般旅游者拜佛、爬船底、摸铜钟、钻菩提树的展演。

爬船底

摸铜钟

在拜完佛之后,旅游者被带到寺庙佛殿外的一个小院子,院子里陈列着一只装饰漂亮的木船,木船是悬空的,船下面铺着地毯。女性旅游者(男性不行)可以从船下面的地毯爬行穿过,船是子宫的象征,意味着经历过这样仪式的女性具有生殖力。木船的不远处挂着一个摸得光滑的铜钟,旅游者排着长队去抚摸这个铜钟,意味着嗓子发出的声音会像钟一样洪亮、悦耳。摸完铜钟之后旅游者再钻院子里的一棵架好了梯子的菩提树,佛教中菩提树是觉悟的代名词,据说佛教祖师释迦牟尼佛当年在菩提树下觉悟。旅游者从那树的一边上梯子,钻过菩提树洞后从另一端的梯子下来,重复三遍之后,意味着就会有觉悟和智慧。

钻菩提树

(五)旅游中的仪式展演五:红瑶妇女的长发展示

在当代旅游业对民族文化开发的背景下,像生活中的各种舞蹈、生产生活(捕鱼、打猎、插秧、纺纱织布、打糍粑、打麦芽糖、打油茶、婚俗礼俗、手工艺等)等日常生活场景也进入旅游展演场域,这些展演有的成为旅游者眼中地方化或族群符号的象征,有的在民族旅游中建构成一种艺术展演,这里以广西壮族自治区桂林龙胜各族自治县瑶族的红瑶女性梳洗长发(或长发展示)表演为例。

龙胜作为大桂林旅游圈内的旅游大县,以瑶、侗、壮、苗等民族的民俗旅游为主要特色。红瑶是瑶族的一个支系,因穿红色服装而得名,主要分布在龙胜泗水乡、和平乡一带的山区里,他们被誉为"桃花林中的民族"。红瑶的女性有世代相传的蓄发、梳妆发型、护发的习俗,红瑶妇女个个都有像瀑布一样可以垂到地上的浓黑长发,长发成为族群的标志之一,它既是红瑶女性青春和健康的标志，也是富贵和美丽的象征。龙胜县和平乡黄洛瑶寨，寨里60多名红瑶妇女蓄长发（最长的达2.1米），黄洛瑶寨被誉为"天下长发第一村"。

黄洛瑶寨的长发妇女

红瑶村寨前后的河滩、泉水边是妇女们的天然梳妆台，妇女们一边梳洗着流云般的长发一边唱着《长发瑶》，"一梳长发黑又亮，二梳长发等情郎，三梳长发长又亮，父母恩情永不忘。丝丝长发亮堂堂，幸福生活久久长"，这样的场景构成一幅美丽的、天人合一的和谐画面。因此，看红瑶妇女梳洗长发或看长发展示表演成为旅游者到黄洛瑶寨必看的项目，尤其是每年的红衣节[①]瑶族妇女长发的比赛，可以一睹红瑶妇女的长发风采。

（六）仪式展演六：靖江王府的模拟科举考试

在西方一些国家，旅游业很早就出现用复原村庄、活人扮演的博物馆等方式上演活人的历史，即东道主和游客一起"表演"旅游地。这里以桂林靖江王府的科举考试为例。

桂林城区独秀峰下，至今仍保存着一座完整的城中之城——明靖江王城，明洪武三年（1370年）朱元璋封其侄孙朱守谦为靖江王，就藩于此。靖江王城开始建于洪武五年（1372年），府第建筑按照藩王规制，主体布局有承运门、承运殿、寝宫、左宗庙、右社坛等建筑，主体的两侧有众多的厅堂楼阁、书屋轩室，还有月牙池上建有亭台桥榭相连作为御花园。靖江王城规模宏大、布局严谨、门深城坚，森然的殿堂、轩昂的亭阁、美丽的山水相得益彰，浑然一体，

[①] 红衣节已有几百年历史，每年的农历三月十五或四月初八举行，是红瑶最盛大的节日盛会。这一天男女老少都身着节日盛装（妇女们都穿上红衣服），家家户户杀鸡宰鸭、包粽子，担着扁担，交换一年的生产生活用品，还聚在一起唱山歌、跳舞。

它比北京故宫早建34年,也是南京故宫的精华缩影,明朝共有11代14位靖江王居住于此,历时280年。靖江王府现为5A级景区,主要景点有王府、王城、贡院、状元及第坊、榜眼及第坊、三元及第坊、独秀峰等。

清政府将靖江王府改为广西贡院,从这里走出了4位状元(其中陈继昌为三元及第)、585位进士、1685位举人,堪称读书人的福地。旅游者进入由穿着清兵服饰的士兵把守着贡院的大门,通过参观恢复的贡院科举考试旧观想象当年科举考试的盛况,体会学子寒窗苦读的艰辛和金榜题名后的喜悦,旅游者还可以参与模拟科举考试,再现大清王朝的科考。参加模拟科举考试的旅游者在由穿着清代官服的"主考官"宣布开科考试之后,随即开始广西乡试的考试。参与科考旅游者在被告之大清科场考试规则之后,被士兵带入准备好了毛笔和墨水的考场——设字号,在狭小的考场里单独答一份"乾隆二十五年庚辰科"广西乡试的黄纸印刷的试卷。考试结束后,选成绩最好的"考生"为"状元",并由"皇帝"下圣旨授予状元官位,"状元"穿上官服走马上任。

三、旅游摄影:旅游中的"即兴表演"

照片是旅游的见证,旅游越多,对照片的依赖就越大。

——苏珊·桑塔格

如果没有摄影术,也就不会有当代全球的旅游业。

——厄里

1839年福克斯·托伯特发明了照相机,这项发明极大地改变了整个世界。摄影技术不但改变了绘画作为最古老的视觉时间的法则,而且以比绘画更具普遍性的方式影响社会生活。人们可以通过镜头,拓展目力所及的时间和空间,摄影用一种特殊的"看的方式"来观察世界,广泛地被用来记录人类社会生活的各个方面和每一个角落,可以说摄影成为当今社会最常见、最普遍的视觉文化行为,今天流行的"读图时代"可以说是摄影的时代。

摄影是文化现代性的重要标志之一,它与旅游活动密不可分。一方面,科学技术特别是数字化技术的迅速发展,使得摄影普遍地进入大众的日常生活;另一方面,旅游业的发展为摄影提供了广阔的天地,旅游摄影成为旅游本身不可缺少的一部分。鉴于摄影与旅游之间的关系,厄里等人认为如果没有发明摄影技术,那么基于凝视的旅游会和现在大相径庭,甚至现代的旅游业根本就不是这样存在的。[1]奥斯本（Osborne）则发现摄影与旅游是现代文化的两个重要的相关现象，奥斯本这样说："普遍的旅游文化和经济以及各种各样的现代文化与（摄影）媒体从根本上是密不可分的。"[2]

旅游摄影不但改变了旅游视觉文化意义和旅游视觉模式，而且对旅游者的行为和旅游体验产生了更深刻的影响。从旅游行为和体验的角度上讲，旅游摄影是旅游者在旅游过程中依据各种情境而激发出来的一种"即兴表演"，这种表演完全是旅游者自身创造而实现的。总体上讲，旅游摄影不但是一种旅游体验，而且有建构与宣传旅游地形象和暗含权力关系的话语等几个特点。

第一，旅游摄影是一种旅游体验。近年来旅游体验研究逐渐在旅游学术研究中受到重视，有学者将它看成是"旅游学基础理论研究的硬核"[3]。旅游摄影作为旅游活动中的一种"即兴表演"，既包括旅游者用镜头在旅游地的凝视，也包括旅游者在镜头前面的自我展演——摄影留念，这些行为都是旅游者进行旅游体验的过程。

从表面上看，旅游者透过镜头比较随意地拍摄旅游地，但实际上在拍摄中包含了旅游者对事物审美和选择过程，决定着什么值得他们观赏，以及哪些图像和记忆应该带回家中，即旅游者用镜头在体验旅游地。几乎所有的旅游者都有将旅游中的一些场景用相机将它们"固定"下来的愿望，这种愿望在一定程度上决定了旅游的实质，即什么样的事物值得一看、什么样的画面和记忆是值得带回的。当旅游结束后，那些旅游中留下的照片，是闪光灯将自然界陌生的风景变得亲密而熟悉画面的结果，它们成为旅游者回忆、建构"旅游经历"的重要凭证。旅游者将那些照片放入网站、旅游博客、QQ 空间，或者和亲朋好友一起欣赏时，旅游者依然在延续一种"后旅游体验"。

摄影留念在现代旅游中必不可少，旅游者在镜头前用各种姿势释放自己对旅游地的情感，用照片来表达类似"某某到此一游"的仪式意味，因而有学者认为"摄影塑造着旅行过程，以至整个旅途就成为了胶片上捕获的一个个'好风景'，旅游目标、照相机和胶片技术构成了旅行的真正本质"[4]。

---

[1] C. Crawshaw and J. Urry. Tourism and the photographic eye[M]// J. Urry and C. Rojek. Touring Cultures: Transformations of Travel and Theory. London: Routledge, 1997.

[2] P. Osborne. Travelling Light: Photography, Travel and Visual Culture[M]. Manchester: Manchester University Press, 2000.

[3] 谢彦君. 旅游体验研究：一种现象学的视角[M]. 天津：南开大学出版社，2005.

[4] [英]约翰·尤瑞. 游客凝视[M]. 杨慧，等译. 桂林：广西师范大学出版社，2009.

旅游摄影（人物）

摄影留念是旅游者在旅游活动中"即兴表演"后的留存，它将那些值得回忆的场景，尤其是"照片中的自我"照得最好的、最美丽的照片，用摄影凝固成照片永久地保留在旅游者的"相册"里。随着时间的流逝，旅游者的摄影留念变成珍贵的"老照片"，当旅游者重温这些"老照片"时，他们会根据照片中的图像符号极力去追寻自己的旅游经历。因而旅游摄影是一种具有持久性和延续性的旅游体验。

旅游摄影（风景）

第二，旅游摄影建构与宣传旅游地形象。现代旅游产业中的旅游地形象建构与宣传，除了用精心设计的形象用语之外，图片形象作为一种传媒性标示物也起了很大的作用。我们不难发现，和旅游相关的宣传册子、报刊、杂志、地图、网站、电视节目、博客等媒体，都有许多展示旅游地突出形象的图片，包括风景、人物、建筑、服装、习俗等。比如在旅游胜地的宣传中，图片有风景如画、宛如仙境的桂林山水，壮观的龙胜梯田，代表广西旅游形象的刘三姐，穿着民族服饰的瑶族、侗族各民族人们等，这些图片构成桂林作为旅游地的"天堂形象"。

邓恩（Dann）在这方面的研究颇有新意，他喜欢研究酒店里各种宣传性的小册子，这些宣传旅游目的地的小册子在当今世界各地的酒店、旅游景区里随处可见。邓恩曾对英国假日旅游的宣传册子的形象用语进行统计，发现最为突出的形象语言是"天堂"。此外，邓恩的研究还得出如下结论：宣传册子中大约有 10% 的图片形象是游客与东道主民众共同显示出来的。也就是说，旅游地形象的建构与宣传除了作为商业策略和手段去实施之外，旅游者也一起参与制造了旅游地的"天堂神话"与"天堂形象"。首先，旅游者被旅游宣传中的照片所吸引，这些照片是建构旅游地"天堂形象"的重要因素，旅游者认可这种"天堂形象"前往观光，使得旅游地"天堂神话"得以实现。其次，在旅游过程中旅游者又用相机拍摄旅游地，将他们拍摄的照片在网站、博客、QQ 空间等不同媒体上展示，参与了旅游地"天堂形象"的建构。在现实的生活中，旅游者发现和宣传旅游地的例子屡见不鲜，如具有"桂林山水甲天下，阳朔堪称甲桂林""中国县域旅游典范"等声誉的世界著名旅游胜地阳朔县，在中国旅游业开放之初还鲜为人知，20 世纪 80 年代一本被西方背包旅行者奉为"圣经"的《孤独星球》杂志，介绍了阳朔的一些独特风情，阳朔渐渐在西方世界产生影响，到今天成为国外背包旅行者的聚集地。旅游摄影的普及对旅游地的建构与宣传更为迅速和有力，笔者注意到桂林附近漓江边的一个叫竹江村的小村庄，村子边大面积的河滩拥有成片的乌桕树得名乌桕滩，乌桕树的树叶在打霜之后变红，在清澈的漓江水、蓝天白云和牛群的衬托下，乌桕滩美不胜收，宛如一幅巨大的田园牧歌画卷。

一些旅游者将乌桕滩的秋景照片放到网站上，这些美丽的照片引起了人们对这一美景的无限遐想，古诗中那种"霜叶红于二月花""树树皆秋色"的意境在人们的脑海中油然而生，有些照片还配有"小九寨沟"的字样，这些图片在网上被广泛转载，结果很快就引发了到乌桕滩旅游的热潮，成百上千的私家车开到乌桕滩，这种情形对于竹江村的村民来说是始料不及的。因而对于很多旅游地来说，与其是它们宣传了自身，还不如说是旅游者发现和建构了它们的"天堂形象"。

乌桕滩秋色

第三，旅游摄影是一种暗含权力关系的话语。"话语"是一种表述的存在和表述的方式，因为它的存在和作用人们会对一些事实产生引导、甚至是扭曲的作用。"话语"具有巨大的操控功能，在于它交织着诸如意识形态、文化、道德价值等权力关系，如在全球旅游业背景下来自西方第一世界的"权利之手"掌控着第三世界国家的旅游业，体现在第三世界国家旅游业从旅游模式、经营方式、旅游设施等大的方面，到酒店内部的格局、客房装饰，甚至侍者的打扮、行为规范、语言风格等小的方面，都受西方第一世界"权力阴影"的影响。还有一种值得注意的现象，在现实中我们经常见到的旅游地宣传册子、广告、电视、书籍和杂志上的图片，"女性形象"被认为是带有特殊符号意义的指示，图片中那些年轻美貌的女子抑或穿着性感的比基尼出现在海滩上、抑或裸露着身子沐浴在温泉里、抑或穿着民族服饰出现在山寨上，尤其是带有族群特征的少数民族女性或地方化色彩的女性形象还成为某地旅游业的"形象代言"，如中国的摩梭女、刘三姐、阿诗玛、五朵金花，泰国的人妖等。旅游摄影中"女性形象"体现的是一种性别"话语"权力，在建构与宣传旅游地形象时给观众留下了具有"性诱惑"的想象空间，反映出人类社会普遍的男权传统和男性意识。

旅游摄影在一定程度上是旅游者用镜头作为"话语"来建构旅游真实场景和画面的过程，体现在旅游者的兴趣、爱好、以及他们的专业知识背景上，而这些决定了旅游者拍摄的权力，如拍摄动机、内容和角度等。因此，旅游摄影对旅游地形象的建构与宣传，存在着取材于旅游地的"现实"，而反映的却是非"真实"旅游地的情况。彭兆荣教授曾用自己亲身经历的例子来说明摄影对旅游地"真实"的建构：

"笔者在法国留学的时候，曾经参加过一个由法国人用相片介绍中国的小型摄影展。摄影展上，我看到了留着长辫子的中国男人、裹成小脚的中国老妇、身着开叉开得很高的旗袍的年轻女人等相片被集中在一起。"[①]

毫无疑问，摄影作品中的"中国人形象"是历史上的现实，但这些照片在观众脑海中建构的"中国人形象"和现实中的大相径庭，相片中的中国人形象往往会激起观众的好奇，他们会产生要到中国去了解"异文化"和"猎奇"的心理。这与西方人建构的"东方形象"是用自己的意图和模式来实现一样，旅游摄影建构的旅游地形象是摄影者按他们自身的兴趣和知识背景来实现的。

---

① 彭兆荣. 旅游人类学[M]. 北京：民族出版社，2004.

第三章 旅游表演的时空、展演空间与空间结构

他乡是一面负向的镜子。旅人认出那微小的部分是属于他的，却发现那庞大的部分是他未曾拥有，也永远不会拥有的。

——卡尔维诺

第一节 旅游表演的时间和空间

任何旅游活动都离不开时间和空间两个基本要素，如果把旅游活动看作是一场表演，那么旅游表演的时空就是旅游者和相关的人在特定的旅游场域中的时间和空间的总和。从表层来看它包含旅游者从家里出发去目的地旅游，再回到家里整个过程花费的时间，以及旅游者需要进行体验和观光的地方与地点，这是物理上的时间和空间。从深层来看可以从更多的维度来理解旅游和时空的关系：第一，从旅游者角度来说，旅游者是在"休闲时间"（Leisure Time）里在特定的空间进行消费的实践，即旅游是一种"时间实践"和"空间实践"。第二，旅游活动中旅游者所在的时空，不同于旅游者在"日常生活和工作"中的时空，前者是旅游者"移动"和"变化"的时空感受，是"神圣"的；后者则是"停滞"和"不变"的时空感受，是"世俗"的。第三，从旅游者与东道主关系来看，旅游活动的时空是旅游者对东道主的"他者时间"和"他者空间"的了解、体验与认识。第四，由于大众旅游都受到指定的行程安排和时间的制约，普通的旅游者对目的地大多数都是走马观花式的肤浅了解与体验，形成一种"浅度空间"实践；而另一些旅游者以"当地人"的身份长期居住在某一地方，民族志和人类学家则需要深入了解所到的地方，他们形成一种"深度空间"

实践。

此外，在旅游空间里涉及旅游服务、旅游体验、旅游场景、旅游表演空间结构、旅游者与东道主之间的互动和权力关系等多方面问题，从一个侧面来讲旅行的本质概念是空间实践，詹姆斯·克里福德在其著作《线路：20 世纪晚期的旅游和迁徙》中把旅游以及旅游中所包含的各种事象当作一种对"范式性空间"的转变和占据。

一、旅游的神圣时间和空间

长期以来，人类学就有从结构的角度来看待事物和习俗化的事情的传统，把它们看作是生活本身的界定或标志物，将标志性社会的主要阶段或事件，看作是对时间本身流逝的一种测量，比如说一年的度过，是由一系列的节假日标志出来的，每一个节日都是从"正常的世俗"转到"非正常的神圣"的标志，这样构成了"世俗"（日常生活）／"神圣"（非一般经历）交替的时间流动模式。

根据这样的理解，旅游被看作是人们生活中和节日一样的标志性事件，是对日常枯燥生活的弥补。格雷本教授曾以加尔文教徒的神圣旅游为例，试图结合涂尔干"神圣／世俗"观念和根纳普的"通过仪式"模式，说明这一类带有以宗教信仰为目的的旅游事实上具有如下的模式意义：[1]

世俗（profane）——→ 神圣（sacred）——→ 世俗（profane）
日常生活　　　　　　旅游活动　　　　　　日常生活
低状态　　　　　　　高状态　　　　　　　低状态

从这个分析模式我们可以看到，宗教徒在神圣旅游之后，表面上看他回到生活的日常状态，但是他因为在神圣旅游中得到"主的宽恕"，在精神上得到解脱，达到灵魂上的再生。特纳在分析朝圣时，也强调这种模式的意义，他在《作为社会过程中的朝圣》中写道：

"朝圣为每一位香客准备了足够的空间，使他能够短暂地远离自己与生俱来的各种社会限制和义务，但是这一空间也仅只是一个向公众展示的舞台，朝圣者必须借助这一舞台并通过自己的言行向更为广泛的宗教、政治和经济秩序当众表示自己的忠诚和敬意。"[2]

传统社会中的每一位香客在朝圣这个舞台中向公众展示自己，更希望自己

---

[1] 彭兆荣. 旅游人类学[M]. 北京：民族出版社，2004.
[2] [美]维克多·特纳. 戏剧、场景及隐喻：人类社会的象征性行为[M]. 刘珩，石毅，译. 北京：民族出版社，2007.

在圣地能够直接体验那种神圣的、超自然的感受，当他回到家之后地位和权力得到加强，最终获得疾病愈痊（物质性的）和精神与性情（非物质性）的内在转变。格雷本将这样的过程和分析模式套用到现代旅游活动，描绘出一个直观表达旅游者在不同阶段中的行为和意义的旅游缩模结构图①，如下图所示。

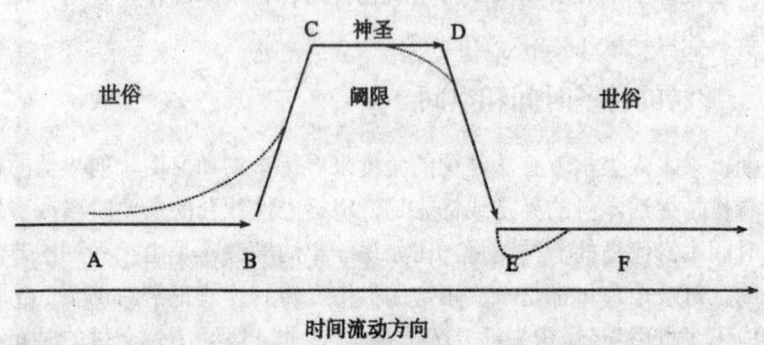

这个结构图清楚地揭示了旅游者在不同阶段的行为和意义：

A—B 是旅游者在不同旅游动机的触发下，处于一种对旅游憧憬与期待的阶段和状态。旅游者在确定要进入某一次旅游后，需要花一段时间安排和准备工作，在离开家那一个短暂的时间里进入一个"节点"，标志着旅游活动的真正开始。

C—D 是旅游者完全脱离日常生活，享受着度假（度假的英文 Holiday，原意为度过"神圣的时光"，Holy Days）的"神圣时间"阶段和状态。

D—F 是旅游者在经历快乐的旅游后，又回到一种日常生活的阶段和状态。

其中从 A—C 和从 D—F 的虚线指示揭示了两种心理，前者是旅游者对旅游期待值逐渐向上的过程，后者不是直接回到原来的实线上，"低谷"暗示旅游者重新回到日常生活和工作前的状态。

一般而言，人们在经历过一定的工作或生活状态之后，需要用不同的方式来调整。旅游就是现代人们用来自我修整的一种方式，借用格雷本的话来说，"旅游是人们需要使自己的'再造'（recreation）得以实现的一种方式"。旅游期间是人们享受快乐的"神圣时间"，值得一提的是，人们经历旅游"神圣时间"的修整之后，不是简单地回到生活的"原点"，而是在身体和心理上达到一种"更

---

① 利用这样的分析模式对旅游的套用类似的还有：纳什（Nash）从游客的时间角度对"阈限模式"的套用，杰夫里（Jafari）的"跳板隐喻"。

新""复苏"的状态,类似哲学上的"否定之否定",具体到旅游者来讲,"游客在出游之前会有'离开家真好'的感觉,旅游结束后会有'回家真好'的感觉"。①

从空间上讲,旅游活动过程和行为同样有像时间那样的"神圣/世俗"指示关系。如朝圣旅游,朝圣者前往的空间很明确——神圣的地点,"朝圣者在神圣地点需要参加神圣的仪式活动,它构成一种特殊的过程性、程序性和结构性场景,以引起一种特别的'尊重',具有一种巨大的'象征性空间'"②。现代世俗性旅游,旅游空间也有"神圣"的象征性意味,人们长时间在既定的空间里工作或生活,容易产生厌烦、消极的情绪,渴望冲破工作或生活的"牢笼",寻求精神放纵的广阔天地,正如一位诗人所说:"到远方去,到远方去,熟悉的地方没有风景。"两百多年前德国探险家亚历山大·冯·洪堡在自传笔记中也写过类似的话:"我被一阵不确定的渴望所激励,这种渴望就是从一种令人厌倦的日常生活转向一个奇妙的世界。"③而对于长期被琐碎家庭事务束缚的女性来讲,这种渴望可能更加强烈,有研究者对17世纪以来女性旅游者的研究,找到了大量能够解释促使女性决定启程去远方的原因:或是逃避家庭和日常工作,或是安慰破碎的恋情,或是单纯寻找快乐,等等。这些女性旅游者尽管是由不同原因触发启程,但都是为了在另外的空间里得到精神的慰藉。

类似地,有研究表明现代日本旅游中妇女外出旅游,出现越来越多女性更多选择单独或者与女同伴外出旅游的现象,希望在外出旅游时更彻底地将自己在家的角色区分开来。实际上,在旅游研究中特别是研究旅游者的旅游动机时,更多会强调人们长时间在一成不变的生活节奏中感到厌倦,特别是工业化的社会使得一切变得趋于同一化,感性的生活受到压抑,德国社会学家马克斯·韦伯形象地把这种现代生活称之为"铁笼"。在这种背景下,个体有一种冲出闭锁生活的冒险冲动,产生强烈的"到远方去"的念头,韦伯则认为个体需要某种通过像审美一类的活动来超越"铁笼"的压抑性的生活。旅游不但使个体从生活的"连续性"中暂时摆脱出来,而且它作为一种类似审美的活动帮助个体超越压抑性的生活。因此,选择旅游正是改变这种念头和改变固有的生活空间的最佳选择,通过旅游过程中空间改变和场景变化,使人们重新认识生活、工作、家庭和生命。

从本质上讲,不管是什么形式的旅游,都包含着时间的变化和空间的转换。

---

① 彭兆荣. 旅游人类学[M]. 北京:民族出版社,2004.
② 彭兆荣. 旅游人类学[M]. 北京:民族出版社,2004.
③ [英]阿兰·德波顿. 旅行的艺术[M]. 南治国,彭俊豪,何世原,译. 上海:上海译文出版社,2014.

如果把日常生活或工作的时空看成是停滞的、不变的，它导致人们在生活世界里产生憎恶、焦虑、烦躁和悲哀等情绪，那么旅游过程中的时空则是动态的、移动的，它能激起人们在旅游世界里产生回归、认识、闲适和发现等情感体验，因而旅游的时间和空间是"神圣时空"。

二、"浅度空间"和"深度空间"

现代大众旅游中，旅游者大多数是在短短的时间内，按照既定的线路到指定的景区景点、娱乐场所、购物中心进行活动，即使与当地人的接触也是短暂和表面的，这种"赶景点式"的旅游或许可以满足数量上的空间"赶场"，[①]结果形成一种"浅度空间"实践。意大利小说家卡尔维诺在《看不见的城市》里的一段话耐人深思：

"他乡是一面负向的镜子。旅人认出那微小的部分是属于他的，却发现那庞大的部分是他未曾拥有，也永远不会拥有的。"

在旅游活动的过程中，旅游者通过目的地来反观自己，自己成了"镜"中的映像，旅游者了解到事物和涉及的空间仅仅是微小的一部分。

布斯汀（Boorstin）针对现代美国社会中的虚幻和"造假"本质，在《旅游：迷失的艺术》[②]一文中认为现代美国的大众旅游是一种"虚假事件"（Pseudo-Events），他指出相对于往昔的旅行者，现代旅游者跟随导游带领的团队旅行，他们的交通、住宿和旅游目的地构成了一个"封闭性"的系统。布斯汀以一个反讽的观察者的角度认为，现代旅游者蜂拥于人工设计的"吸引物"，追求的只是肤浅的、别人策划的"假事件"，他们乐于轻信并欣赏被舞台化了的"虚假事件"，却对自己身边的"真实"世界视而不见。

麦克内尔并没有像布斯汀那样鄙视旅游者的肤浅，他认为造成旅游者经验不真实的，是旅游业发展的结构性后果，并非是旅游者肤浅地追求虚伪和幻想的结果。20世纪70年代研究旅游者的动机与经验中的"真实性"时，麦克内尔吸收戈夫曼的"前/后两分制"理论，提出所谓的"舞台化真实"（Staged Authenticity），成为相关研究中的一个核心问题，其要旨就是：旅游活动中旅游者看到被装饰过的"舞台真实"而非"本来的真实"。比如随着现代旅游业的发展，借助或改造传统文化（如一些族群的传统仪式）来吸引旅游者的例子多不胜数，像广西三江侗族自治县程阳八寨的侗族大歌、哆耶、芦笙舞等传统民间

---

① 彭兆荣. 旅游人类学[M]. 北京：民族出版社，2004.
② D.J.Boorstin. The Image: A Guide to Pseudo-Events in America[M]. New York: Harper & Row, 1964.

艺术被当作一种旅游资源，为了吸引大量的旅游者，只要旅游者到达一定的数量他们就会组织表演，虽然作为旅游观光表演的侗族大歌、哆耶、芦笙舞并非与当地人现实生活一模一样（原来是在特定的时间演出），但由于表演的内容和形式没有被篡改，旅游者看到的这种"舞台真实"仍属于一种"真实"表演。

麦克内尔还提出"旅游空间"的概念，他强调现代旅游者在目的地的"前台"没有寻找到真实性，而是在"后台"找到了，然而，"随着旅游者深入'后台'，去观察东道主社会的内部运行及其习俗的权利变得约定俗成的时候，当地人——不论是出于自身防卫还是商业利益——营造出人工设计的'旅游空间'"。[①]"旅游空间"就是人工经过装饰的如同"真的"一样的满足旅游者消费的舞台化空间，旅游者就是在这样的舞台化空间里上演着一幕幕舞台剧，旅游者所看到和感受到的仅仅是"前台"，还有隐藏的"后台"无法了解。

和大众旅游的"浅度空间"实践相对的是"深度空间"实践，像人类学家和一些较长时间居住在某一地的旅游者可以看作是"深度空间"的实践者（即深度旅游者）。这类旅游者除了比普通旅游者在旅游目的地停留的时间更长之外，他们还以自觉、自主的方式与当地人进行接触和交流，更深入地了解当地语言、习俗、文化，这种旅游形式被一些学者称为"民族志旅游"。笔者2012年在广西三江侗族自治县程阳风雨桥旅游时，从当地人那里了解到有位日本的语言学家居住在程阳村近一年，学习和研究当地的语言，由于居住时间较长，这位学者和以往的人类学家一样，处于游客和东道主之间的"半主客状态"，对当地的文化有深入的了解。

在中国的西藏、丽江、大理、阳朔等地，很多旅游者长时间居住在这些地方，他们或是住在价位低廉的旅社，或者自己带帐篷，或是租住在当地人家里，进入了当地人的"日常生活"，暂时成为当地人的一员。如在桂林阳朔，大量的国外旅游者长期居住在这里，形成独特的"西街现象"，他们坐在西街悠闲地喝啤酒、聊天，好像坐在自己的家门口，他们也和当地人在街头、江边一起晨练。更有甚者，在阳朔的田间还可以看到洋小伙干农活的景象。

"浅度空间"和"深度空间"是旅游者在旅游空间这个舞台上体验不同程度的产物。在现实的旅游活动中，旅游者其实满足于对"前台"部分的肤浅了解，也就是说旅游的"浅度空间"实践只要达到他们追求新鲜、好奇的心理期待就行，而那些隐藏"后台"的神秘感和陌生感正是吸引他们前往的重要因素。

---

① [以色列]科恩. 旅游社会学纵论[M]. 巫宁，马聪玲，陈立平，译. 天津：南开大学出版社，2007.

三、季节性的时间与空间

在现实的旅游活动中，旅游表演的时间与空间呈现出季节性变化的现象。比如带有民族色彩的各种表演类节目进入旅游产业，突破它们原生态的时间与空间分布格局，在旅游业下呈现出季节性时间与空间的分布格局。这里介绍圩日式、节会式、仪式式等几种较为常见的、体现出季节性的时间与空间形态的民族表演形式。

（一）圩日式

圩日式就是利用原生态中圩日聚会对歌的形式作为支撑，形成民族旅游表演的文化产业，时间与空间是民间约定俗成的圩日及其圩场。在中国西部地区有圩日集中在酒馆、圩场空地进行对歌会友、谈情说爱的传统，利用山歌对唱的形式，在有对歌传统的、比较集中的圩场景点的表演形式就是这一类时间与空间形态。

（二）节会式

节会式是民族旅游的主要形式，尤其是中国西部众多的少数民族都有一些重大的节日，最著名的是壮族和侗族的三月三，还有仫佬族八月十五的走坡、过山瑶七月七的开唱节，瑶族的盘王节等。除此以外，一些宗教节日和庙会都有众多的民族表演，如观音生日、观音得道等庙会，剑川石宝山七月至八月举行佛教朝拜盛会等。这些节会通常开展一年一度的盛大的旅游盛会，呈现出旅游表演的一年一度的时间与空间形态。

（三）仪式式

在现代的大众旅游产业中，许多仪式进入旅游场域，甚至形成旅游文化产业，如巴厘人的葬礼仪式、中国贵州苗族地区牯藏节的杀牛仪式、广西客家地区斩大幡中的上刀山、过火炼仪式等，都构成了旅游表演的仪式式的时间与空间形态。这类时间与空间形态的结构关系比较复杂，不同的旅游者体验也大不一样，比如斩大幡中的上刀山、过火炼仪式，对于外国或外地旅游者来说，觉得比较恐怖，因为体现出一种野蛮的力量，但是对于本地旅游者来说觉得这是一种节日喜庆的、挑战自我的场景，因此大多数本地的旅游者都想参与上刀山、过火炼这样刺激性的仪式活动。

第二节 旅游表演的展演空间

旅游空间从物理意义上来讲是旅游者在旅游活动中进行生活、观光、体验的地方和地点,包括景区景点、交通、酒店、娱乐场、购物商场、旅游演艺表演场所等所有的活动空间,这些具体的空间构成了旅游空间。研究者们对物理意义上的旅游空间有不同的叫法,诸如幻觉化舞台、旅游场、场域与空间、旅游表演舞台、表演场所等,可以说它是由旅游产业部门提供的,旅游者在旅游世界里与日常生活完全不同的展演空间。

综观当代旅游业下的展演空间,大多是经过一系列文化展示的复杂策略过程人工打造出来的,贝拉·迪克斯在《被展示的文化:当地"可参观性"的生产》一书中,深入探究了"可参观性"的文化展示呈现出"亲近游客"的特征,像城市空间、遗产展览、博物馆、主题公园,以及电脑空间的虚拟目的地,都成为对消费者友好、容易接近、可互动、具有表演性且安全的"可参观性"场所。无怪乎查内(Chaney)曾说:"我们(指旅游者)决然是另类的演员,站在旅游产业部门所提供的舞台上演出我们自己的剧本。"[1]还有研究者从旅游体验的意义出发,对旅游者在旅游展演空间的表演及相关范畴做了模型化的阐释,构建了旅游表演的剧场模型[2],如下图所示。

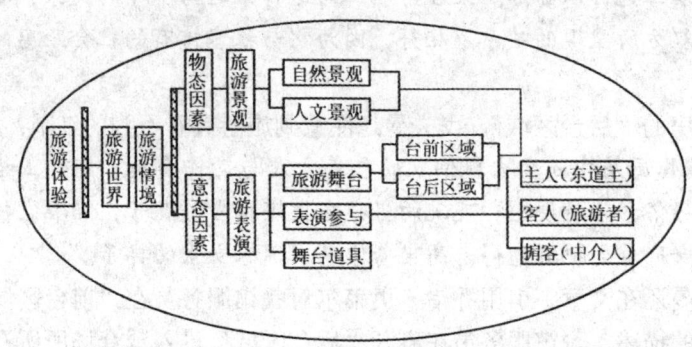

旅游表演的剧场模型

---

[1] D.Chaney. Fictions of Collective Life[M]. London: Routledge, 1993.
[2] 谢彦君. 旅游体验研究:一种现象学的视角[M]. 天津:南开大学出版社,2005.

从这个旅游表演的剧场模型我们可以看出旅游活动中的每一个情境,都具有"戏剧表演"的特征,旅游展演空间是由一个个旅游情境串联组合而成,它伴随着时间流触动着旅游者的心理,形成旅游体验。

一、服务性的旅游展演空间

众所周知,旅游是由吃、住、行、游、购、娱等六大要素构成,这些要素在旅游展演空间具体体现为餐饮、住宿、交通、景区景点、娱购场所,这些空间都可以体现旅游行业的服务性。有研究者对服务营销研究后得出如下观点:服务是一种近距离的、发生在适宜时间里的表演,经常是在顾客出现的时候同时进行。

旅游业中餐饮住宿(餐馆、酒店)、交通(汽车、火车、飞机、轮船)、娱购场所(购物商城、娱乐场所)是更具有近距离、服务性质的展演空间。

欧文·戈夫曼在《日常生活中的自我呈现》一书中对设得兰旅馆进行精辟描述,其中生动地分析了和每位旅游者都息息相关的厨房的"后台区域"。厨房是为旅游者准备食物,也是厨房职员用膳和度过一天的地方,对于旅游者来说他们就餐是在厨房的餐厅,即厨房的"前台区域",旅游者对厨房的"后台区域"则了解甚少。欧文·戈夫曼这样描写设得兰旅馆厨房的"后台区域":

"在厨房里,流行的是佃农的雇主——雇工关系。他们相互直呼其名,尽管洗碗小厮只有14岁而男主人30有余,但也是如此。主人夫妇与雇工一起吃饭,吃饭间相对平等地闲聊谈天。当主人在不拘礼仪的厨房里招呼朋友或远亲时,旅馆雇工也可以参加。经理与雇工的这种亲近与平等的关系,与有旅客在场时他们双方所呈现的关系不相符,因为它与旅客持有的社会距离的概念不相符合。"①

在厨房的"后台区域",戈夫曼还注意到旅游者看不到的细节:

"在旅馆厨房中还会出现佃农的衣着方式与动作姿态。例如,经理有时会遵循当地习俗,带着便帽;洗碗的男孩会把煤桶当作靶子,瞄准它把油腻的汤泼进去;女职员会把腿翘得老高坐着休息,不像女士的样子。"②

戈夫曼还在文章中引用乔治·奥韦尔对餐馆服务员在"前台区域"和"后台区域"的描述,餐馆服务员在离开"后台区域"进入观众场所所在的"前台区域",或者从"前台区域"退后到"后台区域"时,会呈现判若两人的表演。

---

① 欧文·戈夫曼. 日常生活中的自我呈现[M]. 黄爱华,冯钢,译. 杭州:浙江人民出版社,1989.
② 欧文·戈夫曼. 日常生活中的自我呈现[M]. 黄爱华,冯钢,译. 杭州:浙江人民出版社,1989.

如描述一位餐馆服务员进入餐厅大门后即将面对观众时会换出另一副面孔：

"观察一个侍者走进旅馆餐厅那真是让人大开眼界。在他通过门口的那会儿，他身上突然起了变化。他肩部的形状改变了：须臾之间，所有脏乱、仓促、躁怒的外表消失殆尽。他在地毯上悄然行走，露出一副貌似教士的庄重神色。"①

在乔治•奥韦尔的描述中，一位侍者领班在进入餐厅之前还暴躁无常、大骂自己的手下，进入餐厅后却变得令人难以置信的优雅：

"我记得我们的助理餐厅总管，一个暴躁的意大利人，在餐厅门口停下来，训斥一个打破了一瓶酒的学徒。他高高挥舞着拳头咆哮（幸亏门多少是有点隔音的）。

骂够了他转向餐厅门；而且，就在他开门的当儿，他还像《汤姆•琼斯》中的斯夸尔•韦斯顿那样，予以最后的侮辱。

然后他走进餐厅，手托盘子，步履优雅飘然，宛如天鹅。10秒钟之后，他已在向一位顾客恭恭敬敬地鞠躬了。当你看到他鞠躬微笑时，你禁不住会想到，面对训练有素的侍者的笑脸，受到这样贵族派头的待遇，顾客免不了有点自惭形秽。"②

旅游者在餐厅吃饭，一般都会受到服务员彬彬有礼的招待，服务员呈现给顾客的微笑、站立的姿势、讲话的语气都是令顾客愉悦的表演。但是戈夫曼同时也指出角色沟通时的"缺席对待"，"缺席对待"是指这些表演者（服务员）离开餐厅转入后台观众（顾客）看不见时，那些在表演时被恭敬相待的顾客，在表演者转入后台后常常成为被嘲笑和奚落的对象。

鉴于服务体验和戏剧表演紧密联系，一些研究者呼吁在服务问题上要虚心向戏剧演出学习。克朗（Crang，1993）对英国剑桥的一个饭店进行追踪研究，指出服务接触如何才具有表演特性，他将饭店想象成一个有情感的舞台，里面混合了脑力、体力和情感工作者，这些员工必须是随和的、年轻的、友好的，能够适应某种类型的体能和技能进行相应的情感表演，由于表演中自我很关键，员工们要通过文化阅读和广泛地与外界消费者接触，才能不断改进自己的表演。③

旅游业中交通上的服务同样要求有服务人员的"情感劳动"在里面，服务人员需要以愉快、友善的方式面对消费者。旅游者所购买的服务除了可以看见

---

① 欧文•戈夫曼. 日常生活中的自我呈现[M]. 黄爱华，冯钢，译. 杭州：浙江人民出版社，1989.
② 欧文•戈夫曼. 日常生活中的自我呈现[M]. 黄爱华，冯钢，译. 杭州：浙江人民出版社，1989.
③ Crang, P. A new service economy: On the geographies of service employment[D]. Cambrideg: University of Cambridge, 1993.

的部分之外,还包含了服务所具有的特殊社会成分(性别、种族、阶层、时代、教育等),这一点在航空服务中体现更为突出,因而在航空乘务员的训练中,必须有对提供情感劳动的人的特殊训练,目的是达到商品化人类情感的效果。

我们以航空服务为例,分析飞机客舱表演舞台中航空乘务员与乘客的互动状况,这场表演中角色是航空乘务员和乘客,剧情安排是客舱服务,上演时间是每趟航班的航程,布景和道具的运用是客舱内所有可见与可感的硬件与软件部分,营造出表演的效果是整体性的"服务"商品。如果我们将演员在舞台上的"表演技巧"和航空乘务员在客舱内的"服务表演"相比较(如下图①所示),两种表演尽管在舞台空间、表现形式、受众等方面不同,但为达到最好表演效果的目的一致。

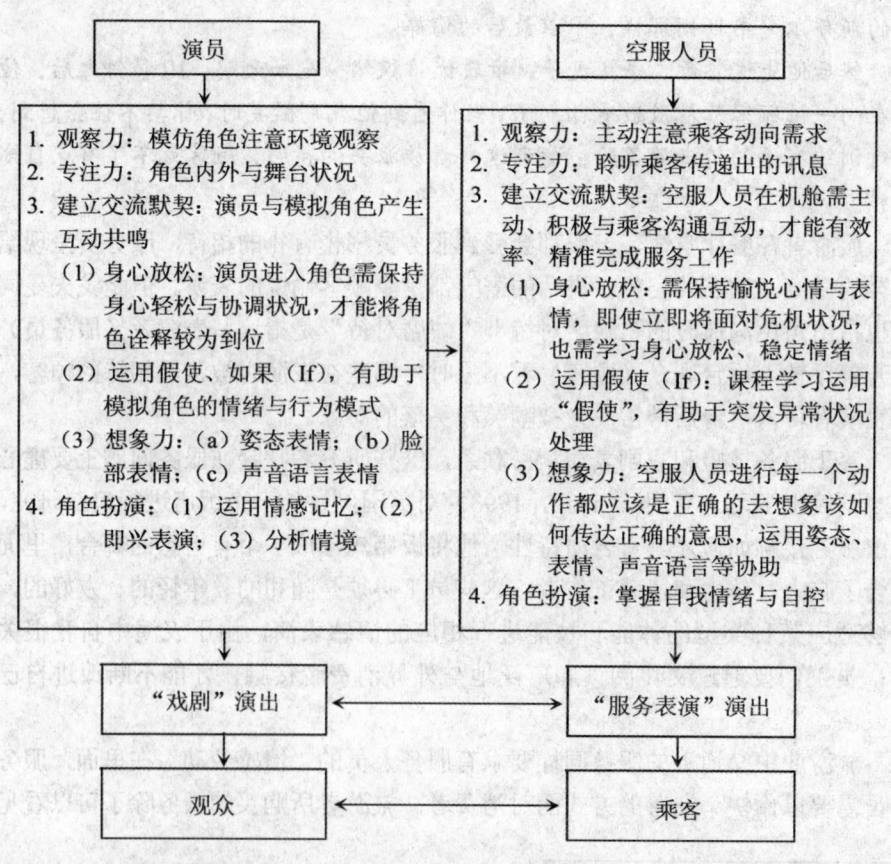

演员在舞台上的"表演技巧"和航空乘务员在客舱内的"服务表演"相比较

---

① 吴致美. 体验式培训的运用与发展[D]. 上海:上海戏剧学院,2011.

航空乘务员和乘客之间的互动并非总是刻板的笑容、问候等程式化的表演，航空乘务员根据特殊情境创造性的"服务表演"也可以生动有趣，笔者从澳大利亚墨尔本飞往新西兰基督城的航班上，亲身经历了一位空叔喜剧性的表演。这位年纪较大的空叔在带着笑容传递饮料时，不小心把饮料撒泼到身边一位女乘客的衣服和座椅的扶手上，他一边向这位女士道歉，一边拿出一大叠餐巾纸拭擦女士的衣服和座椅的扶手，之后推着餐车向前走时不小心又踩到这位女士的脚尖，他转过来耸肩双手一摊带着夸张语气对女士说"No"，这时他似乎又想起了什么，顺手抓出一把糖放在女士面前的折叠板上（通常每位乘客只有一颗糖），女士不但原谅他还被他的体态和语调逗笑了。乘客用餐完后，笔者又注意到这位"空叔"单膝跪在一个男乘客旁边，和那位男乘客聊得眉飞色舞。

　　旅游购物是旅游活动的六要素之一，旅游者在某一地方旅游通常会购买一些纪念品、土特产等物质文化产品带回家，将这些东西留着做纪念，或者送给亲朋好友，或者拿来装饰自己的房屋，这些具有特殊符号意义的"物质文化"往往将旅游者在旅游过程中的事件、人物、地点等联系起来，代表着对旅游地"他者过去"与个人"自我经历"的表现和记忆。旅游者购物的动机比较复杂，但有研究表明，旅游者购物的行为根源于他们脑海里对快乐的追求，旅游购物场所是一个虚幻的舞台，旅游者购物其实不是来自旅游者真实的选择、购买和对物品的使用，而是如同在这个虚幻的舞台里上演寻求体验快乐的"舞台剧"，这些"舞台剧"深深根植于他们的白日梦之中。坎贝尔（Campbell，1987）也解释旅游者购物的现实往往表现得令人大失所望，但由于旅游者个人的满意度来自幻想和白日梦，所以旅游者在失望之余，仍然继续热衷于选购最新的产品或者访问最新的景点。[1]

二、作为景区景点的展演空间

　　在现代旅游业中，目的地的景观必然是旅游活动的对象之一，如城市空间、乡村景观、主题公园、博物馆、人造景观等作为景区景点成为吸引旅游者的重要因素，对旅游者而言它们是具有"现场性展演"特性的场景空间。鉴于现代旅游业中的景区景点大多数是经过人工打造的"文化符号"，即使是那些自然或人文物质性存在，也成为场景化、符号化、舞台化的再现，加上许多人为因素将景区景点分解成不同的"碎片"而成为名副其实的展演场。麦克内尔曾在他的舞台化真实理论中，分析过景区景点的空间结构：

---

[1] Campbell, C. The Romantic Ethic and the Spirit of Modern Consumerism[M]. Oxford: Blackwell, 1987.

展演场 1：戈夫曼所说的前台部分，它属于一种社会空间范畴，旅游者基本上可以做到全貌性的概览。

展演场 2：被装饰打扮了的前台部分，它有刻意引起旅游者注意和兴趣的成分与意图，它与展演场 1 构成所谓的"现场气氛"。

展演场 3：有组织地把前台部分装点得像后台，以仿真的手法让旅游者相信，他们所看到的部分就是后台的那部分。如一个餐馆在橱柜里展览的商品，它让顾客相信在这里享用的食物如同橱柜里展览的商品一样精美。

展演场 4：一些后台部分通过特别的手段，如杂志、报刊等向公众公开，这些公开的部分混淆了旅游者在那一景点的视线。

展演场 5：后台的可以展示部分。如旅游者被引导到一些不向公众开放的地方，如工厂、厨房等。

展演场 6：戈夫曼所说的后台部分，是一种能够激起旅游意识的社会空间。

以上麦克内尔分析的景区景点的空间结构，形成纷纭复杂的展演空间，一方面它给旅游者带来视觉上的愉悦（旅游是一种视觉体验[①]），另一方面旅游者不是被动的消费者，按照西方主流旅游研究中表演转向理论观点，旅游者在凝视旅游地（视觉体验）的同时，还会用多种身体感官去体验目的地，即景区景点作为展演空间（舞台）和旅游者（表演者）之间是互动的，具有舞台化或表演性的特征。下面以景区景点的怀旧展演空间、虚拟文化设施空间、城市空间三类为例，分析它们和旅游者之间呈现出的舞台化效果或表演性特征。怀旧展演空间是通过对现实的模仿，给旅游者构成"幻觉化舞台"；虚拟文化设施空间（以迪斯尼为代表）是一种仿像，给旅游者构成一个自我指涉的自足世界，它遮蔽了现实或与现实毫无关系；城市空间则更明显地为旅游者提供了代表一个城市或国家的"社会表演"。

（一）怀旧展演空间

"怀旧"一词在西文中最初是指一种疾病——思乡病一类的痛苦，出现在离家很远的人如海员身上。17 世纪末瑞士医生奥弗尔（Johnannes Hofer）用希腊词根创造了这个词，直译就是"痛苦的对回家的渴望"。怀旧现在的衍生含义是指由于时空的转变，导致对过去回忆时形成的痛苦等情绪。从人的心理角度来看，怀旧是人们随着年龄增长，特别是到了中老年时段出现的心理倾向，包括怀旧的情结、怀旧的记忆、怀旧的幻想等，即希望回到过去平静和安全的时代，带有一种"挽留逝去的世界"的意味。

[①] 周宪. 视觉文化的转向[M]. 北京：北京大学出版社，2010.

从社会学的角度来看，怀旧被认为是人们对现在不满情绪的表现，是人们处于恐惧、不满、焦虑或不确定环境中的反映，暗示着人们企图从复杂的现在退回到朦胧记忆里熟悉而单纯过去的心理，它在现代社会中成为帮助人们避免情绪危机的一种社会工具。现代旅游业中很多形式的旅游，如博物馆旅游、红色旅游、乡村旅游（其中的一些形式）等都与怀旧有关，可以说怀旧和旅游两者契合了人们寻求某种情绪的释放方式，有研究者指出中国的旅游业从怀旧风得益，表现在"许多落后地区因为国家对革命历史教育的推动成为旅游点，接受来自城市中产阶级的'朝拜'"[①]。

怀旧展演空间在现代旅游业中屡见不鲜，像博物馆、纪念馆、历史遗址、乡村，以及一些公园（如杭州宋城仿宋代的勾栏、人皮客栈）、餐馆（如"老知青"餐馆、"人民食堂"饭馆、"老灶台"饭馆）、历史意义的景点（如红色旅游景点、历史名人故居等），它将特定的生活时代、场景、政治符号、标志物，甚至是日常生产生活用具等联系在一起，用不同的方式组合再现怀旧场景，构成"幻觉化舞台"，引发旅游者对过去的回忆。如博物馆旅游，博物馆同旅游一样是现代社会发展最快的两个事业，不管是西方发达国家，还是第三世界国家，博物馆除了在数量上不断增加之外，它还在现代旅游中发挥了不可替代的作用，被认为是一个民族、族群或地方传统的"标示性形象"，它的一个基本功能就是用实物（现代各种技术如影音、录像）为旅游者营造身临其境的、有现场感觉的"幻觉化舞台"。

宋城勾栏

宋城人皮客栈

乡村在现代旅游中作为怀旧展演空间也较为常见，宁静祥和、诗情画意般的乡村在现代旅游中的价值非同寻常。在城市化发展中"乡村形象"在人们心目中逐渐成为一种"过去"，乡村成为旅游者逃避现代都市喧嚣进行怀旧旅游的

[①] 吴靖. 文化现代性的视觉表达：观看、凝视与对视[M]. 北京：北京大学出版社, 2012.

对象。近十年来，乡村旅游在世界各地都有持续发展趋势，像旅游业发达的法国、日本等国家，在乡村旅游开发时重视保留乡村传统的、旧式的状态，使之成为"乡土式的综合博物馆"。在我国，乡村旅游也成为热点，"吃农家饭、摘农家果、住农家屋"不失为一种时尚，这些方式与很多旅游者的"过去记忆"联系在一起，乡村中那些民族标志的建筑（像侗族的鼓楼、风雨桥）、废弃的农具展览、旧时生产生活场景再现等都为旅游者建构了怀旧展演的舞台。

怀旧展演空间除了给旅游者建构"幻觉化舞台"外，还体现在东道主和旅游者之间的表演互动上。位于美国马萨诸塞州的普利茅斯岩石（Plymouth Rock），是 1620 年首批英国清教徒乘"五月花"号船到美洲登陆的地方，名垂青史的普利茅斯岩石在开发旅游之前毫无特点，没有为旅游者提供任何形式的展览。重建后普利茅斯殖民村庄为旅游者提供了鲜活的舞台体验：村庄充满了 1627 年的"生活气息、笑声、歌声、话语声"，还有化妆的"清教徒"到处走动，旅游者可以和他们交谈。类似地，笔者到墨尔本库克船长小屋参观，看到旅游者可以和小屋里走出的 18 世纪英国仆人打扮的女佣合影。

墨尔本库克船长小屋

在西方一些国家，城堡和庄园里越来越流行用上演"第一人称"历史来吸引旅游者。如到英国南威尔士兰凯赫·福尔都铎王朝庄园的旅游者，用"访问"的形式了解这个 17 世纪庄园里的普里查德家族，当旅游者拜访这个家族（不过这家人总是"外出"）的时候，化妆的"仆人"接待旅游者并带他们到庄园四处参观。参观途中,旅游者可以与不同房间的"仆人"交谈,而其他"仆人"则忙于缝纫、烹调、清洁的事务。①这种上演历史的怀旧旅游,不仅让旅游者看到庄园的前台区域,还向旅游展示了其后台区域,即这个富有家族的后院生活:烹饪、清洁、记录账目等各种为家庭所需的服务。

（二）虚拟文化设施空间

在现代旅游业中,虚拟文化设施是常见的人工制造（或者说是发明）的景观或文化符号。英国历史学家艾瑞克·霍布斯鲍姆（Eric Hobsbawm）在其著作《传统的发明》中认为"传统"就是被"发明"的,作者发现当代社会对古代传统的诉求从源起上说是最近出现的,传统有时是在某个活动或很短时期内被"发明"出来的,书中一个富有启发性的概念——"发明的传统",成为当代人文社会科学领域中重要的理念和热用的概念,一方面确立了现在与历史的连续性,另一方面是过去对现在的新情境所作的回应。有学者将霍布斯鲍姆的"发明的传统"理论移植到旅游景观问题上,认为旅游业中很多"发明的景观"和"发明的传统"有同样的功能与作用:② 第一,景观需要不断地发明才能适应旅游开发的需要,如旅游业中恢复那些消失或者衰落的传统节庆仪式,即传统重新发明出来。第二,景观根据过去的记载或传说建造起来,像以陶渊明《桃花源记》为蓝本建造的世外桃源、南京夫子庙的乌衣巷、三国城、水浒城等。第三,为适应现代旅游业完成假造的虚拟文化设施,这类景观"发明"的特征尤其明显,最典型的例子就是迪斯尼乐园、环球影城等主题公园。

现代旅游产业下,世界各地争相建设各种形形色色的虚拟文化设施,如迪斯尼乐园、立体影院、海底世界等,这些虚拟的文化设施既不受特定的再现性符号的制约,也脱离了它们各自物质性存在的时间和空间环境,完全成为一个自我指涉的自足世界,为旅游者提供了一个观赏的、虚拟的人工环境。以虚拟文化设施的代表迪斯尼乐园为例,几乎所有的场景、建筑都是根据迪斯尼动画电影中的画面来建造的,法国哲学家波德里亚将迪斯尼乐园看成是一个由三个层面构成的模拟物:第一层面,乐园以幻想性游戏的方式掩盖了现实本身,达到"去现实"的效果；第二层面,乐园通过某种社会性的"微观世界"达到对某种不在场的现实的遮蔽；第三层面,模拟已经全然脱离了现实或与现实无关,乐园成为自身符号的模拟,符号与现实完全断裂,成为自我模拟的自足世界。我们可以这样来理解,当旅游者来到迪斯尼乐园时,呈现在他们面前的景观都

---

① [英]贝拉·迪克斯. 被展示的文化:当地"可参观性"的生产[M]. 冯悦,译. 北京:北京大学出版社,2012.

② 周宪. 视觉文化的转向[M]. 北京:北京大学出版社,2010.

是不真实的,但是由于旅游者在旅游过程中并不追寻景观的本真性,他们认为眼前所见的就是真实性的景观,这时虚拟现实的功能就实现了——"假的比真的更真实",在他们印象中"真实的"美国就是迪斯尼乐园。

类似迪斯尼乐园还有"赌城"拉斯维加斯的虚拟文化设施,该城的许多大饭店集中了欧美各地的历史建筑,如埃菲尔铁塔、圣马科广场、自由女神像、帝国大厦等标志性的微缩建筑,许多建筑、喷泉、雕塑的设计精美,造型奇特夸张,令人叹为观止。在豪华的赌场或饭店门前,人们还可以定时看到情景逼真、气势宏伟磅礴的现代科技模拟的火山爆发和加勒比海炮火连天的海盗大战。

当代旅游业下以迪斯尼乐园为代表的虚拟文化设施空间,为旅游者构造了一个断裂了现实的"艺术性"的展演舞台。旅游者在迪斯尼乐园里参与激流勇退、老鼠钻裤腿、未来时空、花车表演等日常生活中不能体验到的项目,如迪斯尼乐园最受小朋友欢迎的重头戏——花车表演,花车上的米老鼠、唐老鸭、小鹿班比、白雪公主、灰姑娘、小象波顿、人猿泰山等动画角色不断地向旅游者致意,将旅游者带入一个超越现实生活的动画世界。在盛装的迪斯尼帝国,参与其中的有父母、儿童、抽奖抽中的获奖者、迪斯尼乐园邀请的客人,他们和米老鼠、唐老鸭、白雪公主等角色一起载歌载舞,将迪斯尼乐园的狂欢推向了高潮。早在19世纪王尔德就断言"生活模仿艺术",因为生活中的形式非常贫乏,艺术为生活提供一些美的形式和理想的样板。旅游业下的虚拟文化设施空间,弥补了旅游者日常生活中的某些缺陷,在一定程度上"艺术性"地为他们创造了超越现实的情境与感受。

(三)城市空间

旅游作为一种现代社会现象,其本身是现代社会高度工业化、城市化的产物。

从全球来看,世界正在经历一个城市化的过程,有研究表明全球城市化水平在未来的40年内将高达70%。城市作为一个聚集了大量人口的有限空间,形成一种独特的文明形式,齐美尔认为大都市是超越于一切个性的文明的舞台,其根源在于大都市生活的理性原则控制了生活的各个层面,感性生活受到压抑,尤其是货币经济的成熟,使得生活趋于同一而失去个性色彩,[①]因此久居大都市的人们会有企图逃离都市生活的冲动,通常会选择旅游的方式来暂时摆脱原来的生活,从这个意义上讲都市化将进一步促进旅游业的发展。

城市本身作为现代旅游景观符号,和其他景观一样都是通过媒体化和符号

[①] 齐美尔. 桥与门——齐美尔随笔集[M]. 涯鸣,宇声,等译. 上海:上海三联书店出版社,1991.

化再现的方式实现的。媒体化和符号化都是现代旅游营销的策略，媒体化是通过旅游电视节目、网站、宣传册、广告、旅游博客等媒体对旅游地进行宣传；符号化是在突出旅游地特点的前提下，通过对旅游地的编码过程，将其多元复杂的意义凝缩为最能吸引旅游者的元素，如将旅游地从"物的语言"（景观）转变成"人的语言"[①]（景观符号），从"他人语言"（相关的东西）变成"我的语言"（独特的东西），其策略往往是用广泛的知识参与、渗透流行或时髦的观念、突出该地的独一无二性。比如作为历史旅游名城的桂林，在旅游的视觉景观及其语言陈说中，桂林的许多复杂文化含义都被忽略，而是突出对旅游者最有吸引力的"山水甲天下"主题，桂林的历史、文化、人文似乎都和这个主题有关，通过各种媒体宣传，在旅游者心中形成桂林旅游景观符号——"桂林山水"。现代旅游业中这种将城市媒体化和符号化，类似于围绕一个剧本的主题、风格而进行的舞台设置过程，如浪漫之都巴黎作为旅游展演空间的舞台设置可以用下图表述：

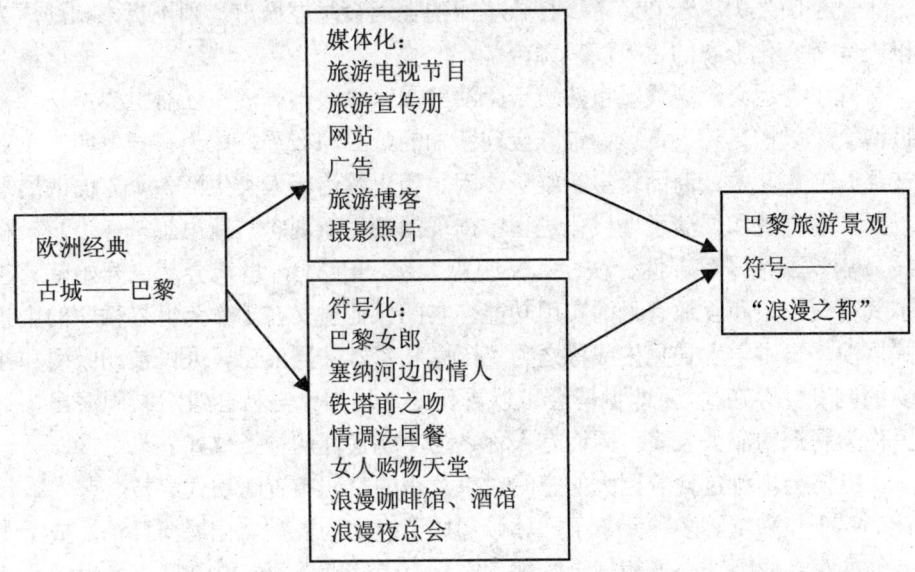

现代城市为旅游者提供了各式各样的舞台，其中，城市为举办盛大体育盛会、博览会搭建的华丽舞台引人注目，旅游者在这个舞台里可以看到城市或国家现代性的神圣仪式、政治的仪式化展演，从某种意义上演的是代表城市或国家的"政治表演"。如每四年一次的奥林匹克运动会轮流在世界各国的城市举办，

---

① 周宪. 视觉文化的转向[M]. 北京：北京大学出版社，2010.

奥运会是以"国际主义""全球一家""和平进步"为理念的运动，但是20世纪以来的奥运会都不无带有民族主义、国家主义的色彩，主办国通常把奥运会当作塑造国家对外形象、展示国家实力和公共交流的舞台，甚至将奥运会开幕式和各种仪式都尽可能带上本国色彩。奥运史学家麦克埃仑（MacAloon）将现代奥运会描述为一种"表演"的文化形态，它包括4种相互交织的表现形式：

1．节日（Festival）：即奥运会是对日常生活的中断，加入到这个全球庆典的人们可以暂停工作、放松心情。

2．仪式（Ritual）：奥运会中那些人们熟悉而又庄重的过程，如采集火种、圣火传递、开幕式中唱会歌、升会旗、运动员入场、宣誓，点燃圣火，以及为获得金牌的运动员升国旗、奏国歌，等等。

3．奇观（Spectacle）：奥运会中引发人们注意、惊叹与崇拜的宏大、精美、具有震撼力的景象。

4．体育（Sport）：奥运会核心所在，它是在规则下的公平竞争与突破极限。

倾全国之力、苦心经营、打扮华丽的奥运会举办城市，则不折不扣地成为以上4种文化形态的"表演"舞台。

除了奥运会，现代城市热衷于上演的国家"政治表演"还有世界博览会，世博会"以揽尽天下奇珍、铺陈全球新知的野心与布局，成为科技发明、工业产品、文化艺术、商品珍宝、娱乐休闲、历史政治等人类生活各个方面的展示场所，它塑造和展演了现代化进程中出现的各种新观念与新思想——进步、科技、竞争、帝国、理性、秩序、文明等"[①]。事实上，世博会从一开始就超越了其商贸往来和互通有无的实用功能，它的象征意义在于作为世界秩序的全景式展演，日本学者吉见俊哉称之为"国家和资本共同演出、人民被动吸引和接受的制度性存在"[②]，即世博会可以看作是一场国家与社会组织共同演出、人民作为观众的盛大表演，因而有人称之为"现代性的神圣仪式"[③]。

世博会本身包含着巨大的空间，有意识的空间布置融现代科技、艺术、设计、娱乐与猎奇等多种元素于一体，构成了巨大的视觉文化展演舞台，成千上万的参观者成为这个展演舞台的视觉文化"游荡者"。如2010年上海世博会，最终入场人数超过七千万，它一方面在人数上创造了奇迹，另一方面成为展示中国盛世和上演国民素质的舞台，当年《南方周末》这样报道国人参观博览会的情景：

---

① 吴靖．文化现代性的视觉表达：观看、凝视与对视[M]．北京：北京大学出版社，2012．
② 吉见俊哉．世博会的政治学——视线之现代[M]．苏硕斌，等译．群学出版有限公司，2010．
③ 吴靖．文化现代性的视觉表达：观看、凝视与对视[M]．北京：北京大学出版社，2012．

"源源不断地从各个城市和乡村到达的中国游客们从大巴上鱼贯而下,急急忙忙地奔赴每一个场馆,他们的眼神里带着羞涩和惊奇,他们掏出手机向家里的亲友大声宣称自己又到了另一个国家,像小孩一般兴奋,有时候又显得脾气火爆。"①

这篇题为《世博开启国民素质"成人礼":国民优雅起来》的文章,描述了中国人在面向世界的舞台上如何上演国民素质,文章还认为"游客"也是"展品",而中国参观者"喧哗,插队,乱写乱画、不听引导"的"表演"与这个面向世界的舞台格格不入,虽然中国有能力组织这样的盛会,但是中国人仍须学习如何"参与"盛会。

三、虚拟旅游中的"虚拟空间"和后旅游体验行为的"博客舞台"

计算机、卫星电视、互联网的使用,将世界融合成一个巨大的虚拟空间,这意味着一种全新虚拟文化的来临,虚拟文化是指由虚拟现实构成的文化现象。所谓虚拟现实(Virtual Reality)是指"由电脑硬件和软件所创造的幻真性的虚拟情境,通过使用各种电子工具(如电子手套、头盔、眼镜、耳机等),使使用者进入一个幻真世界"②。早在 1985 年,费弗(Feifer)就意识到了新旧媒体所提供的旅游可能性,"旅游的被动功能(如观看)在家通过录像、书本、录音和电视就能完成"③。但是计算机网络比以前的电子媒介更能够满足旅游者的注视,因特网不像以前电子媒介一样仅仅是单向沟通,它提供了信息反馈的环流而具有内在的灵活性,它提供了无穷无尽的站点,为虚拟旅游提供了全景式、迷宫一样的可参观的"虚拟空间",人们只要通过指尖就可以轻松地发现和游览另一个世界。

"5 分钟,足不出户,在这里就能游遍一个景区。"

(摘自:全景客虚拟旅游网)

"举世闻名的紫禁城,浓缩了源远流长的中华文化,成为中国乃至世界文化历史上永恒的经典。从您看到的这张神奇的图片开始,全景客将带您踏进这座'殿宇之海',开始一次前所未有的时空之旅!请把鼠标放到图上,向各个方向拽动,您就仿佛身临其境,自由自在地欣赏美景了。这时候,您可以点击图片上方的'到此一游'(抢位留言),在全景里留下您的足迹和心情;还可以'虚拟拍照',把最美的画面分享给亲朋好友;最重要的是——您一定要点击图片中

---

① 陈鸣,刘高阳. 世博开启国民素质"成人礼":国民优雅起来[N]. 南方周末,2010-9-1.
② 周宪. 视觉文化的转向[M]. 北京:北京大学出版社,2010.
③ Feifer, M. Going Places[M]. London: Macmillan, 1985.

的小门，或上方的'时空之旅'按钮。超过60个高清真实场景、轻松的语音解说、精彩的图片特写和详尽的地图导览，将令您身临其境，带给您最震撼和奇妙的旅游体验！"

（摘自：全景客虚拟旅游网）

"一天之内到圣彼得堡和巴黎的博物馆参观访问。这种互动体验、景象和声音将给你留下丰富而深刻的回忆。五年前你只能想象，现在就可以付诸实践，带着一个虚拟护照在万维网上环球旅行。"

（摘自：Virtual Sites）

类似以上的描述在虚拟旅游网中比比皆是，正如贝拉·迪克斯写道，"因特网邀请我们跟着感觉，来到任何感兴趣的地方。没有行李和时间表的限制，我们能随时开始一趟无限的旅程。"[1] 人们常用"旅行"来比喻浏览网页的感觉：访问、浏览、冲浪、搜索等，这种"非物质性旅行"目的地就是有趣的网站，网络旅游者无须离开座位半步，只要点击某个国家或城市的图标，就可以进行世界环游，通过新兴的技术满足对他者注视的欲望。

虚拟旅游的展演空间是"虚拟空间"，这种场景随着技术的进步给人们以听觉、触觉、嗅觉的体验，在一定程度上也体现出和现实旅游那样的真实性。像开罗美利坚大学的底比斯制图项目中用于教育目的的互动型网站，能提供埃及金字塔内坟墓的三维电脑模型，帮助人们看到每个坟墓的三维图像，并且听到针对各种艺术品和墙上装饰的语音介绍。"虚拟空间"的便利性也不可否认，如虚拟博物馆用360度全景式虚拟图片为虚拟旅游提供服务，参观者可以在家里不限次数、不限时间参观博物馆，人们在无须修建昂贵展览空间的前提下获得对文化的了解。还有像活态历史博物馆让人们徜徉在三维立体的"全息影院"而并非电影的"幻觉"中。

然而"虚拟空间"提供给旅游者的舞台，代替不了现实旅游提供给旅游者的广阔天地，这就是科学技术日益发达，但旅游的人数每年还是不断增加的原因之一。不管是现实的旅游，还是虚拟旅游，旅游者都可以获得不同的旅游体验，随着网络的发展，旅游博客成为旅游者将游览过程中收集的体验原材料进行加工处理，生产出体验展示品展示的重要形式，这一行为也称为"后旅游体验行为"。《以博客为舞台：后旅游体验行为的建构性诠释》一文选取了8个具有强大网络影响力度的知名旅游博客，运用网络田野考察方法，从表演的视角，

---

[1] [英]贝拉·迪克斯. 被展示的文化：当地"可参观性"的生产[M]. 冯悦，译. 北京：北京大学出版社，2012.

审视旅游者为展示体验所进行的博客舞台设置活动,揭示旅游者借助博客空间而实现角色塑造、印象管理、剧目呈现等目标的行为规律。[1]根据该文可以将旅游博客舞台表述如下图所示。

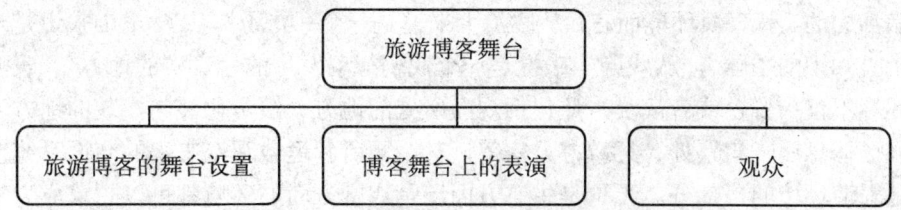

旅游博客舞台设置包括:1.布景——博客的风格;2.亮相——个人资料中的头像;3.观众席——访客、留言、评论;4.氛围营造——音乐、照片和地名;5.分舞台——微博。

博客舞台上的表演包括:1.表演者自白——"我";2.表演载体——照片、文字、音乐;3.剧目编排——独幕剧与多幕剧;4.剧目更新频率。

旅游博客作为旅游者和他人分享旅游体验的一种方式,其构成的空间在表演视角上形成后旅游体验的"博客舞台"。博主根据博客供应商提供的组件进行个性化设计舞台,构成表演的前台区域,通过博客上的表演呈现给观众。值得注意的是观众并不是被动地接受,可以用反馈的形式与博主进行互动,观众的反馈将影响博主以后的创作。

第三节 旅游表演的空间结构——以旅游表演中戏剧表演为例

当今色彩斑斓的旅游活动中,由旅游业和演艺业相结合的旅游演艺市场颇能吸引旅游者的眼球。因而,世界各地各式各样的旅游演艺应运而生,包括在主题公园和景区现场上演各种表演、仪式、观赏性活动,以及在旅游城市剧院、剧场、茶馆、酒店等地针对旅游者展演当地历史文化和民俗风情等娱乐演出。旅游演艺是本书中狭义上的表演,即旅游景区的戏剧、民俗、舞蹈,以及各种仪式表演,这里以戏剧表演为例探讨旅游表演的空间结构。

戏剧表演空间可以理解为戏剧行动发生的地方,即剧院剧场或者除房间界

---

[1] 李淼,谢彦君. 以博客为舞台:后旅游体验行为的建构性诠释[J]. 旅游科学,2012,26(6):21-31.

限的剧场形式。美国著名实验戏剧导演和戏剧理论家理查德·谢克纳的环境戏剧理论认为,戏剧表演空间就是戏剧的表演环境。在谢克纳看来,所谓戏剧的环境,和生态学上的环境有所不同,又有共同之处,共同之处就是两者都是充满活力的。就表演环境而言,从政治上来说是一个"立场",从学术上来说是一个"知识的主体",从戏剧上来说是一个戏剧行动发生的"真实的地方"。表演环境不仅指舞台或者演员,还包括观众所处的地方、演员化装与换装的地方、剧场休息厅、售票处、行政办公室等,甚至厕所和运载观众来去的交通系统也是表演环境的一部分。无论是生态方面还是戏剧方面的环境都可以想象成为空间处于转化复杂系统中的主动运作者。[①]谢克纳的环境戏剧有别于观众坐在剧场位置上,从一个镜框式舞台上看演出的"正统戏剧",是"除房间界限之外的一切剧场形式。它发生于所有的空间样式中——其中某些为某种需要而整个地改造了,某些是'寻找到的'空间"[②]。他还认为未受话剧或京剧及其相关形式影响的大部分中国传统戏剧环境完全是环境式的,如上演于村子广场、佛教庙宇、农田旷野的傩戏和地戏等。

这里所探讨的戏剧表演空间既有"正统戏剧"(封闭式)的剧院剧场空间,像北京恭王府花园内戏台、国家京剧院的京剧演出,江苏周庄古戏台的昆曲演出等都是属于正统戏剧的剧场空间。也有是除去"正统戏剧"剧院剧场形式的空间,是属于谢克纳所说环境戏剧(开放式)的表演空间,涉及的戏剧形式包括存在于我国旅游景区的各种地方戏曲,与戏曲产生有千丝万缕关系的宗教仪式、祭祀、舞蹈等"泛戏剧形态"戏剧。

一、旅游表演中"封闭式"的表演空间

从世界范围来看,旅游与戏剧的关系非常密切。英国、美国、法国、澳大利亚、韩国、日本、印尼巴厘岛等世界各地许多国家和地区旅游业的兴旺都与戏剧有密切关系。在英国伦敦,音乐剧《猫》二十多年来每天都为旅游者演出一场,成为旅游者到伦敦旅游观看的一个重要内容。《猫》于 2000 年 6 月 25 日在百老汇演出的最后一场,创下在同一剧场连续十八年共演出 7397 场的记录,观众总数达一千万人次,票房收入三亿八千万美元。[③]日本引入《猫》后,建了三个永久性的演出场所,几乎场场爆满,从旅游者身上赚了数以百万计的美元,同时演出场所也因此成为国际知名的旅游景点。《猫》被评论家称为不折

[①] 理查德·谢克纳. 环境戏剧[M]. 曹路生,译. 北京:中国戏剧出版社,2001.
[②] 理查德·谢克纳. 环境戏剧[M]. 曹路生,译. 北京:中国戏剧出版社,2001.
[③] 孙惠柱. 欧美戏剧市场运作的三种模式[J]. 文艺研究,2001(3):90-96.

不扣的"旅游音乐剧"。此外，英国于每年 4 月 23 日在莎士比亚出生地——位于艾冯河畔的斯特拉特福镇和伦敦两地同时举行莎士比亚戏剧节，晚上在皇家莎士比亚剧院演出"诞辰剧"，其中有《李尔王》《罗密欧与朱丽叶》《哈姆雷特》《奥赛罗》和《威尼斯商人》等名剧，虽然诞辰庆祝活动仍然是地方性的，但是世界各地都派尊贵的代表参加这一盛会，与莎士比亚有关的还有诸如"莎翁笔下的意大利 9 日游"的游览活动。美国纽约仅百老汇区大约有 41 家剧院，如果再包括外百老汇及外外百老汇等区的话，超过约 150 家剧院，这些剧院每天都上演着不同的剧目，吸引了大量来自不同国家和地区的旅游者。[①] 同样，澳大利亚悉尼歌剧院，每天都有来自世界各地的旅游者上演不同的节目。

在我国，与戏剧相关的旅游主要体现在北京、上海等大城市剧院演出的话剧、京剧、沪剧、越剧、昆剧等成为旅游者的看点。更明显的就是戏曲文化在经济"镶嵌"于文化的背景下，走上了民族文化资本化的道路。戏曲旅游突出了中国戏曲历史悠久、种类多、区域性色彩强的特点，在很多地方都很成功。特别是全国很多旅游区热闹的传统戏剧演出，吸引了大量的旅游者，最早在 1988 年，由杭州市园林文物局创办的黄龙越剧团是集园林文化、旅游文化、戏曲文化为一体的艺术团体，该剧团二十年来在西湖风景区黄龙洞民俗园坚持每日二场的演出，逐渐成为黄龙洞的品牌，创造了"一个剧团盘活一个景区"的奇迹。昆曲申遗成功后，昆曲旅游演出市场形成了南北呼应的局面，2001 年 10 月苏州昆剧院和周庄建立合作关系后，在周庄旅游景点——古戏台每天展演昆剧三场，一年下来演出一千多场，观众达到二百五十万人次，开拓了昆曲的旅游演出市场。自 2003 年起，浙江昆剧团每年也在周庄古戏台演出传统剧目近两个月，得到当地旅游部门和群众，以及海内外旅游者的一致好评，被称赞为"戏好、台风好、表演水平高"[②]，是典型的戏曲与旅游的联姻。北方昆曲剧院在北京恭王府、正乙祠、大观园、颐和园听鹂馆开辟了较固定的旅游演出场所。此外，像京剧、沪剧、越剧、黄梅戏、川剧、采茶戏、莆仙戏、泉州南音、目连戏、提线木偶、山西蒲剧、广西彩调、桂剧、壮剧、傩堂戏、阳戏、丽江古乐等都在相应的旅游区可以看到。[③]还有一些原来衰落的地方剧种因为能体现当地旅游文化特色要被再度开发，如浙江金华婺剧、湖南张家界阳戏。

以"中国京剧体验之旅"为例，2009 年该项目由国家京剧院主办，北京市旅游局给予大力支持，并由北京领航旅行社独家承办，目的是通过推出这一旅

---

① 朱江勇，梁姣，韦凡荣. 论旅游景区的几种戏剧表演空间范式[J]. 旅游论坛，2008，1（2）：299-303.
② 小楼. 戏曲与旅游的联姻——浙江昆曲与周庄举行旅游演出签约仪式[J]. 戏文，2007（1）：78-79.
③ 朱江勇. 中国戏曲文化旅游概述[J]. 旅游论坛，2010，3（2）：240-244.

游项目，使喜欢京剧艺术的旅游者能近距离接触京剧艺术，欣赏国粹的独特魅力，向全社会、全世界推广普及京剧文化。旅游者通过"一厂、一馆、一院、一剧"的实地体验，全方位感受京剧文化的魅力，在一天之内过足了京剧瘾。

该项目的"一厂"是指参观已有50年历史的北京剧装厂，旅游者可以亲自体验戏剧服装的设计、扎样、刷样、色印、刺绣等传统剧装的制作过程。"一馆"是指在国家京剧院内的首个国家级京剧艺术博物馆，旅游者们在馆内看到的京剧人偶以京剧名角为原型，以经典剧照为选样，由名师主持设计，严格传承传统制法，每件作品经历1280道工序，堪称艺术精品。"一院"是指国家京剧院的畅和园内，《游龙戏凤》《打焦赞》《三堂会审》等经典剧目赢得阵阵喝彩声。"一剧"是指旅游者欣赏完京剧表演，意犹未尽的观众们走入后台，在艺术家的指导下勾脸、摆出几个标准的京剧把式，再穿上最喜爱的角色的戏装，留下难忘的美好回忆。

这些旅游业下为旅游者提供的戏剧演出空间，是旅游演艺戏剧表演中"正统戏剧"的剧院剧场空间，观众能感觉到戏台上原汁原味的表演，让人觉得仿佛坐在传统的戏楼里。

二、旅游表演中"开放式"的表演空间

为了便于理解表演空间范围，谢克纳在《环境戏剧》一书中列举了五种表演空间范围的例子，它们分别是：埃及式、希腊式、巴厘式、墨西哥式和新几内亚式。他还认为，前两种是历史上的，后三种是现在还存在的。事实上，谢克纳所说的前两种表演意义本身虽然完全消失，但是在我国的旅游景区还有埃及式、希腊式、巴厘式、墨西哥式等表演空间的形式存在，以下就探讨我国旅游景区存在的埃及式、希腊式、巴厘式、墨西哥式等几种"开放式"的表演空间。[①]

1. 埃及式

英国人类学家利奇在《时间和误觉》一文中说时间就是"一种重复对比事件的打断"，这也是看待时间的最基本的看法，一年的度过是由一系列的节假日来标志的，节日代表了一种正常的世俗转变到非正常的神圣状态，之后又恢复过来。神圣和世俗交替往往以仪式作为标记。古埃及人举行周期性的仪式演出，演出是一段特别时间内在一个特别地方上演（如图一所示）[②]。特别时间就是

---

① 朱江勇，梁姣，韦凡荣. 论旅游景区几种戏剧表演空间范式[J]. 旅游论坛，2008，1（2）：299-303；朱江勇. 从傩戏的表演空间范围看其文化变迁[J]. 贵州民族研究，2008，28（3）：65-70.
② 理查德·谢克纳. 环境戏剧[M]. 曹路生，译. 北京：中国戏剧出版社，2001.

赫布塞德节，这个伟大的节日就是再现埃及的一切始于法老，法老自己在戏中扮演主角，不仅是对王权加冕的纪念，也是王权的真实再现。节日本身不算日历的一部分，因为古埃及人认为假日是空出来的时间。特别地点就是尼罗河，演出就是装饰华丽的巨型驳船沿着尼罗河顺流而下。尼罗河这条巨型的流动舞台，本身就是所有埃及人的生活源泉，也是对再现生活巨型戏剧的活生生的参与。埃及人的生活随着赫布塞德节的变化而变化，也同神圣与世俗交替的永恒的尼罗河一样，节日是特别时间，尼罗河是神圣的特别地点，非节日时是埃及人的日常生活，尼罗河也是世俗的地点。

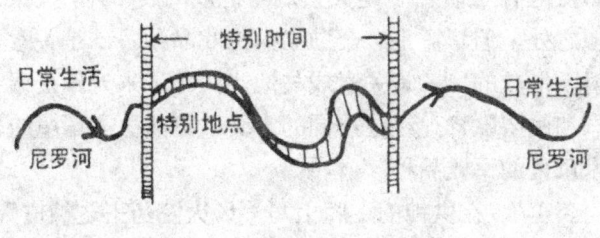

图一

以周期性节庆为特别时间，在特别地点的戏剧演出在我国广大农村和旅游区很常见。郑传寅教授的《传统文化与古典戏曲》[①]在谈到节日民俗与戏曲文化的传播时，阐述了节日形成了岁时宴集聚众演戏的习俗，节令聚戏、神会聚戏都是周期性的戏剧演出，到现在农村还普遍存在。旅游区像云南石林的一年一度的火把节和密枝节、山西普救寺的"世界情侣月"活动蒲剧演出、云南澄江县的三年停三年演的关索戏、彝族的撮泰吉、江西广昌的孟戏，以及全国很多地方的地方戏曲表演等，表演空间范式都是埃及式的。

以云南澄江县的关索戏为例：关索戏是与古代"军社"相关的傩戏，是由古代军队带到边陲的古老仪式戏剧。曲六乙说傩戏是："从傩祭活动中蜕变或脱胎出来的戏剧。它是宗教文化与戏剧文化相结合的孪生物。它有一些剧目的演出，作为傩祭活动的组成部分，宣传宗教教旨和迷信思想；有些剧目的演出，不宣传宗教教旨和迷信思想。"[②]他还用了"宫廷傩""民间傩""军傩""寺院傩"的四分法来对傩戏分类。除云南澄江关索戏之外，我国目前还有贵州安顺地戏、青海土族"纳顿节"上的"跳会手"和"跳五将"、甘肃永靖县的"七月

---

① 郑传寅.传统文化与古典戏曲[M].长沙：湖南人民出版社，2004.
② 曲六乙.建立傩戏学引言[M]//德江县民族事务委员会，贵州民院民族研究所.傩戏论文选.贵阳：贵州民族出版社，1987.

跳会"等属于同一类型的地戏。①古代军队出征时必须在军社举行宣誓的仪式，还需要在军社前杀人祭旗，实际上是一种寻取替身，减少自己的伤亡的巫术。作战时为了威慑敌人头戴凶神面具，因为古人认为面具是神灵的依附，可以在心理上震慑对方，像兰陵王、大将狄青和朱伺等都带过面具作战。廖奔认为，军傩表演后来发展为以纯粹娱乐为目的，是傩仪向戏剧表演过渡的一个实例子。军傩在明、清时发展成为贵州的地戏和云南的关索戏。②

关索戏是武将出场以驱邪纳吉为目的的傩戏，在出游"踩村"驱邪逐疫时以三国人物刘备、关羽、张飞为驱邪之神，但其主神却是关索。曲六乙认为，关索戏的来源有可能有三个："一是关索戏与地戏同属军傩，在祭祀与演出习俗方面有不少相似之处，但毕竟是一个独立的傩戏品种。二是关索戏是在地戏的直接影响与辐射下形成的。三是关索戏与地戏同源于朱元璋征调'江南'大军故乡的民间傩祭和民俗歌舞，经过不同的人文、自然生态环境的长期培育，形成各有自家艺术风采的军傩品种。"③

关索号称"药王"，在供神的主牌上写"风火院药王之神位"，与贵州、四川的阳戏奉药王、川主、土主为三圣相同。此外，江西南丰、安徽青阳、贵池的傩戏也皆有关索驱傩的舞蹈，东北的汉军旗香也奉关索（锁）为第一大神，说明关索曾是逐疫的神，而且比关羽为神的时代要早，因此，关索并非为明代小说家附会的关羽之子。④康保成认为，"花关索"之名可以分解为如下解释："花"乃子，"关"是幼童所逢的种种关煞，"索"又作锁，是扶助幼童过关、抵御鬼祟力量的标志。幼童过关之后，就能够战胜种种关煞、疾病、邪魔，成为孔武有力的男子汉。⑤但是关索戏的演出，却是以三国故事为主，尊蜀汉而贬孙曹，其中的故事与流行的《三国演义》有较大区别，因此，关索戏除作为表演的"活化石"之外，还具有研究三国故事在民间的发展的珍贵价值。

云南澄江县小屯村是个只有130多户人家的村子，明代以前曾经是彝族的聚居地，现在这里的农民都是汉族。小屯村的关索戏演出因为当地旅游的开发而声名鹊起，被澄江县文化局和旅游局定为"文化旅游"的主要项目。云南电视台和其他电视台多次到小屯村拍摄关索戏演出，并制成电视纪录片。⑥

---

① 王兆乾，吕光群. 中国傩文化[M]. 汕头：汕头大学出版社，2007.
② 廖奔，刘彦君. 中国戏曲发展史（第一卷）[M]. 太原：山西教育出版社，2000.
③ 曲六乙. 关索戏的"猜想"[J]. 大舞台，1998（3）.
④ 王兆乾，吕光群. 中国傩文化[M]. 汕头：汕头大学出版社，2007.
⑤ 康保成. "花关索"是谁？[J]. 民间文化，1999（1）.
⑥ 郭净. 被表演的戏剧[M]//杨慧，陈志明，张展鸿. 旅游、人类学与中国社会. 昆明：云南大学出版社，2001.

澄江县小屯村旧名为先锋营，因明朝朱元璋派大军征讨占据云南的元朝梁王在此屯兵而得名。小屯村关索戏的来源可以在《关于关索戏来源的报告书》中了解到，"原先小屯这个村子不好住，经常被洪水淹，牛死马遭瘟的情况也很严重，村里请来花灯（云南一种民间歌舞戏）压邪压不住，请来龙灯也压不住，还请过般打（阳宗地区的武术）来压，仍然压不住。后来有个外地的风水先生帮瞧地脉，风水先生说，小屯这个地方是五虎攒羊，必须玩关索。关索是五虎大将，就压得住了。后由村里的李成龙、龚兆龙到路南（县）大屯找来玩关索的李师傅、张师傅教玩关索"①。笔者认为文中"关索是五虎大将"的说法不一定可靠，但是将关索戏引进小屯村目的是为消灾弥难是可信的。

小屯村的关索戏演出按照老规矩是三年停三年演，因为它不是一般的戏剧，是为了求得清吉平安、五谷丰登、风调雨顺、牛马兴旺而演出。演出一般在春节期间进行，每年的农历正月初一至十六日间择日演出。一般是大年初一在本村搞祭祀活动，踩村、踏家之后，初二开始到阳宗坝子巡回演出，并视村外邀请的情况有时演到初五或初十，最长演到十六日送药王。关索戏全部歌颂蜀汉的英雄事迹，不唱孙、曹两家故事，演出的剧目早期有四十多本，共七八十出，因年代久远，剧本失散，近几十年只有部分流传。常演的剧目有：《战长沙》《古城会》《长坂坡》《过五关》《三战吕布》《三请孔明》《花关索战黄山岳》《收周仓》《收马超》《张飞夺山寨》等。

小屯村的关索戏没有专门的戏班，为农民的业余演出，大约需要四十人，即二十个戴面具的为主要人物，其次有锣鼓队、打飞虎旗、令旗、抬柏枝火盆及打杂人员等。演艺的延续实行父传子（无子的也可以带侄子或亲戚）、子传孙的规矩。戏中有两个角色是女性，即鲍三娘和百花公主，但是都由男性扮演，女性不参加排练剧。小屯村的关索戏演出的地点在村子的灵峰寺前，主要仪式有春节前腊月间选吉日祭祀药王，第二天开始练武，直到大年三十。练武结束时全体学员要在寺里烧水洗澡净身，要连洗三次。洗澡完只许回家吃饭，不许在家睡觉，睡觉都集中在灵峰寺两边厢房的楼上，直到正月十六日演出结束，装戏箱和送药王仪式完成后方能回家。②送药王的仪式是：全体演员在神位前礼拜后，把写有"敕封有感风火王"的红纸牌位送到南潭泉水井边焚烧，并吟诵："药王大将，我们诚心诚意为您老人家'玩'了，现在送您回天。"

---

① 郭净. 被表演的戏剧[M]//杨慧，陈志明，张展鸿. 旅游、人类学与中国社会. 昆明：云南大学出版社，2001.

② 杨应康. 澄江县阳宗镇小屯村关索戏调查[J]. 民族艺术研究，1995（3）.

2. 希腊式

公元前6世纪末,古希腊在一场民主改革运动中建立了奴隶主民主制,奴隶主民主制的建立使人们逐渐摆脱往昔的沉溺于私情的精神状态,投身到作为民主制重要标志的轰轰烈烈的全民性庆典上来。①公元前560年,僭主庇西士特拉妥为了讨好农民,把农村庆典中盛行的一种酒神祭典搬到雅典城中,举行祭典时的表演就是悲剧的前身。大约公元前534年雅典人忒斯庇斯在歌舞中采用了第一个演员,后来古希腊戏剧大师埃斯库罗斯把演员增加到两个,正式的对话和戏剧冲突展开,真正的戏剧诞生。继埃斯库罗斯后的另一位戏剧大师索福克勒斯把演员增加到三个。希腊戏剧刚刚破土而出就有很好适合其成长的土壤,在奴隶主民主制时代,雅典领袖利用这种群众性最广泛的表演形式来进行宣传教育。雅典黄金时代执政者伯里克理斯不仅建造宏伟的露天剧场,而且发放观剧津贴,贫穷的公民也能看到戏剧演出。每年春季举办盛大的戏剧比赛,剧场成为当时自由民的政治讲坛和文化生活的中心之一。

希腊人从埃及人那里汲取到的一种观念就是:"戏剧是一种节日,即在特殊时间存在于特殊地方的某种东西。"②万物有灵、自然崇拜和自然风景对希腊人来说非常重要,这些观念体现在他们的露天大剧场中。露天大剧场的观众席围着一个整圆形的表演区逐层升高,采用的是空间设计而不是平面设计,坐在天然山坡上的观众可以透过舞台看到大自然的美景(如图二所示)。③由于剧场巨大,为了突出演出的鲜明性,演员通过穿厚底高靴、头戴面具来扩大体型,要求嗓音洪亮、动作缓慢、富有节奏,整个演出要借助合唱队的配合。此外,希腊人看演出时不喜欢把舞蹈的动作看得清晰可辨,而喜欢把舞蹈看成是完整的程序。

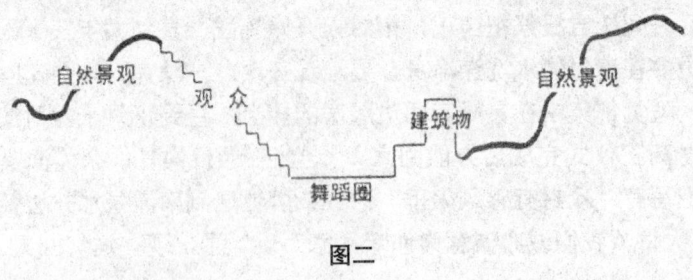

图二

---

① 余秋雨. 戏剧理论史稿[M]. 上海:上海文艺出版社,1983.
② 理查德·谢克纳. 环境戏剧[M]. 曹路生,译. 北京:中国戏剧出版社,2001.
③ 理查德·谢克纳. 环境戏剧[M]. 曹路生,译. 北京:中国戏剧出版社,2001.

世界上最大的山水实景剧场演出《印象·刘三姐》是锦绣漓江——刘三姐歌圩景区的核心工程，剧场地点坐落在漓江与田家河交汇处，与书童山隔水相望，由张艺谋出任总导演，国家一级编剧梅帅元任总策划、制作人，以及王潮歌、樊跃两位年轻导演加盟，数易其稿，历时三年半打造而成。这是一次演出和视觉的革命，是集艺术性、震撼性、民族性于一炉的漓江风情巨献。

《印象·刘三姐》在表演空间的设计上，笔者认为正是再现了希腊式表演空间。整个剧场是古希腊露天剧场的回归，舞台是流动的江面，观众席依地势而建，逐排升高，呈梯田造型，180度全景视觉，整个舞台可以一览无遗，不同的是剧场呈半圆形并有放射形的通道，舞台位于剧场中心一块圆形平地，后面有化妆及存放道具用的建筑物，剧场不仅是娱乐场所，还是自由民集会的地方，因此规模巨大。《印象·刘三姐》整个剧场以两公里的漓江水域及十二座山峰为背景，构成全世界最大的天然剧场，观众可观赏江上两公里范围的景物及演出。观众席设位2200个，其中普通席2000个，贵宾席180个，总统席20个。

整个山水大剧场的表演空间完全是"环境式"的，是谢克纳所说的"发现的空间"，"环境"在谢克纳看来是表演的空间，但是他又认为与生态意义上的环境不是对立的。希腊人的万物有灵观念和对自然崇拜使他们的露天大剧场与自然融合于一体，就《印象·刘三姐》的生态环境意义来说，也是与自然的和谐，达到"天人合一"的境界。梅帅元曾这样评价这个剧场，"传统的演出是在剧院有限的空间里进行，这场演出则以自然造化为实景舞台，放眼望去，漓江的水，桂林的山，化为心中的舞台，给人宽广的视野和超然的感受。传统的舞台演出，是人的创作，而'山水实景演出'是人与上帝共同的创作。山峰的隐现、水镜的倒影、烟雨的点缀、竹林的轻吟、月光的披洒随时都会进入演出。晴天的漓江，青峰倒映特别迷人；可烟雨漓江，赐给人们的却是另外一种美的享受。演出正是利用晴、烟、雨、雾、春、夏、秋、冬不同的自然气候，创造出无穷的神奇魅力，从而使每场演出都是新的"[①]。

3. 巴厘式

巴厘人的戏剧伴随着巴厘人的日常生活，他们没有专门为戏剧空出时间，也不特地为戏剧的演出修建设施，可以随时上演于村子的广场、寺院台阶、村民庭院，或者是某个时期临时搭起来的舞台。演出时节可以是结婚、生子、发财、印度教假日、求神或是任何一个炫耀富有的机会。演出时候，狗在吃供品，

---

① 郑媛. 张艺谋导演《印象刘三姐》为旅游吆喝[N]. 北京青年报，2003-8-22.

女人们在兜售东西,孩子们在入迷的演员间嬉戏,老人们在走廊上打瞌睡,想看戏的人则正在看戏,一切都是日常生活。因此,对于巴厘人来说,戏剧可以在任何时候任何场所作为一种生活消遣延续下去(如图三所示)。①

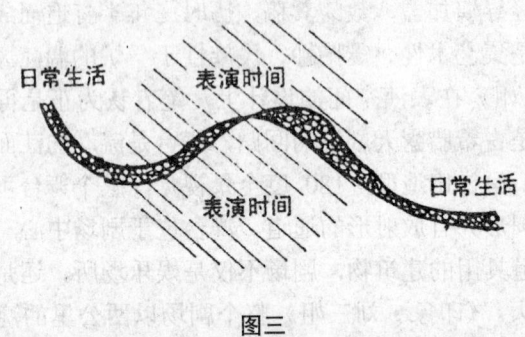

图三

早在二十世纪二三十年代,巴厘岛开始引起西方一些人类学家的关注,他们千里迢迢到巴厘岛亲历巴厘戏剧,这一显著的艺术样式由此进入了他们的视野并成为注目的中心。1931年法国戏剧家安托南·阿尔托在法国马赛的海外殖民地博览会上观看到印度尼西亚巴厘剧团的演出,被许多人认为是阿尔托"残酷戏剧"的开端。他的戏剧理论著作《戏剧及其重影》中指出,"巴厘戏剧对西方戏剧观是个挑战,可能有许多人会认为它毫无戏剧价值,而其实它是我们至今所看到的最完美的纯戏剧。对我们欧洲人来说,它的惊人之处,它的令人惊讶、令人困惑之处,在于奇妙的理智性,而它无处不显露出来:无论是紧凑和微妙的动作线条,还是变化无穷的嗓音,无论是雨点——仿佛一座巨大的深林在滴水、甩水一般的音响还是运动的相互交错的声音。从一个动作到一声呼喊或一个声音,其中没有过渡,一切相同,就仿佛精神上掘出了几道古怪的通渠"②。

阿尔托对巴厘戏剧演员演出时的头、脚、手势、眼睛、心态以及戏剧的节奏和精神都给予了很高的评价,他还认为和巴厘戏剧相比,西方戏剧当然是显得粗糙和幼稚可笑的。事实上,巴厘戏剧演出确实为巴厘岛吸引了无数的到访旅游者。很多学者都担心随着旅游的发展巴厘岛的传统逐渐丧失,进而丧失族群认同,其内部的动力也将减弱甚至消失。因此,保持巴厘戏剧的精神是保持巴厘传统文化的重要一面。

目前,开发地方戏曲,各种宗教仪式、祭祀、舞蹈等"泛戏剧形态"戏剧

---

① 理查德·谢克纳. 环境戏剧[M]. 曹路生,译. 北京:中国戏剧出版社,2001.
② [法]安托南·阿尔托. 残酷戏剧:戏剧及其重影[M]. 桂裕芳,译. 北京:中国戏剧出版社,2006.

是各地民俗旅游的重头戏,因为戏剧悠久的历史和多样化的形态是地方文化最突出的代表。大量的民俗旅游村村民自发组织表演队,表演融于他们的日常生活中。以广西师公戏为例,师公戏在早期称为"唱师"或"跳神",个别地区称为"尸公戏",是傩戏在广西的称谓。师公戏遍及桂北、桂南各民族聚居的广大乡镇,尤以桂中一带最为活跃。按民族分,有汉师公、壮师剧、毛南师公、仫佬族师公戏以及苗、瑶师公戏等。按语言分,有白话(粤语)、平话(南宁近郊方言)师公戏等。各地师公戏在语言、音乐、剧目方面不尽相同,演出上也有差异,有的仍保留着明显的傩祭形式,有的已从堂屋、草坪跨进剧场。

以民族旅游闻名的桂林龙胜县金竹寨和平安寨景区的"师公舞"是壮族古老的祭祀仪式,意在除恶保平安、祈求风调雨顺。表演者戴面具、穿草裙,就给旅游者制造了民间宗教的神秘色彩;表演者的舞步模仿师公做法,采用扭胯蹲摆的动作,体现了古朴之美。而且,该地"师公舞"全是女演员戴着面具表演。[①]还有庆丰收的"扁担舞",因敲击竹扁担欢快急促的节奏,而被外国旅游者称为"中国的桑巴舞"。为感谢祖先发明和传授酿酒技术的"葫芦舞",是用婀娜的形体语言演绎的酒歌。徐新建在考察四川阿坝理县旅游村桃坪羌寨时也发现类似的情况,他以桃坪羌寨龙小琼一家为例开展研究,龙小琼平时到县旅游局做些辅助性的工作,同时获知关于旅游者来往的消息和指示。她家人则照常务农,过着与世不争的平静生活。而一旦旅游者将要来访,她们一家就会迅速动员起来,在经过程式化的梳妆打扮之后,以传统的"民族风貌"姿态迎接客人,在有民族风味的野菜和砸酒的晚餐之后,邀请旅游者一同围着火塘跳起羌族传统的"锅庄"。[②]为了照顾旅游者,只要旅游者到来就可以随时随地上演节目,满足旅游者回归古朴和寻求差异的心理,在文化内涵上已经发生了改变,但是在表演空间范式上却属于巴厘式的。

4. 墨西哥式

理查德·谢克纳在《环境戏剧》中以墨西哥沿海山区梅萨·特·纳亚的科拉剧中耶稣受难剧为例子,说明墨西哥式的戏剧表演空间范式。梅萨·特·纳亚的科拉剧在16世纪由于耶稣会会士的传教而皈依天主教,而后在1767年耶稣会会士被驱逐出墨西哥,到1969年两百年间没在梅萨出现过,在此期间科拉剧保留了许多天主教的仪式,其中有一种是在复活节前一周演出的耶稣受难剧。这种仪式戏剧不需要任何特殊的建筑就可以吸引整个村镇的注意力和能量,

---

[①] 徐赣丽. 民俗旅游与民族文化变迁(桂北壮瑶三村考察)[M]. 北京:民族出版社,2006.

[②] 徐建新. 开发中国:"民族旅游"与"旅游民族"的形成与影响——以"穿青人"、"银水寨"和"藏羌村"为案例的评述[M]//杨慧,陈志明,张展鸿. 旅游、人类学与中国社会. 昆明:云南大学出版社,2001.

他们按照自己的方式来排演这些戏：

"然而他们完全用他们自己的方式来排这些戏。比如，他们把我们的上帝耶稣基督等同于他们古老的太阳神塔约……他们把耶稣受难的故事：受难、死亡、复活的情节用了他们的仪式，显而易见他们希望他们的公社生活得以再生产和继续。"①

剧中没有彼拉多，也没有犹大，有一个七岁的小孩扮演耶稣，坏人叫博拉多斯，西班牙语的意思是"擦掉的东西"，博拉多斯们就是使耶稣受难的犹大们。在节日的三天之内，有这样的仪式：

"所有的头面人物，世俗的和宗教的，都要在一个叫做犹大首领的男人面前走过。他和他的博拉多斯们（都是本地年轻人）用烟灰和泥浆将浑身涂黑，这样的话，'擦掉了'他们自己的个性以及他们要为自己所作所为负责的个人责任感。"②

博拉多斯们手持作为防御之用的仙人掌整整三天三夜。整个剧的演出是一个全镇的追逐，扮演耶稣的小孩借助他手中挥舞的木头十字架，竭力从博拉多斯们那里逃脱。博拉多斯们在追逐小孩子过程中，有三次（分别以圣父、圣子与圣灵的名义）他们一见到十字架就倒在地上翻滚。然后他们抓住了小孩，把他捆住带到教堂，在那里有女人们伺候他，他睡了整整一个晚上。第二天早晨他被博拉多斯们带出去，站在教堂院子中的十字架前，这就是耶稣的受难。第二天中午村长扮演百人队队长的角色骑马赶来，他骑马到博拉多斯们中间，折断他们的竹矛，他们倒在地上死去，然后起来走到小溪边，洗个洁身澡，随之教堂附近所有人都兴高采烈。

从表演空间的范围来看，科拉剧同许多仪式戏剧一样，它们的"舞台"往往是流动性的，不是只局限在一个固定的表演区，因应仪式的需要伸展到不同的空间范围。山西地区农民演出的除煞性质的队戏《过五关》③（队戏，即流动的祭仪）中，关公带领着部将，骑上枣红马，甘、糜二夫人登上黄马拉的大车。守候在庙门外的曹操赠金，关羽一如三国故事中描述，马上挑袍，然后在銮驾的簇拥下游村，村民沿路搭五台，每座台就是一关，关羽依次过关斩将，意味着驱邪赐福。容世诚认为这种在村内区域设置舞台的形式，很可能是民间傩祓仪式中逐屋驱邪赶煞的变型。④ 笔者同意这种看法，因为现在在河北武安

---

① 理查德·谢克纳. 环境戏剧[M]. 曹路生，译. 北京：中国戏剧出版社，2001.
② 理查德·谢克纳. 环境戏剧[M]. 曹路生，译. 北京：中国戏剧出版社，2001.
③ 王兆乾，吕光群. 中国傩文化[M]. 汕头：汕头大学出版社，2007.
④ 容世诚. 戏曲人类学初探：仪式、剧场与社群[M]. 桂林：广西师范大学出版社，2003.

"捉黄鬼"的社火演出中依然保持着古代驱赶鬼疫的形式。

河北武安，被誉为中华民族的发祥地之一。该地"磁山文化"遗址中发现的粟和鸡的炭化标本，是迄今世界上发现的人类种植养殖的最早实物证据，属新石器时代的留存，距今已有7500年左右的历史。武安近年来以开展绿色生态旅游、古文化旅游和红色旅游为特色，和戏曲文化相关主要有以豫剧《朝阳沟》闻名的朝阳沟景区，还有像固义村"捉黄鬼"大型社火活动也为武安旅游宣传扩大了影响。固义村"捉黄鬼"大型社火活动每年正月十五日举行，规模大，聚戏多，场面十分壮观，是一个联社性质的为求一方平安的聚会，参加的主要有四个大社的群众。聚会以"捉黄鬼"为核心，兼有舞龙、跑驴、舞狮、耍孩儿、旱船、竹马、高跷和队戏等。正月十四日是仪式前的预习，要派人戴面具出巡，以震慑鬼魅。第二日，各社的仪仗队、鼓乐队、戏舞队集聚于庙，朝拜天帝玉皇，举行迎神仪式。两个身穿戏装盔甲的青年骑马做探马，逡巡于市镇内外，守候在街外的会首在举行请神仪式后发出讯号，探马立刻回报，"打黄鬼"仪式开始。黄鬼原是危害百姓的鬼类，现在按当地的传说是个忤逆不孝、大骂爹娘，为社会所不容的人，黄鬼身份的变化反映了人文伦理道德观念的嵌入，不孝子为群众所深恶痛绝。黄鬼遍体涂满黄色，在"跳鬼"的引诱和二鬼使押解下出现于街头，被押解游街示众。数百名手拿柳木棒的村民挥舞棒子喊打，约经过三小时，黄鬼最后被押至广场上临时搭起的判官台和阎王台进行审讯与宣判，随后将黄鬼押上行刑台"抽肠剥皮"，此时黄鬼的扮演者则从台上的洞口溜至台下。整个仪式过程已不见巫师的作用，由各社推举有威望的长者策划，并设置一个能与神界和人界对话的"掌竹"指挥，"掌竹"身着官衣，手执短竹，上裹红布，在黄鬼受惩罚之后出场宣谕教化，为仪式正名："劝世人父母莫欺，休忘了生尔根基，倘若是忤逆不孝，十殿阎君大抽肠。"[①] 从固义"打黄鬼"来看，它仍然保留了古代驱旱魃的雩祭遗痕：用柳木棍追打，因为柳为近水之物，按巫术观念，旱魃厌水，见水则逃。另外，黄鬼遍体通黄既是黄土地带旱象的写照，也是与神话中旱魃为黄帝之女，按照五行学说，黄帝为中央神，其相应的颜色是黄色的说法一致。与"打黄鬼"相近的驱傩形式，山西雁北的"捉鸡毛猴"，陕西的"打黄膀鬼"以及目连戏的"捉寒林"等都属于这一类。

"捉黄鬼"大型社火活动，在表演空间范围上和科拉剧一样，是流动的表演区，带有追逐性行动，只不过是表演中被追逐的是"黄鬼"，而科拉剧中被追逐的是"耶稣"，在这个意义上可以说是科拉剧的"置换变型"，结果都是坏人

---

① 王兆乾，吕光群. 中国傩文化[M]. 汕头：汕头大学出版社，2007.

受到应有的惩罚。

三、旅游表演空间结构的研究意义

对旅游景区旅游表演的空间结构研究的意义在于以下方面：

1. 考察旅游表演文化与内涵的变迁。旅游业给当地的社区带来"商品化"，当地的文化通常会成为商品化的主要对象，特别是一些带有地方特色的民俗、仪式、节日、民间民族艺术成为迎合旅游者偏好的表演，使得文化发生变迁，遭到破坏，甚至变得庸俗而失去意义。旅游景区戏曲表演的演出（包括"泛戏剧"）很多都不在剧院，而是在广大农村的寺庙、广场，这种演出地点延续了戏曲产生时期的传统。但是我们也可以看到，由于迎合旅游者的要求，演出的时间经常被改变，像"关索戏"就是一个例子。特别是一些传统神圣、庄严、神秘的"仪式"表演被公开、被改变。彭兆荣教授考察我国西南一苗寨时亲眼看到一个例子，为了满足当地"旅游节"的安排，苗寨把13年一次的"牯藏节"提前进行，"牯藏节"仪式进行的时候又因为一个日本大型旅游团未到，祭仪程序不得不往后拖延，引起了当地苗族的极大不满，甚至发生了小的冲突。[①]

2. 有助于研究旅游者观看旅游表演的体验。理查德·谢克纳在看了贵州的傩戏和地戏后，认为中国上演于村子广场、佛教庙宇、农田旷野以及其他地方的戏剧完全属于环境戏剧。对旅游者而言，在剧院里看戏曲的演出可以通过"幻觉"来感受戏曲表演的魅力，但是，观看上演于村子广场、佛教庙宇、农田旷野等地方戏曲的演出会有不同于剧院看戏的印象。谢克纳认为"单一的焦点是正统戏剧的标志"[②]，在正统戏剧中，观众的视野是单焦点的。观众只是朝一个方向看，哪怕是舞台行动同时散布于类似巴黎皇宫中200英尺宽的镜框式舞台那样的大舞台时，观众也是朝一个方向看。在观众看到的全景中，只有一个注意的中心，通常是单一的焦点，其他一切都围绕着它进行安排。相应地，有一个观看舞台的最好的地方，传统上说国王占据了最合适的位置，离这个地方越远，观看的角度就越糟。而环境戏剧是多焦点的，或者说没有焦点，在同一个空间的不同地方，同时有好几件事情发生，每一件事情都吸引着观众的注意力，事件与事件之间是一种竞争的关系。"在多焦点中，事件发生在后面、上面、下面、周围，以及观看者的前面。观看者被各种各样的景象和声响所包围"，这样造成了观众"感官超负荷"，因此"没有一个观众能看到所有的一切"[③]。

[①] 彭兆荣. 旅游人类学[M]. 北京：民族出版社，2004.
[②] 理查德·谢克纳. 环境戏剧[M]. 曹路生，译. 北京：中国戏剧出版社，2001.
[③] 理查德·谢克纳. 环境戏剧[M]. 曹路生，译. 北京：中国戏剧出版社，2001.

旅游者在多焦点演出中，可以不断地调整自己的位置，得到的感觉是复杂和多方面的，是谢克纳所说"带来和谐结合的极度灵活性———一种理智感官的万花筒"。旅游过程是体验的过程，在体验过程中达到审美愉悦，也是在不同的文化背景下"体验差异"的过程，文化差异越大，体验越深，给旅游者带来的效果就越好。

第四章 旅游表演场域中的角色与角色关系

> 旅游是游戏，大家在扮演虚拟的角色中寻求快乐。
>
> ——埃里克·科恩

第一节 旅游表演场域中的角色

角色（role）是表演理论中的重要概念，它是指演员所扮演的剧中人。在广义的表演中，生活被看成是一个大舞台，每个人都是演员，都在社会舞台上进进出出扮演着不同的角色，这种角色叫社会角色。旅游活动是一种社会活动，整个旅游活动可以看成是广义上的表演，这个舞台上的人物扮演的角色主要有旅游者、各类东道主以及其他相关的角色。

西方旅游理论对表演的研究认为，旅游者不是被动的消费者，他们在步入旅游地时会在"舞台"上进行创造性的表演。其实在旅游表演场域中，不光是旅游者会进行创造性表演，其他角色无论是各类东道主角色，还是用男女性别关系来考察的性别角色，这些角色之间关系都不是孤立的，他们都是在角色互动中共同完成整个旅游表演。角色研究目的是将旅游活动作为人的活动来研究，回归到旅游活动的本质研究，即对人本身的研究。

一、旅游者

旅游者（tourist）这个词 19 世纪早期在西方就被广泛使用，它与略带有轻蔑的旅行者（traveller）①一词同义，不过在现在的社会科学研究中，旅游者一词是一个中性词，不带有任何的褒贬色彩。旅游者在今天不但是一种极为普遍的角色，而且成为一种具有鲜明特征的文化类型，他们在人们的心中常常呈现出"情绪欢跃、衣着奇异的外国人，脖子上挂着相机，带点儿傲慢，带点儿浅薄，喜欢跟从，容易上当受骗"②的形象。

由于旅游现象的复杂性和多元性，对旅游者的定义和角色分析也具有多样性，诸如"旅游者是追求放松和愉悦而从事旅行的人""在经济学的语境中，旅游者是消费者而非生产者"等。科恩在其《旅游社会学纵论》中归纳了"旅游者角色"六个方面的特征：（1）暂时离家的旅行者；（2）自愿的旅行者；（3）作往返旅行的旅行者；（4）其行程相对较长，不只是进行短途旅行或一日游；（5）从事的旅行是非周期重复的；（6）其旅行活动是"非职能性"的。在上述旅游者角色特征分析的基础上，科恩将旅游者定义为："旅游者是出于自愿、暂时离家外出的旅行者，他们之间之所以从事路程相对较长的、非经常重复的往返旅行，是出于盼望旅行中所能体验到的新奇和生活变化所带来的愉悦。"③

科恩还从不同的研究文献中，梳理出学术研究中对旅游者角色两个方面各有侧重，一是旅游者的"旅行者"角色，是在研究旅行中个体活动时的角色；二是旅游者的"访问者"角色，是在研究旅游对目的地的影响或旅游者与当地社区的互动时的角色。

在剧场舞台上，演员和角色的关系密切，即演员是演戏的人，角色是被演员扮演的人，虽然观众在舞台上看到演员和其所扮演的角色同时在场（呈现为同一个人），但演员和角色并非一体。舞台上演员与角色的关系大致有三种：（1）演员与角色合一。持这种观点的是戏剧表演"体验派"代表人物斯坦尼斯拉夫斯基，他认为演员应该在舞台上生活，而不是在舞台上表演，演员要设身处地"化为角色"，演员与角色合二为一。（2）演员与角色分离。持这种观点的是"表现派"代表人物布莱希特，他认为演员和角色之间存在着一种水火不容的关系，因而他提出戏剧表演的"间离方法"（又称"陌生化方法"），要求演员在角色扮演时不宜过于冲动和逼真，不要把观众引入痴迷状态，也不要让自己陷入出神

---

① 其实在西方的一些文献中"旅行者"并不完全等同于"旅游者"，如英国作家福斯特（E.M.Forster）发表于 1903 年的短篇小说《一个恐慌的故事》，福斯特在文中将"旅行者"（traveller）与"旅游者"（tourist）做了区分，他认为前者是身体和心灵都能够进入旅行之地的人,后者则是身体进入而心灵没有进入旅行之地的人。
② [以色列]埃里克·科恩. 旅游社会学纵论[M]. 巫宁, 马聪玲, 陈立平, 译. 天津：南开大学出版社, 2007.
③ [以色列]埃里克·科恩. 旅游社会学纵论[M]. 巫宁, 马聪玲, 陈立平, 译. 天津：南开大学出版社, 2007.

入迷状态,要保持清醒的理智和批判的态度。(3)演员与角色既合一又分离。持这种观点的是瓦赫坦戈夫,他有句对演员说的名言,"你们要用真正的眼泪来哭,但要以戏剧的方式哭给观众看",前半句是要求演员对扮演的角色有深刻的内心体验,后半句是要求演员用外部技术表现角色的内心,因此在瓦赫坦戈夫那里演员与角色既合一又分离。

演员和角色的关系,实际上是从演员的体验出发的,直接影响到演出的效果。如果把演员与角色的关系,同参与旅游的个体与其所扮演的旅游者角色比较,对旅游体验研究大有益处。参与旅游的个体好比是演员,他进入旅游场域这个舞台中扮演的是旅游者角色,个体与他所扮演的旅游者角色也存在着三种关系:(1)个体与旅游者角色合一。这意味着参与旅游的个体完全从工作或生活中摆脱出来,进入一种痴迷的旅游休闲状态,与其扮演的旅游者角色合一,"变成了另一个人"——旅游者。(2)个体与旅游者角色分离。布莱希特的"间离方法"要求演员与角色保持一定的距离,目的就是利用艺术方法,把看似平常的事物变得不平常,通过揭示事物的因果和暴露事物的矛盾,促使人们从社会的角度出发,对事物做出有益的认识与批判。个体与旅游者角色分离是指个体在旅游场域中没有进入一种"旅游的幻觉状态",而是在旅游活动的过程中,清醒地认识到自己是在旅游,并对接触到的事物不断思考,通过思考产生生活的启迪或生命的感悟。(3)个体与旅游者角色既合一又分离。个体在旅游活动过程中,既有完全忘却自己的日常生活或工作,进入一种痴迷的旅游休闲状态,也有清醒的思考、感悟状态。从旅游者体验和旅游效果来说,个体与旅游者角色第一种关系是旅游者充分享受到旅游的乐趣;第二种关系是强调旅游者在旅游过程中收获的感悟和认识;第三种关系是既享受到旅游的乐趣,也在旅游的过程中获得感悟和认识。

在表演理论中,演员是生活中现实的人,是真实自我,演员在表演之中扮演角色时是想象自我,两者之间的界限就是表演,"表演是真实自我和想象自我的界限,在表演之外的是真实自我,在表演之中的是想象自我"[①]。由于表演的复杂性,以及在舞台上演员和角色呈现为同一个人,因此真实自我和想象自我不能截然分开,在表演时,想象自我一直受到真实自我的影响,表现为积极的控制或消极的影响。比如,一位演员上台时候身体不适或者受到情绪上的波动,舞台上的真实自我可能会给想象自我带来消极的影响。

每位参与旅游的个体都是现实中的人,在工作、学习和生活中表现的是真

---

① 彭万荣.表演诗学[M].北京:中国社会科学出版社,2003.

实自我,一旦进入旅游场域中扮演旅游者角色时是想象自我,两者之间的边界便是旅游。一般而言,个体在日常生活中情绪低落,感到生活枯燥、烦闷,产生旅游的动机,在旅游中寻求精神的放纵。因此,在旅游场域的舞台中,想象自我比真实自我通常要情绪高涨,感到更加充实、幸福,想象自我最终起到调节真实自我的作用。

二、各类东道主

丹尼逊·纳什将旅游戏剧场面中出现的饭店员工、商店营业员、交通运输和导游人员(比如飞行员、汽车驾驶员和导游)以及那些使他们能得以成行的人(比如旅游机构、朋友和亲戚)等归纳为各类东道主,而饭店接待人员、交通部门服务人员、导游和目的地居民这些角色尤其突出。其中饭店接待人员、交通部门服务人员的服务表演特性,在本书第三章中服务性的旅游展演空间有论述。

(一)导游[①]

> 导游角色是由很多次级角色所组成的。——霍洛韦(Holloway)

现代导游角色缘起于西方17世纪至18世纪的"大陆游学"(The Grand Tour,也译为大旅行、大巡游)以及19世纪现代旅游业的开端,但可以追溯到古代的"向导"一词。《牛津英语辞典》(1933)对向导的定义为"指引或者是带路的人,特别是针对来到陌生国家的旅行者。例如,一个人受雇给旅行者或旅游者做向导(如翻过高山、穿越丛林、游览城市或参观某一建筑),并指给他看一些有趣的事物",以及"给某人带路或者是引路的人",这里实际上将向导理解为一是探路人(pathfinder),二是导师(mentor)。

早先的探路人也叫地理向导,他们虽然没有受过专业的训练,但是对他们所居住的环境熟悉,有着丰富的本土知识,在过去地图、导游手册、路标和其他仪器设备欠缺的情况下,旅行者、探险者进入一个陌生的地区之后,基本上要依靠"探路人"来引路,才能辨别方向和得到当地居民的接纳。这类向导在古希腊、罗马时期就已经存在了,后来到17世纪至18世纪"大陆游学"时期的意大利四轮马车手,以及很多偏远地区至今有居民受旅游者雇用充当探路人,像那些为有特殊兴趣的旅游者服务的狩猎向导、探险向导、捕鱼向导、登山运

[①] 本节参考埃里克·科恩:导游的缘起、结构和角色演变[M]//旅游社会学纵论. 巫宁,马聪玲,陈立平,译. 天津:南开大学出版社,2007:191-212.

动向导①等都属于这一类。

导游作为导师角色起源也颇为复杂，原指在宗教环境中引导新老教徒、寻求皈依的人在精神上提升的人。一个教徒在精神上的升华如同完成一种想象的地理之旅，因而导师也指在精神上和地理上的引路人，在中西文学作品中，一些寓意深刻的旅行就是由这样的导师指引的，如意大利作家但丁《神曲》中的引路人是维吉尔和贝德丽采，歌德《浮士德》中引路人是作为反面人物的魔鬼靡菲斯特，曹雪芹《红楼梦》中的引路人则是警幻仙姑。17世纪至18世纪"大陆游学"时期带领着英国青年到欧洲寻访历史古迹、教育中心，同时作为学生道德情操和宗教信仰的指导教师，具有精神上和地理上引导的双重意义。

现代导游在一定程度上融合了探路人和导师的角色，是在经历非专业（原始导游）到专业（专业导游）过程后演化成一种带领旅游团旅游的职业，有诸如导游、领队、旅游服务人员等称呼。科恩从领导职能和协调职能两个方面理解现代导游角色，如下表所示。②

领导职能	1.功能性领导职能	（a）指引（b）进入（c）控制
	2.社会领导职能	（a）紧张关系管理（b）促进团队融合（c）鼓舞士气（d）鼓动
协调职能	1.互动职能	（a）讲解（b）组织
	2.交流职能	（a）选择（b）提供信息（c）解说（d）编故事

现代导游角色除了从以上两大职能上理解，还有像"边界角色"这一类角色。导游的"边界角色"既指他介于雇主（通常是旅行社）和所带团队旅游者之间，又指他处于旅游者和当地人之间的角色。由于大众旅游者通常不会与当地人直接交流，导游在充当"边界角色"时主要用语言向旅游者传播信息、进行景点介绍和解说，从这个意义上讲，导游和旅游领队、专职本地人、拉客人一样被称为"语言掮客"。

（二）目的地居民

旅游人类学的研究非常重视旅游业对作为东道主的目的地居民影响研究，

---

① 在世界各地艰险的山区，像阿尔卑斯山、安第斯山、喜马拉雅山等地有专业的登山向导带领登山者穿梭其间，尼泊尔的雪巴人则因担任喜马拉雅山探险登山队向导闻名于世。

② [以色列]埃里克·科恩. 旅游社会学纵论[M]. 巫宁，马聪玲，陈立平，译. 天津：南开大学出版社，2007.

因为在旅游活动各类东道主中，目的地居民是真正意义上的、最值得关注的东道主。在剧场空间里，存在着"演员—观众"的二元对立关系，这是由表演活动引起的互为角色的关系。类似地，在西方旅游人类学研究中，将东道主和旅游者的关系用"主—客框架"来描述为由旅游活动引起的互为角色的关系，1978年，瓦伦·史密斯（V. L. Smith）在《主与客：旅游人类学》（Hosts and Guests: the Anthropology of Tourism）一书提出"主—客框架"后成为旅游人类学研究的重要范畴。另外，学术研究中还将旅游者作为"我者"，与目的地居民作为"他者"之间看成一种二元关系，即形成"我者形象—他者形象"的角色关系。

无论是在"主—客框架"下认识目的地居民，还是在"我者形象—他者形象"关系中认识目的地居民，很多作品都津津乐道于描述那些"落后的""野蛮的"族群，旅游者通常被他们的奇异、贫困而感到吃惊、同情。如在西方旅游者眼中的泰国捕猎和采集民族麦拉巴利族（泰国北部与老挝边界森林中的一个部落）、塞芒族（泰国邻近马来西亚边境几个最南端省份的部落）、莫肯族（泰国安达曼海沿岸及岛屿上的采集部落），都是与文明人相对的"原始人""野蛮人"。旅游者在旅游杂志和宣传资料上看到的这些原始民族都是居住在森林、小船上或到处迁徙的自由人，这些居民的悲惨处境令他们感到同情，这些居民要么用冷淡的目光看待来来往往的旅游者，要么卑躬屈膝地接受旅游者有限的施舍。

随着旅游业在世界各地的发展，许多目的地居民的生活依靠旅游业得到改善甚至变得富裕，他们通过经营家庭旅馆或销售旅游纪念品获得丰厚的利润，他们和旅游者之间主要是利益关系。一方面，参与旅游业的目的地居民之间存在着各种竞争，甚至出现相互诋毁的局面，旅游业不但改变了他们的生活方式，而且改变了他们的邻里关系。另一方面，尽管旅游业在很多地方得到普遍性的发展，但是并非所有的目的地居民都参与到其中，未参与旅游业的目的地居民，没有获得旅游业带来的经济回报，他们可能对旅游业有着漠视态度，甚至因为旅游业给当地带来种种负面影响转而憎恨不断出现在家门口的旅游者。笔者在泰国北部碧差汶府苗族地区旅游考察时，住进当地一家苗族人开的旅馆，透过主人家的铁丝网围墙，一大群当地人围观并用漠然的眼神注视着我们这些旅游者。还有笔者在新西兰奥克兰市郊旅游时，当地导游也不断提醒我们一定不要误入当地人的院子，以免被主人家的狗咬伤。

（三）类中介人群

随着旅游人类学研究的进展，研究者们发现探讨东道主和旅游者关系的"主—客框架"存在着不足，如达莲娜·麦克诺顿（Darlene McNaughton）通过对印度南部一个国际旅游中心手工制品商贩、游客和地主之间关系的民族志分析指出,"主—客框架"使人自然想到温暖的、好客的,以及特定好客性的社会历史观念,这种乐观忽略了资本主义的暴力在旅游业中的表现,即创造新的不平等,转换传统的社会结构。[①]按照"主—客框架"的研究,像印度数量庞大的手工艺品商贩被纳入"东道主"的范畴,实际上这些和旅游者频繁接触的商贩既不是主人,也不是客人,他们尤其不受原住民的欢迎。因此,东道主与旅游者的分类体系之外的类中介人群(不像旅游机构中介性质明显)近年来受到旅游人类学研究的关注,这一类型的人群除了上述的手工艺品商贩外,还有驻客、旅游文化展演中的表演者等人群。

驻客[②]是现代性旅游发展的产物,属于类中介人群中的旅游人群。从字面上来理解,驻客是在旅游目的地居留时间相对较长的外来者,其身份是"客居"旅游地的"旅游者",但不是"主—客框架"中的东道主和旅游者,他们不同于为追求更好物质生活而背井离乡的移民,而是为追求更自由的精神享受而远走他乡的人。早在20世纪80年代,来自西方世界的驻客就悄悄出现在中国的阳朔、丽江、大理等地,21世纪以来随着中国国内旅游的发展,传统的走马观花式的观光型旅游已逐渐向"体验""品味"的深度休闲型旅游转变,来自国内的驻客也在许多旅游地盛行。驻客在空间和身份上都具有一定的模糊性,处于一种"类中介"生活模式状态中,物理空间上能在其他地方(如回家与亲人团聚、定期回到自己原来的工作岗位)与东道主社区之间随意切换,身份上在"准东道主/类东道主"与"旅游者"之间,以及"驻客"与"原居住地居民"之间自由转换。因此,驻客的移动性是区别于东道主的重要特征,另外由于驻客源于旅游者,他们在文化和旅游体验的共鸣上更接近旅游者。驻客在现代性旅游中扮演着特殊的角色,研究他们如何参与旅游的目的地的建构,他们和旅游者、目的地居民之间如何互动,他们的行为对旅游目的地带来什么影响,他们身份的自我认同等问题都有重要的意义。

现代旅游业中的文化展演作为一种符号性消费受到国内外学者的关注,但是对文化展演中的表演者这一特殊的群体提及较少。旅游业中的文化展演,尤其是少数民族地区民族村寨的文化展演,实际上是"旅游者的凝视作为一种权利运作在当代民族村寨旅游中具有生产性动力意义,其中的召唤激发了本地人

---

① 李春霞. 好客的东道主:旅游人类学"主—客"范式反思[J]. 广西民族大学学报(哲学社会科学版),2012(5):23-24.

② 杨慧,凌文锋,段平. "驻客":"游客""东道主"之间的类中介人群[J]. 广西民族大学学报(哲学社会科学版),2012(5):44-50.

进行文化的自我表征,在凝视与表征的互动中"[①]生成的,民族村寨文化展演空间是我者与他者共享的空间,是我者文化与他者文化交流的场所,表演者则是我者与他者之间文化沟通的传递者。阳宁东[②]对九寨沟《藏迷》表演者文化身份进行考察,这些表演者来自西藏、青海、甘肃、云南等地区,他们在经历了舞台表演和日常生活的变化之后,在现代旅游语境中建构了他们新的文化身份。在九寨沟的藏族文化旅游中,《藏迷》表演者将"旅游者—东道主"的互动转变成"旅游者—表演者"之间的互动。表演者在旅游业中扮演的角色,不仅是东道主社会中的一员,还是代表族群身份的现代旅游产品,他们通过在舞台上向旅游者表演成为民族传统文化和族群的代言人。

第二节 旅游表演场域中的角色关系

在表演的舞台上,表演者作为剧场的核心,控制着剧情的发展、剧场的气氛、表演的质量,在完全没有互动的表演过程中,观众只是相对于表演者的一种存在,他们对表演者没有真实性的干预与影响。但事实上,表演大多数情况下都是互动的,特别是在倡导观众"参与性"的表演方式下,观众与演员之间的角色模糊,甚至出现"观众就是演员,演员也是观众"的情况。旅游表演场域中,角色也是处于一种动态的关系之中,比如旅游者在一些场合中是作为观众出现的,在另一些场合则是作为演员出现的,同样导游、目的地居民的角色也不是静止的。

一、旅游者与旅游者

英国学者约翰·尤瑞在其著作《游客凝视》一书中,谈到浪漫之都巴黎对旅游者的吸引力,巴黎的林荫大道和咖啡馆给情侣们创造了新型的空间——情侣们在观众场合中私秘相处的空间,因此每天都有数以万计的参观者在林荫大道和咖啡馆里体验那种乐趣。当那些参观者坐在咖啡馆里体验浪漫时,他们看到其他的参观者会有何感想?约翰·尤瑞是这样来揭示旅游者与旅游者之间

[①] 魏美仙. 他者凝视中的艺术生成——沐村旅游展演艺术建构的人类学考察[J]. 广西民族大学学报(哲学社科科学版), 2009 (1): 43-47.
[②] 阳宁东. 现代旅游语境中的"自我"与"他者"——对九寨沟《藏迷》表演者文化身份建构的思考[J]. 青海民族大学学报(社会科学版), 2012 (3): 151-155.

"看与被看"关系的:"面对林荫大道来来往往、川流不息的陌生人,这种浪漫体验更加强烈——他们凝视的正是这些陌生人,同时他们自己也被这些陌生人凝视。"①

如果说个体或团队旅游者与其他旅游者之间是"看与被看"的凝视关系,那么,在同一个旅游团队中,作为旅游者角色同在一个舞台上,他们之间的相互交流也尤其重要。在剧场舞台演出中,一个演员和其他演员同时表演给观众看,他们在舞台上既各自独立,又需要彼此交流与合作,苏联莫斯科艺术剧院的著名演员莫斯克文,在论及舞台上演员之间交流的重要性时说:"有的演员,甚至是不错的演员,把自己的角色孤立在自己身上。他表演得似乎不错,可是他在舞台上就是不同你交流。你看着他的眼睛,就觉得有什么东西阻隔着……舞台上的交流是有巨大意义的。它应该像打球时那样,我抛给对手的球,对手再抛回给我,我接着之后又要把它再抛给对手。这种交流的'排球',对演员来说是很好的东西。"②

莫斯克文多次强调台上演出交流的重要性,他注意到在有交流的情况下,每次的演出都会完全不同,演员的表演会更加丰富乃至有许多巧妙的发现,演员在台上遇到的对手不一样,他的表现也不一样。同样,在旅游场域中团队旅游者相互之间的关系,如同舞台上的演员与演员之间的关系,决定着整个团队是否默契,同时影响着所有旅游者的旅游体验。

因此,想办法促进团队旅游中个体与个体之间的交流至关重要,旅游者从现实生活和工作中解脱出来,通过旅游活动来证明自己的存在,同时希望在和别人交流中恢复人的本性、找回自我。

二、旅游者与导游

在现代大众旅游的背景下,制度化是旅游业的一大特色,它保障了旅游者在旅游活动过程中的每一个环节都获得了高效、流畅的服务。团队大众旅游是制度化旅游的重要形式,这种形式决定了旅游者和导游之间密切的关系。团队大众旅游中导游角色尤其重要,他从旅游者的迎送、引导游览观光、景区景点讲解、交通安全,到旅游者的吃住、购物、娱乐等方面都扮演着服务性的角色。

麦克内尔在《旅游者:休闲阶层新论》一书中论述"游客"时,引用了一位19世纪作家对游客的描写:

---

① [英]约翰·尤瑞. 游客凝视[M]. 杨慧,等译. 桂林:广西师范大学出版社,2009.
② [苏联]斯坦尼斯拉夫斯基,等. 苏联戏剧大师论演员艺术[M]. 文化艺术出版社,1956.

"涌至意大利城市的游客趋之若鹜,且看游客们步步跟紧,三四十人结伴成群,在导游的率领之下,沿街款款而行——导游时而前行时而尾随,俨若一只牧羊犬——此情此景形同驱赶羊群。"①

这位作家对"游客"的描述是以一种嘲讽的口吻,但实际上指出了旅游者与导游之间的某种关系。的确,在团队大众旅游这种形式下,无论从游客安全的角度还是从其他因素出发,导游都必须对他所带的团队("小分队")进行有效的控制。

我们通常看到导游一手挥着一面旗帜,一手拿着扩音设备领着他所带的"小分队"在景区里穿梭,时不时停下来给"小分队"讲解。这个时候,导游像舞台上的演员,用他事先准备好的舞台脚本——导游辞饶有兴趣地给旅游者表演,他的表演虽然重复过多次但仍然显得有礼貌性、知识性、生动性、灵活性,旅游者注意到他的语言流畅、声音悦耳、语气多变,他还不时地借助肢体语言来表达情感,尽力施展他语言上的表达技巧,将旅游者带入一种舞台的幻觉状态。然而,导游并非使自己一直处于表演状态,他会用各种方式打断自己的表演,如移步换景、临时休息、告诉旅游者拍照的最佳位置并给他们时间等。

如同舞台设计人员的景区设计人员,和作为演员的导游一样,都在作为观众的旅游者面前极力打造这场演出,他们都注重旅游者体验质量和现场气氛的营造,同时用既定路线和规定参观时间等手段来控制旅游者,即哪些地方是展示给观众的,可以让观众停留多长时间都是有所考虑的。戈夫曼在其著作《日常生活中的自我呈现》中深入研究类似以上的问题——表演过程中的"区域控制"问题,表演者要把那些看过他表演的人、或者看过他的表演与目前表演不一致的人排斥在观众之外,比如"一位女士要对每一位客人都表示特别热情的欢迎或道别——事实上是一种特殊的表演,那么,她必须设法把它安排在与有其他客人在内的房间隔开的外室中进行"②。尤其是作为演员的导游,他总是力图在他的观众面前展示自己所扮演角色最佳的一面,不让旅游者窥见他的短处,并且必须使观众看到他处于一种角色,看不到他的另一种角色。因此,旅游景区的一些游览路线的设计,以及不同的导游在人山人海的景区内组织各自"小分队"的做法,就是表演者对观众进行的"区域控制"。

一般而言,旅游者会积极配合导游的表演,导游出于工作的职责和自己才华的展示去表演,这种情况下两者角色之间能够形成良好的互动关系:一方面,

---

① [美]Dean MacCannell. 旅游者:休闲阶层新论[M]. 张晓萍,等译. 桂林:广西师范大学出版社,2008.
② 欧文·戈夫曼. 日常生活中的自我呈现[M]. 黄爱华,冯钢,译. 杭州:浙江人民出版社,1989.

旅游者会作为观众倾听导游对景区景点的介绍，他们的欢呼、鼓掌成为对导游表演的明确回应与肯定。另一方面，导游则根据观众的眼神、笑声、情绪等反应不断地调整自我的表演，目的就是让观众最大限度地得到欣赏他表演的满足感。当然，旅游者与导游两种角色关系存在着矛盾的情况，在现实中表现为旅游者对导游的服务不满（如缺乏礼貌、热情，讲解空洞乏味，强迫旅游者购物等）导致双方的冲突，两者关系受挫甚至破裂的情况实际上是双方角色扮演的失败。

旅游者在整个旅游演出中扮演重要的角色，除了作为观众观看表演，旅游者在很多场合中是以表演者身份出现的，"表演旅游地"的实现主要通过旅游者参与实现。从这个意义上来讲，导游是表演的组织、实施者，他的作用就像一名导演，引导着旅游者在不同的舞台完成整个表演。

三、旅游者与目的地居民

旅游者"我者"形象和目的地居民"他者"形象作为两种角色，不仅构成"看与被看"的关系，而且形成多元的互动关系和认知框架。一般而言目的地居民在经历了与来自不同国家和地区的旅游者打交道之后，他们会用自己的认知框架去描述不同的旅游者，如西班牙加泰罗尼亚地区卡普洛克镇的村民们对法国、英国、德国、意大利、葡萄牙、荷兰、美国等地旅游者的描述都非常清楚且基本一致，甚至对他们都有自己的看法，形成"所有法国人都爱干涉别人而且不礼貌，所有德国人都小气，所有意大利人都靠不住"[①]等定性的分类。不同目的地居民群体与旅游者构成的关系不同，有敌视关系、浪漫关系或友谊关系，或者被现代旅游产业隔离，甚至两者角色之间出现"边界模糊"等。

第一，旅游者与目的地居民是"看与被看"的关系。一般而言，旅游者对目的地居民所在的"异文化"感兴趣，不管是深度旅游还是走马观花式的游览观光，旅游者"看"目的地居民都是一种独特的凝视，特别是对那些边远、神秘的少数民族族群的寻访中带有猎奇的色彩。如西方旅游者"看"泰国北部的长颈族、中国的纳西族、中国的藏族、印尼的巴厘人，以及广大第三世界国家旅游地的居民等，这些旅游者往往带着东方主义、殖民主义视野，企图看到这些居民最真实生活的表演，事实上目的地居民的"他者"形象，是通过旅游者"我者"的眼光来建构的。然而，"看与被看"不是静止的，目的地居民在"被

---

① 奥里奥尔·P. 森耶. 变化中的旅游和游客观念：以一个加泰罗尼亚疗养小镇为例[M]//瓦伦·L. 史密斯. 东道主与游客：旅游人类学研究. 张晓萍，何昌邑，译. 昆明：云南大学出版社，2002.

看"的同时反观旅游者,形成目的地居民的"看",如一名西方人在阿拉伯文化中可能会引起公众注意。尤其是一些女性旅游者在观看的同时,常常陷入到自我的展示之中,她们成为注视的对象而不是主体,像"巴厘岛海滩上几乎裸体的女游客也成了穿戴整齐的巴厘岛男人们注视的对象"[①],而在土耳其的戈热美(Goreme),妇女藏在家中不见外人,她们一旦见了误入小巷的旅游者,这样的反注视会成为妇女们的一大乐事。旅游业下这种目的地居民中的某些群体把旅游者看成风景,而不是旅游者看他们的情况并不少见。

第二,旅游者与目的地居民两种角色相互影响。目的地居民所处的社会结构在传统上主要是由族群性、社区性的历史等共同建立起来的,为适应旅游业发展的需要,东道主社会必须根据旅游者的需求进行调整以致他们原来的社会文化发生很大的变化。如为了迎合外来旅游者的口味,很多东道主社会改造传统的建筑、节庆,乃至生活方式,甚至出现边远村寨居民学外语的现象。同时,旅游者在体验目的地文化的过程中,自觉或不自觉地受到目的地居民观念、行为、习俗等方面潜移默化的影响,甚至主动接受当地的文化,即从"自我"向"他者"靠拢,就像在桂林阳朔,很多国外旅游者都在那里常住,甚至与当地人结婚,落户当地。在当代社会中,旅游被看成是一种文化的移动,旅游者与目的地居民两种角色相互影响的结果导致文化涵化是显而易见的,有人甚至认为两种角色的相互影响会使旅游者的文化认证变成一种古怪的组合,旅游者变成"既非纯粹的自己,也非纯粹的他者。当其(旅游者)获得优势认证时,他们会膨胀自己的文化身份;而当其获得劣势认证时,他们则会否定自己原有的文化身份。在不知不觉的时空转移中,他们原有的文化身份已经发生了改变"[②]。

第三,旅游者与目的地居民互为表演。麦克内尔(MacCannell)就旅游者和目的地居民之间(他称之为"原始人")的商业交换,称后者为"进行表演的原始人",他认为旅游者探索的本地文化空间不可避免地呈现为表演,目的地居民成为现代性的被动牺牲者。有的学者则用"土著"一词来称目的地居民,并与麦克内尔持不同的观点,认为旅游表演并不一定是被制造的,目的地居民在表演中个人和群体不但得到身份的确认,而且通过如销售旅游服务等获得一些经济上的收益。

出于对旅游真实的追求,旅游者希望看到目的地居民最真实的一面,即目的地居民在旅游者好奇陌生的注视下免费地展示自己,但是在现实中并非完全

---

① [英]贝拉·迪克斯. 被展示的文化:当地"可参观性"的生产[M]. 冯悦,译. 北京:北京大学出版社,2012.

② 郭少棠. 旅行:跨文化想象[M]. 北京:北京大学出版社,2005.

如此，目的地居民主动兜售自己的情况不在少数。如塔克（Tucker）在对土耳其一个游人如织的"穴居人"村庄——戈热美的案例研究中发现，①当地居民在经济上主要依靠旅游收入。一方面，当地企业家向旅游者推销货物、提供导游服务，被一些旅游者看作是"骚扰"。另一方面，当地居民通常热情友好地邀请旅游者到家里，旅游者会发现他们真正的动机是销售地毯和头巾，而且，旅游者拒绝购买或讨价还价被他们看作是贪婪和无礼。

第四，旅游者和目的地居民被隔离。美国学者布斯汀（Boorstin）在20世纪60年代就意识到现代旅游业的虚假本质，旅游产业已经将旅游者隔离在与当地人的互动之外，他写道："旅游者以前周游世界就是为了接触当地人。现在旅行社的作用就是阻止这种接触。他们总是设计有效的新办法，将游客与旅行世界隔离开来。在过去对旅行者的描述中，我们常常会看到一位形象生动的当地旅店老板给予睿智的建议并讲述当地趣闻。这些我们熟悉的人物现在已经过时……今天旅行归来的游客之所以喋喋不休地谈论因为消费而造成的不快，原因之一就是这几乎是他们与当地人直接接触的唯一途径。"②

旅游产业为个体或团队旅游者提供一条龙服务，通过大量的旅游经营商和酒店服务使旅游者远离当地文化空间，旅游者通常过度沉迷于提供旅游享乐的商品服务，在旅游过程中并未能真正参与当地的社会。即使接触到一些被安排表演的当地人，旅游者也没有追求到所谓的"真实"，比如有人研究新西兰毛利文化旅游时指出，③在宾馆餐厅里安排一些"真实的"毛利人表演事实上阻碍了旅游者和毛利人的接触，这些毛利人以同样的标准化打扮和从事同样的活动无疑给旅游者带来错觉。

因此，旅游产业下旅游者"外出"概念、语言障碍等被旅游产业从食宿、交通到娱乐提供的舒适服务所消解，他们在整个旅游产业打造的文化泡沫里消费的仅仅是文化"他者"的景观方面。这意味着旅游者和目的地居民都应该意识到双方接触的意义，如要了解真实的新西兰毛利人，旅游者就必须到毛利人真正的居住环境，从而毛利人可以为旅游者进行真实的自我展示。

第五，旅游者和目的地居民之间的"边界模糊"。当今社会人群在世界范围内的频繁流动成为最具代表性的一种社会现象，像移民、难民、城市打工族

---

① [英]贝拉·迪克斯.被展示的文化：当地"可参观性"的生产[M].冯悦,译.北京：北京大学出版社，2012.

② D.J.Boorstin. The Image: A Guide to Pseudo-Events in America[M]. New York: Harper & Row. 1964.

③ [英]贝拉·迪克斯.被展示的文化：当地"可参观性"的生产[M].冯悦,译.北京：北京大学出版社，2012.

等流动人群与"原住民"之间的一个基本划分就是根据历史上迁移情况来确定的,这些移民或暂时性迁徙人群"从各方面都或多或少地卷入到了相关的旅行活动中,使现代旅游研究中的'游客/东道主'之间出现了边界模糊的现状。这也成为现代旅行文化中具有特殊背景和意义的主题研究"[1]。从狭义的旅游来看,移民的迁徙不属于"旅游",移民的旅行活动虽然不是一般意义上的观光旅游,但是移民在时间和空间上的变化同样有旅游者的一些特征,如他们初到一个地方同样会遇到不同文化差异,他们购买的汽车票、火车票、船票、机票等在交通部门和相关服务行业来看,与一般旅游者没有本质差异,甚至也算入当地的旅游收入之中。

移民在某一地居住下来,在旅游者看来他们是目的地居民,但他们自己感觉也是客人。如塔克(Tucker)在对土耳其戈热美移民村做研究时问当地居民如何看待到村里来的游客,当地民众最常见的回答是:"我们都是相同的人,像游客一样来来去去,他们是我们的客人,而我们也像他们一样。只要他们尊敬我们,我们也尊敬他们。"[2]这种主客"边界模糊"的现象在实际的旅游中并不少见,像回祖籍探亲的寻根旅游就是这种情况。

第三节 旅游活动中的性别角色

对旅游业中性别角色的关注始于女性休闲为主题的研究,在 20 世纪 70 年代的主流休闲研究文献中,除了在论及家庭时提及女性,其他地方很少提到妇女们的旅行经历。1979 年,塔尔博特(Talbot)出版了第一部以女性休闲为主题的研究《女性与休闲》[3],这部作品推动了女性休闲研究(休闲研究的范围比较广,旅游是它的一个研究部分),提出女性并非是与男性不同的异物,而是有着很多不同兴趣的个性群体。西方女性休闲研究的一个重要的特点,是在很多方面运用女权主义理论和框架进行,女权主义源于西方妇女在政治、经济和社会生活各方面的缺席,旨在促进性阶层平等而创立和发起的社会理论与政治运动,女权主义成为应用于社会各阶层面的一个哲学框架。休闲研究对女权主义理论和框架的吸收,表现为将女性与休闲摆在一个重要的位置,如要求休闲

---

[1] 彭兆荣. 旅游人类学[M]. 北京:民族出版社,2004.
[2] 彭兆荣. 旅游人类学[M]. 北京:民族出版社,2004.
[3] Talbot, M. Women and Leisure[M]. London: Sports Council/Social Sciences Research Council, 1979.

研究者少用男性主义至上的语言,强调将每个个体生活归为一个整体来分析休闲,尤其重视女性在旅游中的重要性和挑战性:女性作为旅游者、女性作为旅游从业者以及女性作为旅游产品的组成部分。

男女两性是人类社会必不可少的性别角色扮演者,因而在性别与旅游主题研究中应该对男女两种性别角色都加以关注。男女两性既有生理上自然性别的差异,也有社会性别上的差异,研究旅游活动中男女两性生物特征伴随的社会行为意义,有助于对旅游活动的本质——人的活动的了解,对旅游者的旅游动机、旅游体验、消费心理、景观景点的选择,以及对目的地居民社会结构变迁都有重要意义。1995年,美国女性人类学家斯韦(Swain)指出旅游中的社会性别研究具体的四个方面:①(1)性别旅游者,包括旅游者的工作/休闲情况、旅游者旅游的动机、社会性别之间的关系行为及社会性别之间的关系交易等。(2)性别东道主,东道主社会性别之间不同的权力关系等。(3)性别化的旅游交易,在旅游活动和旅游行为中的社会性别和自然性别之间的关系与交易。(4)性别化的旅游物,在旅游活动和风景中带有性别表示和指喻的事物以及标示物等。

我国对旅游地女性问题研究起步较晚,赵捷的《云南旅游业中民族女性角色分析》一文,是国内最早的关于旅游目的地女性问题的文章,文中主要梳理了国内旅游地女性问题相关的文献,从旅游地女性参与少数民族旅游的发展、旅游地女性角色变迁、少数民族旅游发展对当地女性的影响等方面探讨少数民族旅游与旅游地女性的关系。2012年,吴忠军教授等的《民族旅游与少数民族妇女发展》在这方面研究比较有代表性,该书以性别分析为研究视角,选取八个桂黔湘三省区少数民族聚居区域内的典型旅游村寨为研究对象,通过两性的比较得出旅游参与中的性别差异,揭示女性参与旅游的障碍性因素,最后提出在民族旅游业中促进少数民族妇女进一步发展的对策与建议。

以下主要是探讨男女性别角色在旅游活动中的差异、形象建构以及相互的影响。

一、男女性别角色在旅游活动中的差异

男女性别角色差异客观存在,是长期自然界进化和社会分工的结果,男女性别差异有社会性别(gender)和生物性别(sex)之分,前者是指社会关系、地位、社会因素和社会符号等依附于某一性别的状况,后者是指生理的、生物

---

① 彭兆荣. 旅游人类学[M]. 北京:民族出版社,2004.

的、身体方面等表现出来的特征。性别关系不仅反映社会的行为，同时也受社会行为的影响，旅游活动中男女两性在旅游动机、旅游体验、消费心理与行为、旅游就业等方面呈现的自我表演差异很大。比如男性旅游消费心理一般较为独立、粗犷豁达、坚定、务实、好表现，在行为上体现为自作主张，在旅游团里不喜欢女领队的领导，遇到事情比较冷静，喜欢出风头，喜欢在女性面前表现自己等。女性旅游消费心理一般表现为胆怯、固执、心细、情感丰富，在行为上体现为自觉遵守团队的纪律，办事细致周全，情感丰富容易受到感染等。

一是旅游动机的差异。对男女两性角色在旅游动机上的差异并没有专门的研究，即使在那些关注性别与休闲的研究中，大部分研究都没有把女性看作旅游者。尽管现有的文献很少提及过去的女性旅行家，但是她们和男性一样都是旅行者，有研究者曾经对1851年到1900年之间加拿大妇女在欧洲的旅程和体验进行研究，这些妇女作为精英阶层的成员有足够时间去旅行并写下记录。拉塞尔（Russell，1988）对17世纪以来的女性旅游者进行了探究，找出了大量能够解释这些女性启程去远方的原因：

"为了逃避家庭生活或者日常工作的辛苦；为了从一段破碎的恋情中恢复过来；为了体验危险或刺激；为了证明女人的名字绝对不是弱者……去寻找新鲜有趣的写作素材——或者仅仅就是为了寻找快乐。"[1]

女性由于长期受家庭的束缚，她们比男性更多地希望通过旅行从家庭中独立出来，像日本的女性则越来越喜欢单独或者与女性结伴出行，旅行成为很多女性逃避现实的一种形式。然而，女性的尴尬在于她们受家庭责任、经济压力等方面的制约没有像男性一样有休闲的机会，即便是在休闲的情况下还要肩负起照顾同行的小孩和丈夫的责任。

二是旅游就业的差异。这实际上是东道主社区的性别关系。随着社会的发展和旅游业在世界范围内的发展，许多研究表明旅游就业影响性别角色的发展是显而易见的。虽然旅游业中的女性员工扮演着越来越重要的作用，但是女性在进入劳动市场的情况、获得收入的能力、职业保障、获取资源、社会流动和社会经济等级方面面临限制和阻碍，[2] 因而性别与旅游就业、社会地位之间关系密切。玛格丽特·B.斯温曾经研究过旅游业对巴拿马库拉亚拉的库拉人（土著人，被称为一个与世隔绝的民族群体）的影响，探讨土著旅游业中的性别角

---

[1] Russell, M. The Blessings of a Good Thick Skirt: Women Travellers and Their World[M]. London: Collin, 1988.

[2] [澳]克里斯·库帕. 旅游研究经典评论[M]. 钟林生，谢婷，等译. 天津：南开大学出版社，2006.

色关系，① 她评估该地旅游业发展的一个方法是看旅游业对妇女和男人提供的不同机会，从中我们可以看到男女旅游就业差异的一个侧面。玛格丽特·B.斯温的研究发现，库拉人的性别角色关系建构了当地的旅游形象，库拉妇女制作"摩拉"（Mola，具有当地特色的镶饰织品，是库拉民族身份的高度象征），男性则保持了其政治论坛的地位。旅游业给库拉的男女在就业上都带来了机遇，并且由于对"摩拉"的需求当地女性组建"摩拉"生产企业和旅游商店，女性获得了参与旅游政治的机会，但总体上库拉妇女不像男人一样具有公共组织能力和政治技能。

许多对旅游业的研究表明，女性在旅游业中就业的局限性比男性大，她们需要照顾小孩和从事家务劳动，即使从事旅游工作通常是在传统的女性行业如家务管理、接待部门或者那些季节性、不需要技术、工时长和待遇低的岗位中发挥作用，处于旅游管理者地位的仍占少数。如对我国贵州枪手部落——岜沙民俗旅游景区女性参与旅游研究表明，② 参与旅游的女性人数约占女性总人数的10%，女性旅游参与程度比当地居民平均参与程度低，岜沙男耕女织的社会分工、自给自足的经济结构、以男性为象征的独特传统民族文化等因素依然制约着女性参与旅游业。

此外，由于社会经济等级的差异，同样是女性进入劳动市场的差别也很大，如有研究者对斯里兰卡的妇女研究发现，③ 只有中产阶级的妇女才能够正式管理在册的客房，那些贫穷的妇女只能在岸边或者路边叫卖自己的商品。

二、男女性别角色在旅游活动中的形象建构

旅游人类学研究的关注点之一，就是研究旅游中的社会性别在其中扮演了什么样的角色。如果说现代社会中"父权制"的特性导致男性在整个社会生活中依然处于主导地位，那么，这种男性的主导地位同样存在于旅游产业和旅游活动中。如女权主义者认为旅游无论从实际意义还是社会意识形态方面看都"被性别化"，女性形象被塑造成一种"病理化"形象，所谓"游客的视野"实际上就是"男人的视野"，女性成为男性眼中"物"和"观淫"对象而存在。在现实

---

① 玛格丽特·B.斯温. 土著旅游业中的性别角色：库拉莫拉·库拉亚拉的旅游业和文化[M]//瓦伦·史密斯，张晓萍. 东道主与游客：旅游人类学研究. 昆明：云南大学出版社，2002.
② 卢彦红，徐升艳，吴忠军. 女性参与民族旅游发展的障碍因素分析——以贵州岜沙景区为例[J]. 民族论坛，2008（9）：51-53.
③ Levy, D.E and Lerch, P.B. Tourism as a Factor in Development: Implication for Gender and Work in Barbados[J]. Gender & Society, 1991, 5(1), 67-85.

中,"作为'物'的女性社会性别几乎贯穿在整个旅游产业和旅游活动之中"①,如各种旅游商业广告中的女性、旅游目的地女性形象塑造等比比皆是,这里主要探讨女性角色在旅游活动中的形象建构。

女性角色在旅游商业广告中的形象。旅游目的地的宣传存在着一种建构"天堂形象"的现象,如邓恩研究过酒店里的各种小册子发现,那些介绍旅游目的地的旅游宣传册中的形象用语,最为突出的就是"天堂"(paradise)的字样。旅游地天堂形象的建构,是吸引旅游者的一种商业行为和商业营销策略,同时由于旅游活动的互动性,旅游者参与制造"天堂形象"的神话并被自己参与制造的形象所吸引。在"天堂形象"建构的策略中,女性化形象在其中占有重要的位置,美女(性感、色情等)、少数民族女性等都成为吸引旅游者(尤其是作为猎物的男性旅游者)的诱饵,有人指出"这就是现代旅游是以男性为核心的社会现实和现象"②,她们的形象很大程度上是由男性的眼光来建构的,由于男性的主导地位旅游者的视野很大程度上也是男性的视野。

女性角色在旅游商业广告中的形象较为常见的是性感、色情的美女形象,像"阳光、沙滩和美女(比基尼)"的表达成为国际旅游通用的基本要素,用女性作为旅游目的地形象的描述也比比皆是。如西方旅游界将太平洋岛屿的形象塑造为"一个充满鲜花和美女的天堂"并在旅游消费者中广为传播,一家德国的旅行社则将泰国描述为"泰国是一个充满刺激和无限可能的世界,这个奇异的世界无所不有,尤其是姑娘……",这些广告中的女性形象,实际上是"男性权力话语"叙事,是男性作为审视者的角色欣赏现实生活中难以寻觅的女性,起决定作用的是男性的眼光把他的幻想投射到女性形体上,女性的外貌被编码具有强烈的视觉和色情感染力,吸引着男性企图在旅游世界中将乌托邦的想象变成现实。

此外,带有族群特征的女性形象也常见于旅游商业广告中。这些带有族群特征的女性普遍为非西方国家、落后国家和第三世界国家旅游目的地的女性,她们作为异族女性,颇受西方旅游者带有猎艳、猎奇式的关注,她们频繁出现在电视新闻媒体宣传和报道、旅游商业广告和宣传册中,甚至成为当地旅游形象的代言人。如巴拿马库拉亚拉的库拉人被认为具有旅游吸引力的"社会形象",原因之一就在于旅游宣传和游记中对库拉妇女"强壮、保守、迷人"形象的塑造,库拉妇女和她们制作的"摩拉"成为当地旅游最具特色的代表。在泰国北

---

① 彭兆荣. 旅游人类学. 北京:民族出版社,2004.
② 彭兆荣. 旅游人类学. 北京:民族出版社,2004.

部湄宏顺镇的长颈族(喀伦族,Karen),女人被认为是具有"独特的旅游价值",这些女性经营各种旅游纪念品,完全靠旅游业生存。在中国,少数民族"女性化形象"在旅游业中也非常明显,像"摩梭女""刘三姐""阿诗玛""五朵金花""长发女"等都成为少数民族地区旅游形象的代言人,她们在旅游宣传中被神话化、年轻化和美女化,成为带有特殊符号意义、具有视觉吸引力的象征符号。

女性角色在旅游商业广告中的形象,无论是性感、色情的美女还是带有族群特征的女性,都建构了旅游者(尤其是男性)的乌托邦幻想。同时,由于旅游本身对旅游者来说是一种憧憬,因而旅游商业广告中的女性对旅游者来说具有某种普遍性的乌托邦意义,她们同众所周知的"封面女郎"一样,成为旅游者幻想的视觉世界,面对她们"男性以一种审视者的角色欣赏着现实生活世界难以寻觅的'美女',女性赞叹着这些罕见的完美无缺而又令人羡慕的'美女',老妇在青春少女的魅力中感悟到岁月蹉跎而容颜渐老,而少女们则希望像她们那样展示在他人面前"[①]。

三、男女性别角色在旅游活动中相互的影响

在旅游表演整个舞台中,从旅游商业宣传到参与、管理、就业等各个领域,男女性别(社会性别和生物性别)角色在旅游活动中存在着互动、相互影响的关系,这里讨论通常的男性旅游者与旅游目的地女性、女性旅游者与旅游目的地男性之间关系的两种模式,实际上是男女旅游者与当地人之间的相互影响。

男性旅游者与旅游目的地女性之间关系的模式,通常被描述为"男性主导—女性屈从"模式。在旅游活动中,男性旅游者不仅以"男性的视野"去想象、注视旅游目的地的女性,而且还存在着一种对异族、异国女性的"权力性占有"的欲望与意识,如臭名昭著的日本"性旅游团"在20世纪70年代就扩展到东南亚国家,俄罗斯远东地区的海参崴,乌克兰的赫尔松、敖德萨、克里米亚等地也是性旅游者的天堂。西方发达国家男性旅游者对非西方国家、第三世界国家及落后国家女性存在"性占有"意识和行为明显,这种意识与行为导致很多旅游目的地的色情、卖淫现象的产生,形成旅游社会学关注的发展中国家色情业发展问题,也是男女性别角色在旅游表演舞台上引人注目的展示。

以泰国为例,20世纪90年代就有研究表明随着泰国旅游业的发展,外国旅游者增多,泰国的色情业泛滥成灾,曼谷、清迈、合艾、芭提雅等地都有不少色情场所,泰国妓女和来自缅甸、越南、柬埔寨、俄罗斯等国的妓女使得在

[①] 周宪. 视觉文化的转向[M]. 北京:北京大学出版社,2010.

泰国的性工作者不断增加，出现性传染病和艾滋病在泰国迅速蔓延，引起泰国各界有识之士的关注。[①]在泰国西方男性旅游者和泰国女子结合甚至生出"混血"的现象较为常见（西方人在泰国的"租妻现象"），在普吉岛、芭提雅、曼谷、清迈等地手挽泰国女子的西方旅游者随处可见，西方旅游者在芭提雅则有三租（租房子、租车子、租泰妹）之说。泰国的例子是第三世界的女性为第一世界男性服务的典型，这种形式在旅游目的地国家十分明显，还会继续下去。

女性旅游者与旅游目的地男性之间关系的模式，通常被描述为"女性主导—男性屈从"模式。如果说男性可以用金钱交易的形式获取对女性的性占有，女性也可以用同样的形式获得对男性的性占有。旅游活动中一种值得研究的问题是第三世界男性为第一世界女性的色情服务，即西方女性旅游者到非西方国家、落后国家或第三世界国家旅游，有的会花钱雇一个当地青年（通常是未婚的）做自己的"性伴侣"。

男女性别角色在旅游活动中相互的影响，用以上"男性主导—女性屈从"或"女性主导—男性屈从"模式都不足以解释该问题的复杂性。如有人从男性商人角度讨论巴勒斯坦商人和耶路撒冷女性旅游者之间的性关系，报告说与女性旅游者的性关系是赢得在周围商人中的地位的一种方式，男性商人在经济上的损失使得他们对外国女性的男子汉的驾驭（臆想或真实）到了补偿，[②]这并非是男性主导模式。

---

① 傅云仙. 试论泰国旅游业[J]. 东南亚, 1994（3）：25.
② [澳]克里斯·库珀. 旅游研究经典评论[M]. 钟林生, 谢婷, 等译. 天津：南开大学出版社, 2006.

下篇 实践篇

第五章 旅游表演的基本属性及其运营的基本原则和一般模式

旅游表演的运营是指旅游表演运作和营销,是旅游表演当中至关重要的环节。它包括旅游文化产品从设想创意到产品的生产制作,到最后投入演出产生经济效益,并且能够保持其持续性发展的整个过程。这是旅游表演具体的操作过程。

要想这个操作过程得以顺利地实施,并达到我们所设想的目标,掌握旅游表演运作和营销的基本知识与技能是必须的。要想对旅游表演进行具体地操作,要策划一场旅游表演并能使它顺利地运转,我们首先面临的问题就是:旅游表演究竟是一个什么性质的表演,它的基本属性是什么?我们要遵循的具体原则,即旅游表演运营的基本原则是什么?这是我们所有工作的重点问题,是旅游表演具体操作的前提条件。它规定着旅游表演的内容、操作模式和最终所要达到的目标。我们有必要了解旅游表演的基本属性,运营所遵循基本原则、运营的总过程和某些基本的操作模式,这样,我们在实践中才能有较为清晰的思路。

第一节 旅游表演的基本属性

属性是事物本身所固有的性质和特征。旅游表演不同于一般的表演,它是在旅游场所中所进行的表演,包括旅游过程中所展示的一切活动,因此,它具有自身的属性。概括地说,旅游表演最主要的属性有两个:即商品属性和文化属性,另外,比较值得关注的还有引领属性和被引领的属性。

一、商品属性

商品是满足人们某种需要的用来交换的劳动产品。商品的基本属性是价值和使用价值。价值是凝结在商品中的无差别的人类劳动，是商品的本质属性；使用价值是能够满足人们需要的物品的有用性，是商品的自然属性。不同的商品具有不同的使用价值；同一种商品具有多种自然属性，具有多方面的有用性，因而具有多重的使用价值。

众所周知，旅游是一种产业，产业的主要目标就是盈利，毫无疑义，旅游是一种具有商业性质的行为。旅游表演是旅游产业中一种很重要的产品，和其他产业的产品一样，历经生产、营销，用以销售，从而达到获利的目的。旅游表演在其生产过程中，其创编、排练、表演和营销等都需要付出劳动，它们一旦在旅游场所演出，通过旅游者购买门票或者演出观看票券，实现旅游者的消费，就转化成人类社会的一般劳动，从而实现其价值；此外，旅游表演能够满足旅游者的需要，它具有有用性，因而具有使用价值。旅游表演具有商品的一般特征。实际上，旅游表演就是一种商品，是旅游产业中藉以获取利润的商品。所以，旅游表演具有商品属性。

二、文化属性

文化是一个内涵非常丰富、外延非常宽广的概念，各地域各时期对文化概念的内涵和外延都有不同的阐释。

在中国古代，文化一词具有一个发展过程。起初"文"与"化"相互分离。"文"的本义为各色交错的纹理，以此为基础引申出若干词义，包括：语言文字的各种象征符号、彩画、装饰，文物典籍、礼乐制度，美、善、德行、人为修养等词义。"化"的本义为改易、生成、造化，指事物形态或性质的改变，引申为教行迁善之义。后来，"文"与"化"并用，最早见于战国末年的《易·贲卦·象传》："天文也。文明以止，人文也。观乎天文，以察时变；观乎人文，以化成天下。"西汉以后，"文"与"化"合成一个词，如"圣人之治天下也，先文德而后武力。凡武之兴，为不服也。文化不改，然后加诛"（《说苑·指武》），其中的"文化"，将"人文"与"化成天下"联系起来，就是"以文教化"。因此，"文化"的本义就是"以文教化"，表示对人性情的陶冶、品德的教养以及文明程度的提高。[①]

---

① 间接引用百度百科和维基百科中关于"文化"的条目。

现在"文化"成为众多学科探究、阐发、争鸣的对象。人们从不同的角度和层次对文化的概念做出阐释，众说纷纭。比较有概括性的定义是：文化是人类在社会历史和人类发展过程中所创造的物质财富与精神财富的总和。文化总得可分为物质文化和精神文化两大部分。物质文化是以其物质存在的方式（实体性、触摸性、可视性）而表达出的人类作为，精神文化是以其精神存在的方式（虚构性、摸不着、看不见）而表达的人类作为。[①]

由于所在的族群、时间、地域和行业的不同，文化前面有冠以各种修饰语加以限制，因而形成各种文化的称谓，如民族文化、壮族文化、印第安文化、民间文化、大众文化、中国文化、外国文化、古代文化、现代文化、旅游文化、企业文化、商业文化、音乐文化，等等，林林总总，不可胜数。

旅游表演范围非常之广。从旅游表演运营形势来看，它处处透露着商业的气息，遵循产业运作的规律，在本质上是一种商业文化，也是一种企业文化。从旅游表演包含的内容和表演形式来看，旅游表演还有其他的重要文化属性，涉及自古以来人与自然、人们生活的各个方面，从各种不同的角度体现出它具有的多重文化属性。着重于自然景观，有诸如大山大河、沙漠戈壁、湖泊海洋、草原草滩、高原雪山、平原丘陵、森林湿地之类的自然景观文化。着重于地域，有诸如北方、南方、东方、西方、中原、非洲、亚洲、欧洲之类的地域文化。着重于时间断代，有诸如古代、近代、现代之类各个不同时期的文化，如古代的黄河、尼罗河、两河、印度、罗马、希腊的文化，近代的殖民地文化，现代的社会主义、资本主义文化，后现代通俗文化、休闲文化等。着重于民族或族群，有民族文化和族群文化，诸如印第安、俄罗斯、蒙古族、苗族、侗族、藏族之类的文化。着重于宗教，有诸如道教、佛教、犹太教、基督教、伊斯兰教和其他许多原始图腾、自然崇拜之类的文化。相对官方而言，就有民间文化，它包括民间生活的各种文化现象。总而言之，我们难以尽述。从它的功能上来看，旅游表演是属于现代演艺业的一部分，具有现代演艺业的功能。在现代社会结构中，现代演艺业是现代公民社会的一部分。公民社会在现代社会的基本功能是：对公共权力的社会监督；理性的文化再生产和精神传承；促进社会成员之间的沟通、理解与自律，营造高尚的人类精神家园。新闻传媒、教育、出版、博物馆、演艺业、民间社团等都在不同程度上担负着公民社会的上述功能。所以，旅游表演有履行塑造民族精神、鞭笞社会丑恶、完成文化传承、使人类

[①] 间接引用百度百科和维基百科中关于"文化"的条目。

精神在相互沟通中不断提升的公民社会职能，因而具有公民文化属性。[①]

总之，旅游表演承载着诸多的文化信息，具有文化交流、传播和传承保护的功能，并且能够发挥巨大的作用。旅游表演具有多重的文化属性，其中，商业文化属性、企业文化属性、民间文化属性、民族文化属性和公民文化属性占有重要地位。但是，从文化旅游产业的角度来看，旅游表演的文化属性则更加侧重于其自身所承载的民间文化、民族文化，尤其民间民族艺术文化这方面的属性，及其交流、传播和传承保护的功能。

三、引领属性

一方面，由于旅游表演承载着多重文化内涵，具有多重文化属性，它能够向旅游者展示各种文化，如各种地方的风土人情、各个民族的风俗习惯，语言、文字、工艺、音乐和美术，以及一些生产的作业方式，某些产品的制作流程等，把这些展示给旅游者，从而达到文化的交流和传播。另一方面，旅游表演对民间文化、民族文化，以及地域文化进行精选和重新整合，把那些具有好的思想内涵、高超的技术水平和独特艺术价值的文化整合成旅游文化产品，不仅向外进行文化交流和传播，而且，就其内部而言，旅游表演凝聚了自己的文化成果，发现和挖掘出自己的文化价值，提高了本地人、本民族的文化自觉和文化自信，同时，也向旅游者展示一地、一民族的独特的文化和珍贵的文化价值，培养旅游者的欣赏兴趣，引导旅游者到一地和进入一个民族应该欣赏些什么，怎样去欣赏，从而形成一种时尚。最终，发挥旅游表演的公民文化功能，塑造民族精神，鞭笞社会丑恶、实现文化传承、使人类精神在相互沟通中不断提升，促进社会成员之间的沟通、理解与自律，营造高尚的人类精神家园，履行公民社会职能。因此，旅游表演具有引领市场和时尚的属性。

四、被引领属性

由于旅游表演具有商品属性，隶属于文化产业。产业的运作是受到市场调节的，而市场的调节主要是受制于市场的需求。对于旅游表演来说，其市场需求就是旅游者的欣赏味口。从这个角度看，旅游表演在很大程度上会受制于旅游者的欣赏味口。旅游者的欣赏味口往往很少受到理性的——即文化的支配，大多数是凭感官支配的。实际上，大多数旅游者对旅游产品的文化品味要求并不高，他们到异地旅游，对异地的文化不甚了解，也不一定要去了解。在目前

---

① 谢大京，一丁. 演艺业管理与运作[M]. 上海：上海音乐出版社，2007.

崇尚休闲旅游的时代里,他们中的大多数人讲究休闲,只要能够吃好、玩好,能够有乐,能满足其休闲的目的就可以了,旅游表演不过是给他们提供一乐罢了。旅游者们往往喜欢追求时尚,受现代流行文化的影响较深,偏向于通俗的兴味。旅游表演项目的策划者往往在市场需求理念的影响下,去适应旅游者的这种休闲的需求和追求时尚的味口,藉此策划和组织旅游表演项目,去制作他们认为最具经济效益的产品。由于过于追求市场效益,导致出现模仿媒体的做法,大力依靠名人明星效应,置本地的文化而不顾,抢资源,赶时髦,投机取巧,弄虚作假,弄巧成拙,大肆炒作,打造雷同的"精品",从而使得旅游表演内容贫乏、形式单一、审美趣味粗鄙庸俗。这样,旅游表演实际上就是被市场和时尚牵着鼻子走。因此,旅游表演具有被引领属性。

这些属性是旅游表演的基本属性,其中,商品属性体现其外壳形式,文化属性体现其根本内容,引领属性和被引领属性是矛盾的对立统一,体现出两种可能的倾向。只有充分认识了这些属性,才能真正理解旅游表演是什么,才能建立正确的指导思想,才能进一步去把握旅游表演的基本原则。

第二节 旅游表演运营的基本原则

旅游表演具有商品属性、文化属性、引领和被引领属性,它既是文化的活动,又是商业的活动,还是旅游的活动,一身兼有三重身份。这就决定了,它既不是单纯的文化的活动或商业活动,也不是单一的旅游活动,它把这三者有机地结合在一起,因此,它的运作和营销具有自己的原则。概括地说,它的运营必须同时兼顾文化发展、产业运作和旅游发展的基本原理,其主要的原则有双赢性原则、求异性原则和保护性原则。

一、双赢性原则

旅游表演的双赢性原则是指利润的获取和文化的发展必须协调的产业运作原则,做到既能够获得较大的经济利润,又能够使文化得到合理的发展和保护,做到利润和文化的双赢。

旅游表演是一种文化产业。所谓文化产业,其形态是产业,但是其内容却是文化,这就决定了它的双重性质,既是产业的,又是文化的,因而,它的运作方式必须既遵循产业运作的规律,又遵循文化发展的规律,把二者有机地结合起来。双赢性原则要求做到的是文化和产业的协调发展,在运营的过程中不能够只注重一方面,而忽略了另一方面。要充分认识到文化和盈利之间的有机联系,正确地处理二者之间的关系。要明白支撑文化产业的核心是文化,没有文化就没有文化产业。任何一种文化都不是凭空产生的,文化的发展有一个漫长的过程,它需要时间的积累,具有传承性,是千百代人经过漫长的岁月逐步丰富和完善起来的,因而形成自身的价值体系,也有一定的地域范围和适用的人群。在目前的文化产业当中,存在过于追逐利润,而忽视文化的现象。更有甚者,一些文化产业为了获得高的卖点,迎合一些庸俗的兴味,刻意贬损原生态文化的价值,打着现代文化的幌子,挂着通俗文化的招牌,一味地媚俗化、时尚化、现代化,甚至于粗鄙化、庸俗化。

我们必须防止只重利润、忽视文化的现象,正确处理旅游表演所涉及的产业与文化内容之间的关系,做到二者的相辅相成,这样才能够实现文化和产业的双赢。

二、求异性原则

旅游表演是在旅游场所的表演,它必须遵守旅游的客观规律。现代旅游活动涉及现代生活的众多层面,是多种现象的综合体现,从根本上讲就是旅游者为了追求和实现个人发展的需要而前往异国他乡的一种访问活动。[①]旅游者外出旅游的主要目的之一是要体验异国风情,了解他乡文化,不论是出于何种动机的旅游,也不论是何种类型的旅游者,都不可避免地要接触旅游目的地的社会文化,如民族历史、生活方式、风俗习惯、文学艺术、服装和饮食等,[②] 他们对这些异域情调的文化都有极大的兴趣。

从人类心理学的角度来看,从事旅游活动要有旅游动机。所谓的旅游动机,指的是"直接引发、维持个体的旅游行为并将行为导向旅游目标的心理动力"[③]。人们旅游的动机多种多样,许多学者对旅游动机进行研究,从不同的角度进行概括归纳分类。尽管他们的分类和表述都不尽相同,却都能从中找到共性的特征。日本的田中喜一将动机分成四类,其中有"精神动机",指的是知识的需要、见闻的需要、欢乐的需要;日本的今井省吾将动机分成三类,其中有"充实和发展自我的成就动机",指的是对未来的向往,了解外部未知世界;美国的麦金托什将动机分为四类,其中有"文化因素诱发的动机",包括获得别国知识的愿

---

① 李天元. 旅游学概论[M]. 天津:南开大学出版社,2003.
② 李天元. 旅游学概论[M]. 天津:南开大学出版社,2003.
③ 孙喜林,荣晓华. 旅游心理学[M]. 大连:东北财经大学出版社,2010.

望,如音乐、舞蹈、绘画以及其他的艺术,民俗和宗教等;美国的奥德曼将动机分为八个方面,其中有"好奇的动机",包括对文化、政治、社会风貌和自然景色的观赏或考察,有"寻找乐趣动机",包括游玩、文艺、娱乐、度蜜月和赌博,有精神寄托和宗教信仰的动机,包括朝圣、宗教集会、参观宗教圣地以及欣赏戏剧和音乐;达恩的"推—拉理论"中的拉动型动机,包括两种社会文化动机——新奇和教育;普洛格的旅游动机模型有"激进—温和纬度",认为相对较激进的旅游者喜欢新奇的目的地,并更多地融入当地文化。[1]从中可以看出,他们都把体验异国风情、了解他乡文化作为动机的重要类别和成分。

我们可以再继续深究,究竟是什么原因又促使这样的动机形成呢?"人为什么要旅游?其中一个深层原因就是为了满足人类的好奇心"。所谓好奇心就是"人类和其他一些高等动物在面对新奇、陌生、怪诞或复杂刺激时所产生的一种趋近、探索和操弄,以求明白、理解和掌握的心理倾向状态"[2]。好奇心是引发旅游者进行旅游的一种深层动机。正是这种深层的动机,促使旅游者去寻找、体验,以至于去明白、理解和掌握异于自己本土文化的异文化,因而形成旅游的一个基本的属性——求异性。求异性在旅游中占有很重要的地位,在某种意义上可以讲它占有主导性的地位,没有求异性就没有旅游。

旅游表演就应该坚持这种求异性原则,在内容和形式上都要求给旅游者有一种新奇的、与别的地方不同的感觉。它应该立足于旅游目的地的各种文化,如民族历史、生活方式、风俗习惯、音乐美术、文学、服装和饮食等,对旅游者来说,这些文化是一种从来没有见过的异文化,旅游表演向旅游者展示的正是一地的异文化,而且要打造其最有特色的东西,千万要避免与别的地方相同的内容与形式。不是像现在一些比较流行的理念——人有我有、人有我强一样,去极力跟人家抢资源,在相同的产品上去竞争个你死我活,而是要做到"我有人无",我所表演的东西或因其历史积淀的原因,或因其地理环境的原因,只能在我这里有,而不可能在别的地方有,打造一种独一无二的产品。

三、保护性原则

无论从理论上还是从实践上而论,也不管旅游表演怎样地花样翻新、形式百出,其中大多使用民间文化资源,这是不争的事实。它们要么是民间生产方式的展示,如开山、狩猎、酿酒、织布、蜡染、耕作、造纸、打油、制陶、舂

---

[1] 孙喜林.荣晓华.旅游心理学[M].大连:东北财经大学出版社,2010.
[2] 孙喜林.荣晓华.旅游心理学[M].大连:东北财经大学出版社,2010.

米、拉纤等；要么是民间生活方式和风俗仪式，如西南一些少数民族的以歌择配，各地各民族的丧葬、婚俗、做寿、祭祀祖先、崇拜图腾、湘西的赶尸、民间岁时仪式等；要么是重大的节庆和圩日，如壮族歌圩、苗族斗马节、瑶族跳盘王、佛教盂兰盆会、观音生日等庙会、西北花儿会等；要么是民族的史诗神话，如壮族的刘三姐、彝族的阿诗玛、藏族格萨尔王、蒙古族的嘎达梅林、苗族的古歌、瑶族的千家洞等；要么是一些民间的艺术、体育和武术活动，如侗族大歌和琵琶歌、东北的萨满和秧歌、西南少数民族的抢花炮和抛绣球、北方的剪纸、长江中下游的刺绣、各地的民间绘画（年画、三皮画、农民画）、泥人和面人、中国台湾高山族的歌舞、维吾尔族的十二木卡姆、瑶族的蝴蝶歌、藏族的锅庄、朝鲜族的长鼓舞、京族的独弦琴、蒙古族的长调和马头琴、壮瑶等族的铜鼓舞，以及各地的山歌小调、说唱和戏曲，等等，都是旅游表演丰富多彩的资源，都可以用来构成旅游表演的项目。

　　这些资源都是独特而珍贵的，它们有的是以物质文化的形式呈现出来，但是大多数却是表现为非物质文化遗产的形式。因此，旅游表演在开发和利用这些文化遗产的时候，就要配合保护非物质文化遗产的工作，坚持保护和发展的原则。要正确地处理开发利用和保护发展的关系并非易事。事实证明，非物质文化遗产的保护迫在眉睫，而且难度很大，旅游领域大量地利用民间文化资源，如果处理得好，就会给民间文化一条存活和继续发展的道路，处理得不好，就会促使民间文化更快地消亡。旅游领域在把原生态的民间文化开发成旅游表演项目的时候，总是要对民间文化资源进行肢解、筛选，最后按照某种意图进行整合，在这个过程中，民间文化脱离了原来的文化背景，原生态的功用业已消亡，它们实质上已经转型。在这个过程中往往又易于只重视市场的需求，而忽视文化的内涵和文化价值，从而对民间文化带来较大的破坏。所以，在开发利用的时候，如何做好保护和发展民间文化是一个重要的课题。正确的做法应该是把民间文化的保护和发展作为先决条件，在保护的基础上谈开发和利用，在开发利用中保护。

　　上述原则是旅游表演的基本原则，它们是基于旅游表演的基本属性的。双赢性原则体现的是旅游表演的商品属性和文化属性，是旅游表演的形式外壳和内容的相辅相成，其中的辩证关系为：虽然旅游表演是一种文化产品，是商品，但是，文化属性是占主要方面的，文化属性体现其根本内容，内容决定形式。在此基础上，又产生其保护性原则。保护性原则体现的主要是文化属性，坚持保护物质的和非物质的民间文化遗产，就是保护旅游表演的独特而又丰富多彩的内容。只有有了这些内容，才有旅游表演。求异性原则体现的是引领属性和被引领属性的对立统一,它的最深层的东西是旅游的求异性属性,其根本是驱使旅游者从事旅游活动的动机,了解和体验异文化的好奇心。坚持求异性,就是坚持旅游表演的引领性原则和抵制被引领。坚持求异性,就是坚持把旅游者引领到一地、一民族独特的文化中去,引导旅游者应该欣赏些什么,怎样去体验,培养其兴趣爱好,提高其文化品味,避免被粗鄙庸俗的审美趣味、单纯的市场和时尚牵着鼻子走。最终,达到塑造民族精神、实现文化传承与传播,履行净化人类灵魂、使人类精神不断提升,营造高尚的人类精神家园的公民社会职能。只有坚持了这些原则,旅游表演才能朝着健康的、合理的,并且是可持续性道路上发展。

第三节 旅游表演运营的一般模式[①]

上文我们已经讨论过旅游表演的基本属性和旅游表演运营的基本原则,明确了我们最基本的做法,在此基础上,我们就可以讨论旅游表演如何运营,当然,旅游表演的运营是一件很复杂的事情,在此,我们首先讨论旅游表演运营的操作模式的问题。旅游表演的运营联系很广,涉及政府、产业、经济和文化等诸多方面的各种因素,因此,它的具体的运营方式多种多样,没有什么成规和统一的格式,但是,就一般的情况而言,它大体上有下列几种模式。

一、总体模式

总体模式是指旅游表演项目在总体上一般性的操作模式。

根据旅游表演的基本属性和旅游表演运营的基本原则可知:要建构一个合理的旅游表演项目,文化是内核,民间文化开发与活态保护、旅游产业的良性运作是中心,旅游文化产业只是一个载体,其中,尤其重要的在于民间文化内涵和文化价值。所以,我们首先必须围绕保护民间文化的形态和价值做文章,这是建构旅游表演项目的关键;接着,我们要充分考虑产业的结构形态和运作方式,保持产业这个载体的活态性,即能够良性运作。

这里有几个问题是必须考虑的:一是地域性的问题。为产业选址,把产业

[①] 本节参考陆栋梁. 西部地区民间音乐文化与旅游文化产业双重可持续性发展的操作模式[J]. 旅游纵览,2013(12):325-327.

建在哪一个地方最合适，对于这个问题，除了考虑产业以外，还必须考虑民间文化的生态环境，要与原生态文化的环境紧密联系，最好是能不脱离原生态环境，如果不能做到不脱离，也要做到体现出原生态的环境。二是到旅游的目的，即求异性。注重打造产业的特色，其特色的打造也要围绕原生态民间文化的形态特色和风格特点，同时注重地方特色和民族特色等，由多方面综合决定。三是产业的效益。要能够获得较为长久的利润。

因此，合理的旅游表演项目运营在总体上的操作模式，就是以文化为核心，把文化性、地域性、特色性和长效性这四个大项结合在一起，做综合考虑，打造文化内涵丰富、特色鲜明的长效产品。这种操作模式称为一般模式，其结构情况如下：

总体模式：|文化性（核心）|+|地域性|+|特色性|+|长效性|

它体现了旅游表演的基本属性和旅游表演运营的基本原则，是最根本的思路，是最一般的表达式，具有高度的概括性和抽象性。总体模式体现的是总的做法。

二、实际上的操作模式

实际上的操作模式是指在旅游表演项目运营过程中，所形成的各种实在的操作模式。

在实际的旅游表演项目运营中，总体模式结合各种具体的因素会产生各种实际的结构形式，形成各种类型，在此，我们把它们统称为实际上的操作模式，这些模式体现为具体的做法。实际上的操作模式的结构形式是丰富多样的，在此，我们参考目前一些分类的习惯，根据投资者、举办者和产业的外部结构形态进行分类命名，将其主要的形式概括为如下的具体模式。

（一）政府主导式

政府主导式是指在政府的操控之下，由政府资助，其他各种因素相配合的操作模式。

从目前旅游表演的实际情况来看，这种模式往往表现为政府资助，主打某一文化品牌。其举办者是政府部门，由政府拨款或者采用其他的形式进行资助，政府部门组织专家团队进行调研、分析论证，挖掘某民间文化事项的文化价值、代表性的风格特色，理清其与民族、地理环境的关系等，预计可能的经济效益，然后决定表演和产业的地址，再组建具体的表演项目，策划出具体的表演程序、表演形式，以及与之相互配套的其他旅游项目、旅游产品和旅游环境设施等，把其打造成代表一个地域或一个民族的旅游文化品牌。由政府部门对旅游表演项目进行管理，管理的措施可以是多样化的，根据具体的情况而定。各级政府都可以根据本地的实际情况，打造这种民间文化旅游表演的主打品牌，政府部门可以分级管理，也可以联合管理。此种模式基本上隶属于行政部门管理，受行政措施和行政管理的影响较大。

（二）企业支撑式

企业支撑式是指在企业的支撑下，由企业资助，其他各种因素相配合的操作模式。

从目前旅游表演的实际情况来看，这种模式往往表现为企业投资、商业运作的形式。其发起者可以是政府，也可以是某个经济实体或者其他的团体，他们看中某地的某一民间文化事项，组织专家团队进行调研、分析论证，发现其文化价值、代表性的风格特色，预计可能的经济效益，确认其开发价值，决定产业的地址后，进行招标，引商投资，决定承办者，然后再由承办者召集人马，组建旅游表演项目，策划出具体的表演程序、表演形式，以及与之相互配套的其他旅游项目、旅游产品和旅游环境设施等，以商业化运作的形式组建文化产业。这种模式受行政的控制较少，完全按照市场运作的形式进行管理，受市场规律和经济规律的影响较大，风险很大，人才的流动频繁，追逐利润的机制作用力很强，对文化价值不是很注重。

在这种模式中，有由一家大企业投资的，也有由几家企业联合投资的，投资者对企业的管理拥有最高的权力，掌握着整个产业的命脉。若他们只关注获利，而不关注文化，这样主导下的旅游表演项目，最终会变异和转型，或因其失却文化价值而难以维持下去。因此，要谨防这一负面影响。

（三）民营集资式

民营集资式是指由民间集资资助，其他各种因素相配合的操作模式。

从目前旅游表演的实际情况来看，这种模式承担者为当地老百姓，往往表现为民间百姓集资和乡镇企业的形式。某村某寨在原生态文化的某一种类型上具有很悠久的传统，具有很高超的技艺代代传承下来，具有很深厚的文化内涵和文化背景，已经成为一个地方的一大特色，具有很高的文化价值，村民们认识到了这一点，他们聘请了一些专家学者进行了充分地分析论证，觉得很有开发价值，于是集资组建旅游表演项目。这种模式受行政和商业机制的影响相对来讲都比较薄弱，受专家观点的影响也不是很深，所以，它的内容和环境、项目的结构形式，表演程序和操作形态，风格特征等，都是较为原生态的。其运作方式具有半商业化和半行政化的性质，由村民自己组织一个专门的组织，根据居民们的统一意见实行管理。像西部地区一些少数民族村寨的民族文化村、民俗文化村等，大多都有这样的产业项目。

（四）政企共建式

政企共建式是指由政府和企业联合资助，其他各种因素相配合的操作模式。

这种模式由政府与企业出资联合举办，以行政与商业两种手段兼顾的形式运作。其发起者可以是政府，也可以是某个企业，它们联合一起组织专家团队对某一地域的原生态民间文化实地考察，研究其文化底蕴和价值、地域特色和民族风格等，确认其开发价值，选择产业的地址，然后多半由企业充当承办者，也可以通过招标选择承办者，由承办者具体负责旅游表演项目体系的组建，具体表演程序，表演形式的策划，以及相关的其他项目和设施的建设等，政府和企业双方都可以派人参与管理，政府部门的行政手段可以直接对产业起作用，同时产业也接受市场规律的影响。

（五）校企结合式

校企结合式是指由学校和企业联合资助，其他各种因素相配合的操作模式。

这种模式由学校与企业联合举办，以产业与教学相结合的形式进行运作，往往体现为产学研相结合的形态。其发起者可以是企业，也可以是学校，一般由学校组织人力，也可以特邀部分专家组成团队，对某一地域的原生态民间文化进行实地考察，研究其文化底蕴和价值、地域特色和民族风格等，确认其开发价值，选择产业的地址，然后多半由企业充当承办者，也可以通过招标选择承办者，由学校与承办者具体负责民间文化项目的组织、具体表演程序、表演形式的策划，以及相关的其他项目和设施的建设等，学校和企业双方都可以派人参与管理，学校的教育对产业的影响很大，产业往往是学校的实验场所，成为学校的教学课堂和实习基地。教师和学生都可以直接参加项目的策划和表演，同时充当管理者。

（六）校企政综合式

校企结合式是指由学校、企业和政府联合资助，其他各种因素相配合的操作模式。

这种模式表现为由政府、企业与学校联合举办，以产学研相结合的形式运作。其发起者可以是政府、企业，也可以是学校，一般在政府的调控下由三方面组织人力（其中学校和研究所是专家学者集中之地，所以学校是中坚力量）组成团队，对某一地域的原生态民间文化进行田野调查，进行较为全面的分析论证，找出最具代表性的、最有特色的民间文化的形式，挖掘其文化价值，确认其开发价值，预计其经济效益，选择产业的地址，然后多半由企业充当承办者，由学校与承办者具体负责旅游表演项目的组建、具体表演程序、表演形式的策划，以及相关的其他项目和设施的组建等，政府、企业和学校三方都派人参与管理，产业可以得到行政强有力的支持，学校的教育和研究所的科研对产业的影响很大，产业成为学校的教学课堂和实训基地。教师和学生都可以直接参与项目的策划、表演和操作的管理。

第六章　旅游表演项目的创意与策划[①]

旅游表演的运营包括运作和营销两个大的方面。其中，从无到有，从创意策划到产品的制作生产，再到产品的推销和信息反馈后的调整提升，都需要经过许多的环节，不同的环节具有不同的任务，它们合起来构成旅游表演运作和营销的整个过程。在此，我们称其为旅游表演运营的总体过程。尽管旅游表演的具体形式多种多样，呈现出来的各环节各有偏向，但是，就一般情况而论，它有一个大致统一的过程，其中具体的环节也有一定的统一性，因而具有一般的规律。我们必须把握这个一般规律，用以指导我们的实际工作。

从现实的一般表演和旅游表演的实际情况进行归纳，旅游表演运营的总体过程包含有如下必须的工作环节：创意与早期筹备、创建运营组织、项目策划、组建表演团队、项目生产、项目营销、投入表演、售后跟踪、调整提升等。

在这一章，我们先分析旅游表演运营总体过程的前一段，即旅游表演的创意与策划，包括旅游表演的创意与早期筹备、创建运营组织和项目策划三个部分。

第一节　项目的创意与早期筹备

项目的创意与早期筹备是旅游表演项目最早的准备环节。在这个环节中，一切都是一个初步的意向，有待在后面的工作中逐步地丰富、提升而加以完善。这个环节要完成的事情主要有以下几个方面。

[①] 本章没有注明出处的某些数据，来自实地调查和百度网站。

一、提出最初创意

任何的旅游表演在最初的时候都是由某人先提出一个设想，也就是说提出要创建一个什么样的旅游表演项目的大致意向，对其表演形式和表演内容有一个初步打算，对其选址定位有一个初步的概念，这就是最初的创意。最初的创意一定要有新意，要在前人的基础上有所超越，具有较高的文化价值，要从旅游表演的文化属性和商品属性双重角度去考虑。

二、组建筹备小组

有了创意以后，一般情况下把它写成一个案头材料，经有关的政府部门、文化部门、旅游部门、当地的村民委员会和村民等相关的组织机构和人员协商、审批、认可后，组建一个筹备小组。这个小组一般为三五个人，往往会涉及好几个部门，或由几个部门委派人员组合而成。实际的情况是，组建筹备小组往往是一个比较松散的组织，具体负责这个旅游表演项目的筹备工作。

三、市场需求调查

任何产品的设计和生产都要考虑它的市场需求情况，都要对市场进行调查，按照市场需求情况来设计产品、生产产品，否则产品无法销售，产业就难以运作。旅游表演是一种文化产业，它的表演项目就是一种产品，所以，在进行产品设计和生产之前，要进行市场需求的调查，要研究旅游表演项目的受众群以及可卖点的情况，以确定其市场定位的方向。具体地讲就是：要研究旅游者的构成、旅游者的欣赏趣味和参与的欲望；研究所设计的旅游表演项目具体针对哪一些群体，哪些群体对其有需求，需求的程度如何，另外，对哪一些群体具有引领作用，其引领的程度又如何；研究你所设计的旅游表演项目的经济效益和前景如何。这些数据非常重要，是其他筹备工作的基础。只有前景美好，才能招商引资，征得政府部门和当地村民的支持。

四、筹集资金

在商业社会，任何事情的启动都需要资金，旅游表演的启动更是如此，所以，筹集资金是筹备工作中的重要事项。一旦一个有很好前景的旅游表演创意形成，在争取各方面支持的工作当中，就包括有资金上的支持。资金的筹措无疑是多方面的，可以是政府的拨款、政策允许的贷款；可以是赞助形式的，即拉赞助；也可以是当地居民集资的形式；更多的形式是利用招商引资、竞标，实行股份制的形式,从国内大企业甚至国外引进资金。

创意筹备阶段所有的工作,都是为建立正式的组织和正式的运营做准备的,一旦时机成熟就要组建正式的组织形式,把工作纳入正式运作的轨道。

第二节　创建运营组织

当筹备工作进行到一定程度的时候,也就是说已经看准了市场的需求,已经征得了政府、科研单位、当地村民等有关部门和人士的支持,并且也有一定的资金到位的时候,就可以进入正式运营。正式运营开始的一个重要的标志,就是组建一个正式的运营组织。要组建一个较好的运营组织,起码要解决好运营组织的形式、运营组织的功能部门、艺术总监和事务经理等方面的问题。

一、运营组织的形式

正式的运营组织冠以何种衔头和以何种形式组建,都无关紧要。根据目前旅游表演的实际情况,运营组织绝大多采用由几个团体联合组建演出有限公司和集团的形式,它们根据所提供资金的多少而采用股份制的形式,但也有由一两个剧院或艺术团体承担的形式,还有由博物馆、茶馆和饭店承担的形式。

2010年文化部、国家旅游局联合评选出《国家文化旅游重点项目名录——旅游演出类》第一批名录,其中有《西湖之夜》《印象·刘三姐》《宋城千古情》《禅宗少林·音乐大典》《魅力湘西》等35项文化旅游项目[①],如下表所示。

国家文化旅游重点项目名录——旅游演出类[②]

编号	项目名称	项目主体
1	京剧演出集萃	北京首都旅游国际酒店有限公司
2	功夫传奇	北京天创寰宇功夫剧院有限公司
3	圣水观音	北京天龙源温泉旅游发展有限公司
4	飞翔	北京朝阳剧场、四川德阳杂技团
5	相声、戏曲集萃	天津名流茶馆
6	时空之旅	上海时空之旅文化发展有限公司

---

① 杨卫武,徐薛艳,刘娜.旅游演艺的理论与实践[M].北京:中国旅游出版社,2013.
② 杨卫武,徐薛艳,刘娜.旅游演艺的理论与实践[M].北京:中国旅游出版社,2013.

第六章 旅游表演项目的创意与策划　127

续表

编号	项目名称	项目主体
7	吴桥杂技大世界园区演出	河北吴桥杂技大世界旅游有限公司
8	升堂系列剧	山西省平遥县衙博物馆
9	东北二人转	辽宁民间艺术团有限公司
10	冰上杂技	黑龙江冰尚杂技舞蹈演艺制作有限公司
11	灵山吉祥颂	江苏无锡灵山实业有限公司
12	扬州杖头木偶表演	江苏扬州市木偶剧团
13	宋城千古情	浙江杭州宋城旅游发展股份有限公司
14	西湖之夜	浙江杭州金海岸文化发展股份有限公司
15	徽韵	安徽黄山茶博园投资有限公司
16	孔子	山东济宁市曲阜孔子文化艺术团
17	禅宗少林·音乐大典	河南郑州市天人文化旅游有限公司
18	魅力湘西	湖南张家界魅力湘西旅游开发有限公司
19	天门狐仙·新刘海砍樵	湖南张家界天元山水旅游文化有限公司
20	梦幻之夜	湖南红太阳演艺集团
21	魔幻传奇	广东长隆国际马戏大剧院
22	天禅	广东深圳东部华侨城有限公司
23	天地浪漫	广东深圳世界之窗有限公司
24	印象·刘三姐	广西桂林广维文华旅游文化产业有限公司
25	梦幻漓江	广西桂林梦幻漓江演艺传播有限公司
26	蜀风雅韵	四川成都蜀风雅韵文化旅游发展有限公司
27	藏谜	四川九寨沟县容中尔甲文化传播有限公司
28	多彩贵州风	贵州多彩贵州文化艺术有限公司
29	云南映象	云南杨丽萍艺术发展有限公司
30	丽水金沙	云南丽江丽水金沙演艺有限公司
31	印象·丽江	云南丽江玉龙雪山印象旅游文化产业有限公司
32	幸福在路上	西藏珠穆朗玛文化传媒有限公司
33	长恨歌	陕西华清池旅游有限公司
34	天域天堂	青海西宁市歌舞团
35	月上贺兰	宁夏银川艺术剧院

上述35个表演项目，有26个项目的运营组织是冠以公司衔头的，从中我们可以看出有限公司这样的组织形式占绝对的优势。这些有限公司可以由几个

公司或艺术团体联合组建，可以由政府部门与几个公司或艺术团体联合组建，可以由某个较大型的企业集团组建，可以由民营集资，也可以由民营集资与某些公司或艺术团体联合组建，等等，具有多种形式。

由几个公司或艺术团体联合组建的有限公司，如广西桂林《印象·刘三姐》的项目主体——广维文华旅游文化产业有限公司是由广维集团和文华公司联合组建的。广维集团是河池地区的一家化工化纤企业，全称是广西维尼纶集团有限责任公司，文华公司是梅帅元注册的广西文化艺术责任有限公司。上海《时空之旅》的项目主体——上海时空之旅文化发展有限公司是由中国对外文化集团公司、上海文广新闻传媒集团、上海杂技团和上海马戏城联合组建的。中国对外文化集团公司是中国境内最大的国际演出运营商，也是全球最大的中国演出供应商；上海文广新闻传媒集团是中国最大的媒体集团之一，它集电视、广播、网络于一体，拥有多方、多样的传播渠道；上海杂技团（连同上海马戏城）具有演员和演出剧场资源，它们三方各自投资 1000 万元成立独立项目公司——上海时空之旅文化发展有限公司。①

由政府部门与几个公司或艺术团体联合组建的有限公司，如杭州《印象·西湖》的项目主体——印象西湖文化发展有限公司由杭州市委市政府、浙江广播电视集团及浙江凯恩集团共同组建。杭州《西湖之夜》的项目主体——浙江杭州金海岸文化发展股份有限公司，由杭州市委市政府、旅委与文广集团等企业联合组建。

由某个较大型的企业集团组建的有限公司，如湖南《梦幻之夜》的项目主体——湖南红太阳演艺集团，其前身为湖南红太阳娱乐有限公司，成立于 1999 年 10 月，是一家拥有娱乐管理公司、文化传播公司、大剧场、演艺中心、酒店、KTV 酒吧、高档娱乐会所等多家企业的大型文化集团。它以"传承经典、引领时尚、弘扬民族文化"为己任，造就了"365 天，天天演出，天天爆满"的"田汉现象"，打造了"红太阳"和"田汉"两大娱乐品牌。大型原生态歌舞《藏谜》的演出地点九寨沟藏谜大剧院，是由九寨沟县容中尔甲文化传播有限公司投资建设。

由民营集资或民营集资与某些公司、艺术团体联合组建的有限公司，如云南《丽水金沙》的项目主体——云南丽江丽水金沙演艺有限公司，是由 31 名前丽江市歌舞团演员转制后成为股东，与丽水金沙演艺公司共同组建民族演艺公司。

---

① 杨卫武，徐薛艳，刘娜. 旅游演艺的理论与实践[M]. 北京：中国旅游出版社，2013.

二、运营组织的功能部门

为了旅游表演运营的成功开展，确保各项事务的顺利进行，我们必须建立一些必要的组织机构。我们必须明白旅游表演运营组织机构的功能，并在此基础上建立一些必要的下属功能部门。概括地说，各种形式的运营组织，主要应该具有下列功能部门的功能：创意策划部、表演部、舞台场地部、服装化妆部、外联部、营销部、培训部、财务部，等等。

（一）创意策划部

创意策划部主要负责旅游表演项目的创意和策划，其成员主要是编导和设计人员。

创意和策划总是紧紧地连在一起的，可以讲策划包括创意，创意是策划的第一步。一个具体的旅游表演项目从无到有，从仅有一个动机、一点意向，到最后形成具体的产品，到如何投入市场，再到如何根据市场反馈的信息做提升调整，这些工作都是要由创意策划部来完成。创意策划包括有多个时段、多个层次上的创意策划。

它的工作大致有三大块：一是整体创意。这是整个项目的创意，是最初的创意。这个工作在筹备之前就已经开始了，是先有这个创意才开始筹备的，这是创建一个旅游表演项目最早的工作。二是旅游表演具体演出过程的创意，包括演出内容、演出形式、演出过程的创意和策划（表现为剧本的编创，演出程序和方案的设计等），同时还有服装、道具、舞台布景和灯光设计上的创意和策划。三是营销上各项工作的创意和策划，主要是广告的创意和策划。

（二）表演部

表演部主要负责旅游表演项目的表演工作，其成员主要是导演（包括编创者）和演员。

表演工作主要有两大块的内容：排练和演出。这是旅游表演的核心工作，所有策划好的方案（剧本、演出程序和方案等）都要通过演员的表演最终才能得以实现。表演部主要是把表演项目排练好，然后，准时按质按量地在各表演场所中完成各项演出任务。其中，排练是准备工作，正式演出是目的。

（三）舞台场地部

舞台场地部主要负责舞台或场地的管理工作，舞台场地部的成员主要是舞台场地设计师、灯光师、音响师、舞台场地监督和其他工作人员、舞台总监，其工作内容包括舞美、灯光、道具、音响以及舞台的总调度等。

旅游表演有一些是在舞台上表演，需要舞台；有一些则是在其他的场地进行表演，不需要舞台。不管是哪一种情况的表演，表演场所的工作都是很重要的一部分，要根据其具体情况安排好，方能进行表演。舞台场地设计师主要负责舞台和演出场所的美术设计、布景的安排、道具的制作。灯光师负责灯光效果的设计和操控。音响师负责音响效果的设计和操控。舞台场地监督和其他的工作人员负责演员上下场、出入场的安排与督促，道具的进入和撤出的安排与督促。舞台总监负责整个舞台和场地的全盘工作，各工作人员到位情况和工作情况的监控与调控，包括舞台前后和各个场地中临时出现问题的协调等，做总的调度。

（四）服装化妆部

服装化妆部主要负责服装和化妆工作，其成员主要是服装设计师和化妆师。

服装设计师的主要工作任务就是按照编导和导演的意图，根据所表演的内容的需要，设计制作服装，并负责检查督促演员保证服装到位和检查服装的稳固性，并预防可能出现的问题，做好临时的补救工作，特别是安排好抢装。化妆师主要的工作任务是设计化妆的类型，准备好化妆的材料，并帮助和督促演员化妆，也要预计可能出现的问题，做好临时的补妆等工作。

（五）外联部

外联部主要负责旅游表演运营组织与外部联系的工作。

外联部工作人员的政策水平和交际能力较强，其主要的工作任务是负责协调处理旅游表演运营组织与各级政府、当地居民和各赞助企业与组织的各种关系，联系各种外部事务，如拉赞助，争取各种贷款和资金，处理与银行的业务，同各级政府商谈各种事宜、签署各种合同和文书，协调和处理与旅游表演所在地村民的各种矛盾与事务。

（六）营销部

营销部主要负责旅游表演项目的宣传和营销工作，其成员主要是广告和海报设计师与营销员。

广告和海报设计师负责海报和广告的设计，他们在总体创意下，根据旅游表演项目的具体内容，文化价值和市场需求情况，以及所面向的受众群体，具体设计出各种宣传广告和海报。营销员则负责开辟各种营销渠道，把广告和海报送到市面上，把具体的旅游表演项目的有关资讯送到公众当中，使他们能够成为真正的消费者。

（七）培训部

培训部主要负责各种培训工作。

旅游表演的培训活动包括演员的培训，舞台、音响和其他技术性工作人员的技术培训，广告和海报设计师、营销人员和管理人员的业务培训，等等。培训部要根据旅游表演项目的需要，或者根据公司的具体情况统筹安排，有针对性地制订各种培训计划，安排各种培训活动，其中，包括自己建立各种培训机构以及与外单位的培训机构建立各种合作伙伴关系等。

（八）财务部

财务部主要负责各种财产财务管理工作，具体来说，就是各种财产的登记，收入和支出的预算与结算，账目的管理，以及职工工资和福利待遇的发放等。

一般来说，只有具备了上述功能部门的功能，一项旅游表演项目才能够正常地进行运作和营销。必须指出的一点是，上述所谓的功能部门，并不是严密划分而互不干涉的，事实上它们之间相互联系，在有些情况下很难分割。有些人员兼有几种才能，常常可以担负多种职责。这里只是从理论上明确各部门及其功能，在实际的运营中，各部门间是一种很默契的合作关系。一个旅游表演运营组织并非一定要建立所有上述的功能部门，实际的情况是非常多样化的。一般情况下，只有大型的专门的旅游表演组织（一般为大型的有限公司和集团）才能建立完全的功能部门；小型的旅游表演组织由于人员较少，往往一个部门发挥多种功能；有些旅游表演只是一个大的旅游景点的一个子项目，它的主要功能就在于表演，其他的功能就附着于整个景点的相应的功能上，这也是常见的现象，这一切要视具体的情况而定。但是，不管采用怎样的形式，对于一个旅游表演项目来讲，上述功能部门的功能是不能够缺少的，缺少某一种功能，就难以运营。

三、艺术总监和事务经理

组建旅游表演运营组织，尤其重要的是要确立两位重要的领导人物：艺术总监和事务经理，这是确保运营组织正常运转的关键。

在旅游表演运营组织中，应该把日常事务的组织管理工作和旅游表演的组织管理工作分开，分别由两位领导人物进行管理，这样才能做到互不干涉、不扯皮，从而提高工作效率。这两位重要的领导人物就是艺术总监和事务经理。

（一）艺术总监

所谓艺术总监，对内而言是旅游表演艺术生产的设计者和领导者，对外而言却代表旅游表演运营组织的形象和声誉。艺术总监必须是艺术领域中的领军人物，是艺术表演领域中的权威。他必须具有广博的知识素养，对旅游产业和文化艺术两个领域的历史、发展过程有较为透彻的理解，对今后的发展趋势有较为准确的预见，能够把握较为前沿性的知识。他必须具有关于非物质文化遗产的系统的知识，有认识文化遗产价值的头脑和眼光，能够正确地处理旅游文化产业与文化遗产开发利用、保护和发展的关系。他必须熟悉市场，具有较为丰富的实践经验，能够驾驭整个旅游表演项目，从创意策划，到制作生产，再到营销和售后提升等整个过程都能够熟练掌握和调控。

艺术总监有如下主要职责：出席旅游表演运营组织董事会，对重大决策提出建议和意见；参与旅游表演项目的创意和策划，决定旅游表演项目的具体内容和演出程序；接受董事会的委托制订旅游表演各个项目的工作计划并执行这个计划，主持排练和演出活动；有对表演团队人员包括编创人员、演员的选用辞退的决定权，并对他们进行业务考核；有根据市场反馈的信息对旅游表演项目进行修改、调整和提升的决定权；有对旅游表演项目的艺术水平和质量进行全面把关的责任。

在目前实际的旅游运营组织中，艺术总监这一领导角色被冠以各种名目出现，有冠以总监的，也有冠以总导演、领衔导演、总策划、制作人等，最早，艺术总监这一领导角色往往由一人担任，如大型原生态歌舞集《云南映象》，由舞蹈艺术家杨丽萍担任艺术总监和总编导。现今，由于旅游表演项目越来越庞大，涉及的范围越来越广，事务越来越复杂，由名人、专家分工协作组成集团来共同担任艺术总监成为一种趋势，例如，《印象·刘三姐》由王潮歌、张艺谋、樊跃担任总导演，中国实景演出创始人山水文化机构董事长梅帅元担任总策划、制作人；《禅宗少林·音乐大典》由谭盾担任艺术总监和音乐原创，梅帅元担任制作，黄豆豆担任编导；《魅力湘西》由《湘西文化大辞典》执行主编张建永担任总策划，王原平担任艺术及音乐总监。

（二）事务经理

所谓事务经理，就是总揽行政和经营事务的总负责人，对内而言，他对表演运营组织董事会做全面的负责，完成董事会交付的行政与经营任务；对外而言，他代表旅游表演运营组织的首席负责人，也就是行政总监，相当于以前艺术团体的团长。事务经理必须具有同艺术总监一样的业务素质，即必须具有广博的知识素养，熟悉艺术规律和旅游发展的规律，并把握其发展趋势，有深厚的社会学知识，具有保护文化遗产价值的理性思维，能够正确地处理旅游文化产业与文化遗产开发利用、保护和发展的关系。此外，事务经理必须具备较高的政策和法规水平及熟练的行政管理能力，通晓市场运作的规律，具有市场运作的实践经验和较高的市场营销水平。

事务经理有如下主要职责：出席旅游表演运营组织董事会，对重大决策提出建议和意见；向旅游表演运营组织董事会提出运营计划和财务预算；根据董事会的决议，具体组织落实、实施旅游表演运营组织事业的发展计划，实现总体目标；代表旅游表演运营组织与政府部门，所在地村民组织，其他企业、经纪公司等合作伙伴，银行等部门进行业务谈判，处理各种纠纷，签署相关的商业合同和文书；负责内部行政管理，包括人事、财务和内部办公系统的正常运作；负责市场营销工作，包括市场调查、市场定位、广告的设计、营销渠道的创立，采用有效的营销手段完成旅游表演项目的推广和销售等目标，同时收集市场的反馈信息；为旅游表演提供后勤的支持；参与融资筹款；向社会发布消息，等等。[1]

在目前实际的旅游运营组织中，事务经理这一领导角色常常是公司的总经理或副总经理、剧院的经理、剧团的团长等，如桂林广维文华公司总经理杨世贤、常务副总经理申国强，丽水金沙演艺有限公司总经理周志强等都担任事务经理。

我们只有对运营组织的形式、运营组织的功能部门、艺术总监和事务经理等方面的问题有了明确的认识，根据实际情况，对具体的问题做具体的分析，特别是选择好艺术总监和事务经理，才能建立起一个较为良性运作的运营组织。

第三节 项目的策划

一个旅游表演项目的策划与创意是紧密地联系在一起的，可以讲，在创意的时候就已经包括了策划了，项目的策划也并非要等到一个创意策划部建立起来才能开始，其实，它在筹备阶段也已经开始孕育了，但是，一般来讲，正式的策划应该是在总体上有一个明确的创意、一个策划小组以后，才能开始。表演项目策划是在总体创意之下对一个旅游表演项目具体设计的过程。这个具体的设计一般包括项目的主题和内容、表演类型、表演流程、表演场地、服装道具等的设计。

一、主题和内容的策划

主题内容的策划包含有两个方面的含义：一是主题的策划，二是内容的

---

[1] 谢大京，一丁. 演艺业管理与运作[M]. 上海：上海音乐出版社，2007.

策划。

（一）主题的策划

主题策划，就是决定一个旅游表演项目的主题。

主题是旅游表演产品的基调，是产品的核心。主题将旅游表演项目的各个环节恰到好处地连接起来，构成一个鲜活的整体。旅游者会通过产品的外在形象及活动感受到其特定的主题。主题大多数受创意的控制，它们是创意的表现形式，一般来讲有什么样的创意就有什么样的主题。因此主题的策划就是在创意之下，具体地为某一个旅游表演项目决定一个基调和核心。一场旅游表演项目要向旅游者展示些什么，达到一个什么样的效果，都不能脱离这个基调和核心。

如：《四季周庄》以"水韵周庄""四季周庄""民俗周庄"为主题；《禅宗少林·音乐大典》以禅宗理念引领少林功夫为主题；《印象·刘三姐》以"天人合一"为主题；《印象西湖》以"水"体现西湖文化的精髓与韵味为主题；《西湖之夜》以"一生必看一座湖，湖畔必看一场戏。真正的旅行不仅是地理景观的出巡，还有人文风貌的探寻"为主题；《幸福在路上》凝聚在"幸福"之上，表达"和谐就是幸福"的主题；《月上贺兰》不断强化凸显关于"文化交融、民族团结、和平发展"的时代主题；《天禅》则以"茶禅"为主题，等等。

（二）内容的策划

内容策划，就是决定一个旅游表演项目的具体内容。

内容是受制于主题的，主题决定具体内容。所以，在决定一个旅游表演的具体项目时，首先是研究其主题，围绕主题去选用资源，组织材料，决定是否创作或者是将哪些现有的资源进行整合，从而确定该项目要向旅游者展示的具体内容。

以下是全国部分旅游表演项目内容要览。[①]

《云南映象》将诸多云南原生态歌舞进行了整合重构。它集中了各种鼓舞，一面巨鼓引领62面鼓轰然擂响，把人们带进云南鼓的传说和图腾崇拜，其中有西双版纳州基诺族的太阳鼓舞、建水县哈尼族的芒鼓舞、沧源佤族的铜芒舞、德宏州景颇族的象脚鼓舞、绿春县牛孔乡彝族的神鼓舞、西双版纳州哈尼族爱尼支系的铜镲舞等；还集中其他的歌舞和民俗活动，包括石屏县花腰彝歌舞（海菜腔）、黑彝的伞舞、三道红彝的烟盒舞、新平县花腰傣女儿国歌舞、丽江县纳西族的东巴舞、佤族妇女发式特点的甩发舞、藏族舞、打歌（土风舞）、牛头舞、

---

① 下列"旅游表演项目内容要览"的诸多材料，引自百度网站和实地调查。

葫芦笙舞、纹身、驱鬼逐疫祭仪中的面具舞、藏族的朝圣；还有祭祀自然、山神、水神、寨神、树神的活动；有转经筒、玛尼石等文化符号；杨丽萍的月光舞、孔雀舞，最后是体现傣族图腾崇拜的孔雀舞，以杨丽萍领舞的60只"孔雀"齐舞结束全场。其中还有少数民族生活着装的原型。

《印象·丽江》通过与山、与生活和与祖先的对话，展现从古到今当地人们心中的神圣王国；滇西茶马古道上的马帮；各民族的酒令、纳西快板以及雪山脚下充满豪情野性的喝酒场面；东巴经里玉龙第三国的传说，痴情男女选择在玉龙雪山殉情；丽江少数民族的打跳组歌、纳西人的"阿丽哩""打劳丽"；普米人的"含摆舞"，藏族人的"锅庄"；纳西人对天崇拜、对自然亲和的鼓舞祭天；玉龙雪山前的祈福仪式等内容。

《丽水金沙》以舞蹈诗画的形式，荟萃了丽江独具代表性的滇西北高原民族文化元素，包括：古老的象形文字——东巴文字，东巴教祭司东巴，威严慈爱的雪山女神，傣家姑娘柔情的傣家舞，纳西族的"棒棒会"，花傈僳族的"赶猪调"，藏族的"织氆氇"，各民族的"找姑娘"及"火把节"，母系氏族——泸沽湖畔摩梭人夜访晨归的阿夏走婚习俗，纳西族的殉情故事及心神向往的玉龙第三国等，全方位地展现了丽江独特的民族文化和民族精神。

《蝴蝶之梦》是云南大理的一场旅游演出，主要呈现大理古城两千多年积淀下来的多元文化，包括：双鹤拓土神话展现的大理远古的农业文明，南方丝绸之路、茶马古道、盐米古道带来的文化交流，各种异域他乡和各类族群的风俗与文化——印度舞蹈、宗教音乐、国王仪仗队典礼、草裙舞等，在广泛吸收中原、秦蜀、古越、吐蕃及古印度诸文化之精髓的基础上所形成的大理本土文化，使人们向往、迷恋的大理蝴蝶泉等。

《香巴拉映象》是杨丽萍指导的原生情景歌舞，选用黑、白、黄、蓝、红的色彩基调，分别有所象征。"黑与白"代表天圆地方、阴阳转换，"黄"象征人神合一，"蓝"象征天人合一，"红"为万物合一。它以藏族原生歌舞为主线，加入纳西族、傈僳族、彝族以及汉族的原生歌舞元素，展示香格里拉原汁原味的民俗、舞蹈、民歌、民族服饰和丰富的自然、人文、宗教、民族传统文化。

《蜀风雅韵》位于成都青羊宫隔壁。它过去是川剧演员会馆，名角汇集于此。近年来，名角在此重聚，每晚表演经典戏曲和其他民间艺术形式。具体内容有：传统杂技、川剧折子戏、胡琴独奏、四川杖头木偶戏、蜀韵节奏（集巴蜀说唱艺术、茶馆文化、道教风骨于一体）、呐子独奏（百鸟朝凤）、卡戏、手影戏、川戏绝技表演（变脸、吐火）和其他戏曲经典节目。

《藏迷》是四川九寨沟景区的藏族大型歌舞。它由杨丽萍与藏族歌手容中尔甲合作，花费多年时间创作完成。它以一位藏族阿妈在朝圣路上的见闻为线索，将各地藏族不同风格的歌、舞、器乐、生活场景、民俗、宗教仪式整合起来，如收青稞、晒青稞、打场等生产场面，修缮圣地布达拉宫的"打阿嘎"，展示藏族各类服饰的"赛装节"，风格独特的"长袖舞""牦牛舞""夏拉舞"等，全景式展现藏族文化。

《九寨沟藏羌风情晚会》展示了九寨沟民俗风情，有羌歌、羌笛、羌绣、羌鼓、羌韵；羌族的挑花以及服饰等，展示了羌族从古到今的所经历的文化变迁。

《多彩贵州风》是以苗族《反排木鼓舞》、苗族锦鸡舞《春暖花开》、情景表演《穿苗衣》、苗族男子群舞《岜沙邦哟生》、苗族男女声对唱《游方场》、苗族集体舞《盖新房》、情景表演《飞歌》、苗族女子群舞《踩鼓》、苗族歌舞《敬酒歌》、侗族大歌《蝉之歌》、侗族舞蹈《多耶》、布依族女子群舞《妈妈歌》、土家族舞蹈《摆阿摆》、水族男子群舞《都柳江》、瑶族歌舞《飞溜飞》、仡佬族民歌《情姐下河洗衣裳》、彝族集体舞《阿西里西》等 20 多个节目组成的舞台艺术精品，集中反映了贵州少数民族的歌舞和风俗文化。

《印象·刘三姐》以刘三姐山歌、苗族山歌、侗族大歌、桂林漓江风景、广西少数民族风俗、漓江渔火等为主要内容。

《张家界·魅力湘西》是湘西张家界景区的一场大型篝火歌舞。它包括剧场和广场两部分的演出，内容很丰富。有苗族原始宗教吃牛祭的椎牛，特有的饮酒习俗咂酒，源于汉代以前苗族祭礼活动的苗族鼓舞，苗家姑娘在寨门用牛角斟酒迎客习俗；有土家族"吉祥如意三杯酒"的待客习俗；描绘土家族远古初民结稻草为服的原始渔猎农耕故事和他们追溯祖先创业功德，祈求保佑的祭祀仪式茅古斯舞；有保留古代巴人原始婚俗遗风的、男女青年以歌为媒，集体择偶的土家族传统节日女儿会；有土家族的哭嫁风俗；有湘西恐怖的赶尸场面；有瑶族用歌谣和舞蹈，徒手爬上木楼求爱的习俗，等等。在场外篝火表演土家硬气功、摆手舞，湘西三大蛊迷巫术——上刀梯、走铁梨、下火海等。还有梯玛神歌、鬼谷神功、杂技和茶艺表演等。

《梦幻之夜》是湖南长沙红太阳演艺集团下属的田汉大剧场的大型综艺晚会，集异域风情的外国芭蕾、欧美宫廷剧，本土湖湘幽默表演和杂技等于一体。该集团下属的红太阳演艺中心的《湖南娱乐画卷》是一台荟萃湖湘文化的晚会，有湖湘特色的湘瓷、湘绣，精彩纷呈的中华武术的展示，有原生态艺术家罗怪才、草根创意歌手谢有才的表演，还有"盛世芙蓉""八百里洞庭我的家""又唱浏阳河"等歌舞的演出。

《天禅》由序幕、一、二、三幕和尾声组成。第一幕由绿色创意主题和《水》《火》《陶》三个单元组成，包含了中国茶文化的绝妙精深。茶禅本一味，蕴藏着生命轮回的真谛；饮茶即修心，包含着升华涅槃的大智慧。第二幕由《佛》《舞》《海》三个单元组成，表现了中国茶文化在世界各地的传播。茶香禅意在海天佛国更显得妙相庄严，时时以色声香味触法的灵光点化着大千世界芸芸众生。第三幕由《天》《地》《人》三个单元组成。天机是禅，地理是禅，人生是禅，万物共生共融，构成了一个恒久的禅意空间。①

《印象·西湖》将西湖的湖光山色和人文历史融汇在一起，将西湖十景，春日苏堤杨柳、夏日十里荷香、秋日三潭印月、冬日断桥残雪等自然景观以及西湖的人文元素、神话传说（许仙和白蛇）、历史传奇等代表性元素印象化，以片段化的形式展现给观众。

《西湖之夜》以岳飞的"精忠报国"，宋朝时期的临安商贾云集、商肆林立、车水马龙、市列珠玑、户盈罗绮的人间天堂，苏小小西泠桥、白娘子断桥、梁山伯祝英台的西湖传说，灵隐寺，净祠，雷峰塔1600多年的佛教文化，文人墨客赏景听乐品茗的风雅之地，杭州现代都市大发展的钱江时代为内容。

《宋城千古情》主要呈现了杭州远古文明良渚文化；南宋大都市杭州宋皇宫的辉煌，市内街衢纵横，四方汇聚，日日笙歌，夜夜管弦的歌舞升平景象；宋金之间激烈的民族战争，岳飞等将领抗金、收复建康和中原失地的英雄事迹；杭州"人间天堂"关于梁山伯与祝英台、白蛇和许仙、西施等神奇的传说；杭州现代"东方休闲之都，生活品质之城"的吸引力——西湖观光，宋城怀古，休博园杭州乐园休闲度假以及丝绸文化、茶文化等内容，被誉为"世界三大名秀"之一。

《四季周庄》以渔歌、渔妇、渔灯、渔作、杂技和出海通番的传奇故事表现周庄的水韵，以小镇雨巷、丰收秋景、稻谷、耕牛、老农等表现周庄四季，以迎财神、打田财、挑花篮、打连厢、荡湖船、娶新娘等展现的水乡民俗风情。

《徽韵》是黄山市的一场旅游歌舞演出。它把黄山奇景，董永和七仙女的传说，"徽商"400年来独占中国商界鳌头的历史，"四大徽班"进京、戏曲演变成"京剧"的历史事实，融合在一起，通过舞蹈、杂技、徽剧、京剧、花鼓灯、民歌等多种形式营造史诗般的内容。

《禅宗少林·音乐大典》是关于河南嵩山少林寺少林禅宗文化中禅乐文化的旅游实景演出，内容很丰富。它以"水""木""风""光""石"为元素，结

---

① 《天禅》这一段的资料，直接引用于百度网站的相关条目。

合少林禅宗的"禅境""禅定""禅武""禅悟""禅颂"构成一片禅乐的世界。其中，有中国古典山水画"溪山行旅""听泉抚琴""踏水行歌"的诗情画意；有达摩溪山坐禅、村姑浣女、溪流雨景、禅院月光、僧侣农家、禅诗野唱、僧与俗对话构成的人间生活图景；有千年古刹的声声木鱼，少林武僧成长的历程；有传说中的牧羊女的故事，她唱着歌赶着羊群走来，带来世俗的美丽，打破了木鱼的禅定；有寺院的风铃、风拳、风棍、风旗，有山岳风涛，万壑松风；有禅宗祖庭少林寺的传奇故事，达摩面壁讲述千年古风的传承；有寒山、古寺、塔影、山月、梅花桩上的武僧；有远逝高僧的幻影，轮回的鼓声；有雪景寒林，佛光塔影，幻境中讲述禅宗故事，引导人们参透生死，彻悟人生。其中，用36亿年的嵩山古石制成的乐器，奏出"嵩山修禅，顽石开言"的大境界；有石乐礼佛，天花乱坠的奇异景象；有中岳佛山现身云端，佛光普照，天地祥和，有一种空无的境界。其中，有少林寺武僧团数百名武僧和多名高僧亲自上场现场唱颂和表演武功，有飞腾最高的真人武打表演，武僧在高约80米的夜空中飞翔、翻滚和打斗。

河北省吴桥县有"天下杂技第一乡"的美名。"吴桥杂技大世界"是世界上唯一的杂技主题公园，整个旅游景区由江湖文化城、杂技奇观宫、魔术迷幻宫、小泰山、普济寺、财神庙、民俗风情园、滑稽动物园、马戏游乐园、红牡丹剧场十大景点构成，展示吴桥县杂技的历史和民俗以及杂技技艺。中心景区"江湖文化城"集过去北京天桥、天津三不管、上海大世界、南京夫子庙四个民俗文化区的表演特色和江湖文化景观为一体，表演各具特色的杂技，有马戏、戏法、气功、曲艺、独台戏、拉洋片、驯白鼠等，这些重现出清末民初艺人们四海为家的卖艺生涯的景象。景点"魔术迷幻宫"集中展示各种奇妙的魔术，有人体三分、穿越钢板、倒悬行走、空桶取物、大变活人、龙宫探秘、捆绑逃脱等20多个项目。在"红牡丹剧场"表演的是一台体现从古至今几千年中国杂技发展史的大型综合杂技晚会，有黄帝战蚩尤、魏晋橡樟、水转百戏、南园庙会等十几个场景。"马戏游乐园"景点表演的是马上技巧，跑马场上16匹蒙古马，有马上倒立、马上大站、独站双马、倒骑摘花等精彩表演。在"滑稽动物园"展现各种动物的滑稽表演，如老虎骑马、狮子穿火圈、大象按摩、狗熊耍大刀、山羊走钢丝、狼狗认字、猴子骑单车等。在"红牡丹宾馆"中有画中钓鱼、无火烹饪、空壶取酒、高车送菜等杂技表演场面。

《梦回大唐》是西安大唐芙蓉园凤鸣九天剧院的保留剧目。其中展现了大唐王朝的盛况以及唐明皇与杨贵妃的爱情，有：敦煌壁画上的飞天仙女；霓裳羽衣舞；杨贵妃沐浴华清池；西域歌舞——胡璇舞、羯鼓舞、胡腾双刀舞、羌笛、印度蛇之舞；万国朝贡景象和外国遣唐使的驼队、象队和火烈鸟；丝绸之路风光；盛世繁荣的境况，如曲江映照雁塔，街头武术杂耍——转碟飞舞、火流星飞旋、扬鞭霹雳、吐火生焰、蹴鞠马球，四川变脸绝活，憨态可掬的大头娃娃，春心荡漾的踏青少女，唐明皇与杨贵妃率百官祭祀天地，祈福万民，佳丽云集，盛装盈朝，万众高歌等内容。

《月上贺兰》取材于宁夏的一个民间传说，讲述的是古丝绸之路上一段传奇的故事。它以雄浑的西部风情和商路风云，以古丝绸之路和整个回族厚重的民族精神与历史变迁为背景，表现不同文化之间的交融，不同民族间的和谐相处与和平发展。其中，以回族舞蹈及西北地区各少数民族、民间舞蹈和阿拉伯舞蹈为主体，融入现代舞、芭蕾舞等多种艺术表现元素。

《天域天堂》是西宁市文化艺术剧院有限公司创制的大型音画舞蹈史诗。它取材于青海塔尔寺的藏传佛教格鲁派创始人宗喀巴大师的传奇故事，其中汇集了三江起源、王母瑶池、彩陶文化等高原文化元素：有三江源、昆仑山等自然景象；有藏传佛教舞蹈和青海民族民间舞蹈，如假面舞、神鼓舞、卓舞、神鸟舞、藏羚羊舞、白度母咒等歌舞；有转动佛音碗的藏传佛教僧侣、手持转经筒的信徒、放酥油灯的男女老少等关于佛教仪式的场景。

《幸福在路上》是一部大型西藏唐卡式歌舞诗。其贯穿整个作品的形式是对剧情的叙述，采用藏戏说唱的形式。其中，绿、黄、白、红、蓝五种颜色分别与水、土、风、火、空相对应，水是生命之源，土为母亲养育之恩，风为爱情之灵，火为圣洁之光，空为天人之合，以此来作为整个作品的构架；其中，祈福、寻福、育福、纳福、辩福、创福构成一种递进关系，从一个侧面再现了西藏民族文化艺术、呈现了高原文化。

主题和内容的策划之前提，是市场需求的调研和民族文化的田野考察。它们又是创意和策划的中间环节。在这个环节中，创意和策划者必须时刻提醒自己：必须坚持求异性和保护性原则。在上述的旅游表演项目中，有些项目的策划在这方面是花费了很多功夫的。张家界《魅力湘西》的创作团队，经常深入到湘西地区的原始村寨驻扎采风，搜集整理湘西苗族、土家族和瑶族等民族的歌舞、民间习俗等原生态的文化形态和素材。《云南映象》《丽水金沙》《印象·丽江》《多彩贵州风》《藏谜》《天域天堂》等旅游表演项目荟萃了诸多的地方原生态文化。为了保证这些作品的原汁原味，策划和创编人员都花了多年的时间与心血，深入西南各少数民族当中搜集整理各民族的民间音乐、歌舞和乐器，以及民族服装，考察其生产生活习俗，然后，再提炼加工整合，因而具有一定的地域代表性。

二、表演类型的策划

旅游表演项目的类型是与其主题和内容紧密相关的，在表演项目的主题和内容已经确定的情况下，就要进行表演类型的策划，就是考虑采用什么样的表演类型比较合适。从目前旅游表演的实际情况来看，存在实景演出、主题园表演、广场表演、剧场馆所表演、景点次级项目表演、背景衬托等表演类型。

（一）实景演出

实景演出就是利用自然的环境代替剧场和舞台，把实景作为舞台布景的一部分，把编排好的旅游表演项目放到天然的环境中进行表演的一种大型旅游表演形式。

中国实景演出的创始人是广西戏剧家协会副主席、广西文华艺术有限责任公司董事长梅帅元。2002年起，他创造了山水实景演出形式，并邀请电影导演张艺谋一起合作，在桂林阳朔制作了中国第一个实景演出旅游项目——山水实景演出《印象·刘三姐》。《印象·刘三姐》在阳朔县境内选取漓江风景最为优美的一段，包括宽为1.654平方公里的水域以及12座山峰背景，作为表演场所，是中国旅游表演实景演出的开端，同时也是张艺谋"铁三角"旅游表演实景演出印象系列的开端。此后，张艺谋、王潮歌、樊跃"铁三角"在全国各地大量地打造旅游实景演出品牌，产生了一系列"印象"作品，如《印象·丽江》《印象·西湖》《印象·海南岛》等，它们分别以丽江玉龙雪山、杭州西湖和海南岛西海岸为实景。此外，张艺谋的《少林禅宗·音乐大典》、梅帅元的《鼎盛王朝康熙大典》也是大型的实景演出，前者的实景取自河南嵩山的少林寺附近，是关于中国佛教与武术的大型实景演出；后者则是关于河北省承德市皇家文化主题的大型实景演出。《四季周庄》是对江南水乡人民与水和谐相处的生活画卷的描绘，是中国第一部呈现江南原生态文化的水乡实景演出。

实景演出的特点是，场面宏大，境界空阔，涉及的工作人员多，同时耗资巨大，往往高达几个亿。

（二）主题园表演

主题园是在某一个主题的统领下，整合一系列相关的表演内容，所建立的一种"园"类旅游表演形式。其特点是所有的演出均围绕一个核心主题，其表演场所是一个类似公园、游乐园的地方，它往往把一个地方有代表性的表演形式，集中在一起来进行表演。它们大多数都冠以"园"或者是相类似的衔头，如"××景观园""××大观园""××风情园""××乐园"等，相类似的如"××村""××寨"，或者"××世界"等。

例如：广西桂林的"刘三姐大观园""漓江民族风情园"，河北的"吴桥杂技大世界"，都是较为典型的例子。

（三）广场表演

广场表演是在某种开放性场地，表演者和观众共同参与的一种演出形式。它可以呈现为多种形式，可以是单一的某个项目的演出，如侗族的多耶、湘西土家族的摆手舞、西南少数民族地区的敬酒和迎送客仪式等，也可以像主题园类的表演一样，在某一个主题的统领下，整合一系列相关的表演内容。不过与主题园类不同的是，广场表演的场地是广场，而不是园。其特点是在广场表演，表演的内容不拘一格，可以是单一的，可以是多种相关联的内容，也可以是没有联系的内容的集合展演；旅游者和表演者之间没有分界线，旅游者可以自由参与，也可以不参与，互动意思比较强。这种表演形式很少冠以"广场"的名称，但是，现在也有演艺广场的出现。冠以"××广场"名称的一般都是比较复杂而大型综合表演形式。

现在的文化广场很像西方 plaza 的形式，可以把诸多相关的表演形式，诸如剧场舞台表演和电影院之类的囊括在内。如：张家界"魅力湘西国际文化广场"，其建筑风格为土家族民族特色，占地面积达 31.22 亩，建筑面积 18000 平方米，整个广场包括可同时容纳 2880 人观看的室内剧场、室外篝火广场、茶艺文化表演、KTV 酒吧、电影院等多种形式。

（四）剧场馆所表演

剧场馆所表演是一种传统的演出形式。它们的演出地点是在剧场，或者是剧场外类似剧场的其他地方——茶馆、酒楼、会所等场所。此类演出的特点是：演出属于室内性质的表演，若是在剧场表演，要求很高，必须注重舞台布景、灯光设计等舞美艺术效果，若是在茶馆和其他的馆所，要求稍微低一点，过去一般不设舞台，布景不是那么讲究，但是现在也有较为简易的舞台，也讲究布景和灯光舞美。这种类型表演的内容往往是一台精心设计的节目：或者是一场歌舞，或者是一台地方戏曲的表演，或者是某地方的某一种技能的展示，或者是一台综合某地风俗文化的文艺演出。其中，旅游者的参与性较差，可以说几乎不能够参与互动。

如《云南映象》《香巴拉映象》《藏谜》《蜀风雅韵》《多彩贵州风》《梦幻漓江》《天禅》《梦幻之夜》《时空之旅》《西湖之夜》《宋城千古情》《扬州杖头木偶表演》《徽韵》《京剧演出集萃》《相声、戏曲集萃》《升堂系列剧》《梦回大唐》《月上贺兰》《东北二人转》等均属于这一类型的表演。

（五）景点次级项目表演

景点次级项目表演是旅游表演当中最常见的形式，它作为景区当中设置的一个项目向旅游者展示。这类表演的主要特点是旅游各项目之间具有平等性质。一个景点往往设置有许多项目，其中，有一些项目是表演性质的，它们与其他各项目在地位上都是平等的，一起构成整个旅游景点的内容。这些表演可以是当地的一项仪式程序的展示，一首山歌、一首器乐曲、某一种乐器的演示、某一个乐种的展示等音乐艺术的展示，某些绘画、某一种生产流程、制作工艺的展示，某一种风俗习惯的展示，等等。

各地有代表性的文化事项均可构成旅游景点次级项目，诸如：湘西、黔东南和桂北交界处的侗族音乐，像侗族大歌和小歌、琵琶歌、芦笙舞、多耶、铜鼓舞；广西、贵州等地的壮族的音乐，像桂南龙州壮族的天琴音乐，桂西那坡的黑衣壮多声部音乐，平果县壮族的嘹歌、三月三歌圩和踩花灯，敢壮山壮族的《布罗陀》；广西、湖南的瑶族音乐——开山歌、蝴蝶歌，黄泥鼓舞，大型祭祖仪式跳盘王、媳妇娘歌堂、陪嫁歌、丧葬仪式歌堂，南丹县白裤瑶的猴鼓舞和铜鼓舞；西南地区侗、苗、布依、仫佬等族的拦路歌、酒歌，苗族的飞歌、古歌、尼那尼、芦笙舞；福建、江西、湖南等省茶乡的采茶歌舞、茶山歌、姐妹采茶、采茶戏，茶叶制作工艺；江河湖海地区的船工号子、渔歌和捕鱼作业，各地的龙船歌和龙船号子；稻作地区的秧歌舞、薅草锣鼓和田秧山歌；深山林区的伐木号子；湘西土家族的摆手舞；内蒙古的长调和短调；藏族的弦子舞、囊玛、锅庄；西北的花儿会；陕北的信天游；西南地区傣族的孔雀舞，彝族的阿细跳月；东南地区台湾高山族的原生态歌舞；以及各地造酒、造纸工艺，蜡染、刺绣工艺，织布和剪纸等工艺，农民画的展示。

如广西阳朔县十里画廊的蝴蝶泉景点中的苗族的拦路酒歌、踩堂舞、芦笙舞、侗族大歌——声音歌、蝴蝶舞、多耶舞等，这些表演都是构成景点的重要项目。

（六）背景衬托

作为背景为某一个重要的主体做衬托的表演称为背景衬托。在一些景点中，它有一个重要的主体，这个主体可以是某一场重要的表演，也可以不是表演而是其他的景观，为了突出这个主体，或者使主体更加丰富多彩，可以为主体安排一些陪衬的景观，作为背景，对主体进行衬托，这些作为背景而衬托的景观，有的就是一些表演项目。像这样的表演就是背景衬托。这类表演的主要特点是，表演的内容与主体不具有平等性质。景点的主题始终占据中心位置，具有突出的意义，而表演的项目总是处于次要的地位，为主体服务。但是，它们和主体一起构成整个旅游景点的内容。这些表演大多数是当地较为有特点的山歌小调、器乐合奏、说唱或者是戏曲的片段，或者是一些较为有特色的服装展示，也可以是绘画或某一种手工艺流程的操作展示，或者是某种生活风俗的展示，等等。

如桂林的两江四湖景区，其主体就是两江四湖的山光水色的游览。其中，两江包括漓江、桃花江，四湖就是杉湖、榕湖、桂湖和木龙湖四个湖。为了使两江四湖更加丰富多彩，就在江岸和湖岸布置好几个点的演出活动，像榕湖玻璃桥的桂剧演出、桂湖的民族器乐曲演奏，以及木龙湖的刘三姐歌曲对唱和苗族侗族歌舞等。这些演出只是在有游船经过的时候象征性地演奏一下，游船一过去就马上停止演出。这种演出只是一种点缀式的背景，为两江四湖的风景添光加彩。云南迪庆的《香巴拉映象》展示迪庆地区原生态民俗、歌舞、宗教等民族传统文化，昭示"万物合一的共有家园"的理念。它设置有左右两个情景小舞台，通过它们人们可以看到诵经、点酥油灯、冲墙、对山歌、打跳的等作为背景的情景。福建的武夷山景区，专门设有茶艺的表演，向游客讲解武夷山茶叶的特色，演示泡茶和品茶的技巧。

上述是对现实旅游表演的类型的归纳，并不能囊括所有的类型，也不能够讲它们是很严格的分类，在实际的运用中，也许上述几种类型会掺杂在一起出现，也许可能采用别的什么形式，这得根据实际情况而定。

三、表演流程的策划

表演流程就是表演的具体操作过程。在表演项目的主题、内容和表演类型确定以后就要考虑表演流程问题，表演流程的策划就是对表演内容按照所设想的表演类型做出具体的安排。这些具体的安排，因表演的类型不同而呈现出具体不同的形式。

就一般的情况而言，表演是一种时间的艺术，多体现为时间上的纵向流程。对于一场比较单纯的表演而言，只是表现为一个节目单。但是，对于旅游表演而言，除了时间纵向上的流程以外，还有可能表现为空间横向上的板块结构，不仅是时间上的流程，而且也是空间上的流程，体现为时空的同时流动。因此，在表演流程上，就有可能存在好几种情况，构成复合的结构流程形态。下面，我们从时空的角度，就一般的情况对旅游表演的表演流程做一个粗略的归纳。

（一）同空异时流程

同空异时流程指的是，在同一空间内按不同的时间展示不同内容的表演流程形式。传统的表演形式就是这样的流程，它实质上很简单，用一张节目单就能够体现出全体的流程结构形式。我们可以把这种流畅简单地称为时间流程。

（二）异空异时流程

异空异时流程指的是，在不同的空间内按不同的时间展示不同内容的表演流程形式。在这种形式中，有一个大的流程，大的流程之下又包含有小的流程，其小流程不会以并列的方式同时运行，构成一种复合的流程结构形式。其大流程是一个整体的流程，可以看成一个大节目单，它的每个节目就是各个不同地点的表演项目，从总体上看它主要是一个不同空间上的流程。因为各个不同地点的表演项目是大的节目单中的子项目，子项目又可以有各自的节目，因而构成一个小的表演流程，有一个小的节目单，这样，大节目单当中，又包含着一些下属的小节目单，构成一种复合的形态。再者，各子项目又是在不同的时间表演的，因而又构成在不同时间上的流程。其主要特点是，一张张小的节目单在不同的时间上串联表演，构成的是一种在时间上的复合结构。

（三）同时异空流程

同时异空流程指的是，在相同的时间内不同的空间中展示不同内容的表演流程形式。如果不含有子流程的话，其形式较为简单，我们可以把它称为空间流程。

这种空间流程会包含有复合的形式，在这种复合形式中，有一个大的流程，大的流程之下又包含有小的流程，其小流程会以并列的方式同时运行，构成一种复合的流程结构形式。像异空异时流程一样，其大流程是一个整体的流程，可以看成一个大节目单，它的每个节目就是各个不同地点的表演项目，从总体上看它主要是一个不同空间上的流程。因为各个不同地点的表演项目是大的节目单中的子项目，子项目又可以有各自的节目，因而构成一个小的表演流程，有一个小的节目单，这样，大节目单当中，又包含着一些下属的小节目单，构成一种复合的形态。与异空异时流程不一样的是，各子项目是在相同的时间内表演的，因而又构成同时间上的流程。其特殊的地方是几张小的节目单同时在不同的地点上并联表演，构成的是一种在空间上的复合结构。

（四）综合流程

综合流程就是上述三种流程形式混合在一起出现的流程形式。

下面我们将上文中的六种表演类型的流程形式做一简单地分析。

实景演出是以时间流程为主的，但是，由于实景的空间较大，所在空间上也存在板块上的安排，它有可能在同一时间内，在不同的空间进行着不同项目的表演，像《少林禅宗·音乐大典》就是一例，它颇有中国传统的三点透视的布局特点。

主题园表演是以空间流程为主的,但是,空间流程中的子项目往往又有自己的节目单,按其时间流程进行,且在同一时间内还可以表演不同的各种项目,所以其中包含有同时异空流程的部分。

广场表演从总体上看是各个项目在不同的地方进行各自的表演,基本上是同时异空流程。但是,从局部来看也有专场的演出,它们又包含有时间流程的类型。它是几张小的节目单同时在不同的地点上并联表演,是一种在空间上的复合结构形式。

剧场馆所表演基本上是在同一空间内按不同的时间展示不同内容的,用一张节目单就能够体现出全体的流程结构形式,是属于时间流程的结构类型。

景点次级项目表演可以是时间流程和空间流程二者兼而有之,可以是单一的,也可以是复合的,以单一的结构为多数。

背景衬托可以是时间流程的,也可以是空间流程的,这要看具体的情况而定,以单一的结构类型为多数。

现实的旅游表演项目表演流程的实例,见本章附录。

四、表演场地的策划

表演场地的策划包括为旅游表演项目选址,进行场地设计,灯光、音响、舞台布景等的策划。

在表演项目的内容、类型和表演流程大致确定以后,就要进行选址,确定节目是在哪一个地方进行演出。选址要坚持就近的原则,就是表演的地址应该就在表演内容所产生的原生态地域,不能离开原生态地域太远。只有这样才能代表一个地域的文化特色,表演才有根基。目前现实的旅游表演项目中,存在大量的表演地址脱离内容的原生态地域的现象,这是一种弊端,是要避免的。

一般来讲,比较小型单一的表演项目,最好就在其内容所在的原生态地域设立表演地址,比如说侗族大歌的表演地址应该设在侗族地区,木卡姆应设在新疆维吾尔族地区,瑶族的猴鼓舞应设在白裤瑶族地区,蒙古族的赛马应该设在蒙古草原上,朝鲜族的长鼓舞应该设在朝鲜族地区,花儿会应该设在西北相应的地方,西南壮族、侗族、布依族等少数民族的铜鼓表演应该设在西南少数民族相应的民族聚集区。比较大型的综合性质的表演,如乡风情园、大世界、文化广场等大型而复杂的表演项目,因为它们综合了一个地域代表性的文化形式,其表演地址的选择,难以与它们各种具体形式所产生的原生态地域做一一对应,但是,其选址相对来说必须是在这个文化区域的范围内,比如说:综合代表壮族文化的××园,应该在壮族聚居区内选址;有关海洋文化的××园,应该在东南沿海地区选址；有关稻作文化的××园，应该在长江中下游和岭南的稻田耕作区域选址；有关北方草原文化的××园，应该在内蒙古等有关草原牧业地区选址，等等。在目前有些实际的做法中，存在一些错误的做法是应该避免的，比如：把西南少数民族，诸如佤族的木鼓、傣族的孔雀舞，搬到岭南地区；把武陵地方陶渊明的世外桃源，搬到岭南；把东南沿海的水族馆，搬到内陆山区；把内蒙古的赛马搬到江南水乡等，这些做法，都应当避免。

关于表演项目的选址，在实际的操作过程中，也许不是先决定内容再进行选址的，也有可能会恰恰相反，先选定了地址，再选内容。面对这样的情况，也是坚持就近的原则，看所选的表演地址在什么文化区域内，在这个区域中选取文化事项，确定表演的内容、类型和表演的流程。

地址选好后，就要对表演场地进行策划。表演场地设计的依据主要是表演类型以及表演流程。

实景演出表演场地策划要对实景的面积多少，所涉及的表演范围，以及实景的前景和背景做处理，哪部分是中心区域，哪部分是边缘区域，以及对观众席的形式等做出安排。

主题园表演表演场地策划要考虑整个主题园的各项表演的空间位置的布局情况，以及对各个具体项目的场地做出具体的安排布置，比如说哪些项目要设立小型的舞台、亭子进行表演，哪些项目是在一个房间表演，哪些项目是在一个作坊表演，哪些项目是在哪一片空场表演，哪些项目是在哪一片水域进行表演，等等。

剧场馆所表演表演场地策划，要分清楚是怎样的剧场，是圆形的，还是方形的，是敞开的，还是封闭式的，舞台的设置是在中央，还是在前方，观众席是在四周，还是在舞台的对面，整个剧场的容量大小，观众席的等位安排等。是馆所的，就遵照各种馆所的特点安排表演场所，若是博物馆，则分类别设立各馆室为表演场所。其中，若是展览馆，则按展厅设立表演场所；若是茶馆、酒店和会所，则按它们的习惯设有专门的表演场地。

广场表演表演场地策划首先要确定是什么样的广场，是一个一般的公共广场（public square），还是像西方（plaza）样的文化广场。对于前者，情况就比较简单，主要是安置好各个表演项目的具体位置和所需设备，以及观众的观赏线路、观赏空间和参与互动场所即可；对于后者，情形就复杂得多了，它有和主题园相类似的地方，还要区分哪些是室内的表演，哪些是室外的表演，对于室内表演，又要区分是哪一种类型的，是剧场性质的，馆所性质的，还是属于民间生活缩影性质的，是否要安排舞台等。对于那些和剧场馆所一样的表演，就要遵循剧场馆所场地设计的原则；对于那些民间生活缩影性质的表演，就要体现民间生活的场所的特征，等等。

景点次级项目表演表演场地策划包括有些类似主题园表演，要考虑整个景点的各项表演的空间位置的布局情况，对各个具体表演项目的场地做出具体的安排布置，确定哪些是在入口表演，哪些是在亭台楼榭表演，哪些是在室内表演，哪些是在室外表演，等等。

背景衬托表演表演场地策划要根据景点的主题景观，从全局上安排各个表演场所的位置，然后根据所表演的内容和流程布置各个表演具体的表演场所。

表演场地的策划还包括灯光、音响、舞台布景的策划等。

灯光的策划包括两个方面的工作。一是灯光位置的安排。无论是大型的演出，还是小项目的演出，都要对整个场地的灯光布置做一个较为稳定的安排，做到全方位都能够有各色灯光调用。二是在表演的过程中能够按照表演的内容和流程设计出特殊的灯光效果，并保证顺利地做到。

音响的策划也包括两个方面的工作。一是音响设备位置的安排。除了工艺流程的表演对音响的要求少一点以外，许多表演尤其是属于演艺方面的表演对音响都具有较高的要求。对于一些实景表演和背景衬托类表演，还有较为特殊要求。我们要使全场的每一个地方都能够有足够的音量，保证每一个观众席位，后台和前台演出的人员都能够清晰地听到演出的音响。二是根据表演的内容和流程设计出每一表演项目所要处理的音响效果，并保证能够完全做到，包括一些背景音乐的制作与播放，做到准确到位；一些唱演内容的话筒布置和开关管理，都要做好设计方案，保证到位和畅通。

舞台的策划包括舞台类型的设计和舞台布景。舞台类型的设计就是根据具体表演项目的要求设计舞台的类型，诸如：圆形舞台、方形舞台、旋转舞台、升降舞台、圆形剧场的中心舞台，现在还有水上舞台、大小舞台合成的舞台群，等等。舞台布景就是根据具体表演项目的内容和流程的需要，所进行的舞台道具的设计和场景的布置，包括烟雾的施放，并保证它们都能够准时地进入和撤出。

综上所述，场地的策划是一个千头万绪的工作，比较复杂。我们从上述几个角度所进行的分析，并不见得就能包括所有的实际情况，在具体的实施过程中，要根据具体的情况做出合乎实际的设计和安排。近年来，在这方面有动辄炫耀如何使用世界一流东西的倾向，包括世界一流的设计师、策划者，利用名人效应，使用世界一流的灯光设施、一流的音响设备，打造一流的超级舞台，制造天下第一的效果，等等，造成资源的巨大浪费，还未投入使用，动辄就耗资好几亿元,这完全是没有必要的。在这种情形中,似乎是使用名人越多,使用的设备越先进、越是进口货,耗资越大,就越有价值,事实上这完全是两码事,一个旅游文化产业的真正价值不在于它是用了哪些名人,也不在于它的灯光设施、音响设备,舞台构造是否是天下第一或者是国际先进水平,而是在于它是否挖掘和体现了一个地域的文化特征,是否有文化价值。所以,旅游表演策划者在进行表演场地的策划时,要注重文化价值的挖掘,因地制宜,防止哗众取宠的表面功夫和铺张浪费的现象。

以下,是一些旅游表演案例表演场地策划的实际情况。[①]

《印象·西湖》是一场在西湖表演的实景演出,选址在西湖的岳湖景区。其表演区域在南至赵公堤,北至岳湖楼,西至曲院风荷,东至苏堤的范围内。它以自然山水、景观为天然舞台,岳湖楼南边的观众席是一个移动的阶梯形看台,同时能够升降收缩,可容纳 1800 人。整体上看,《印象·西湖》的表演场地是一个特别的水上剧场。随着季节的转换、天气的不同,自然景观有所变化,这个天然的剧场呈现出不同的景象,给观众以不同的感受。在湖面演出区域内,还配备特制的灯光和激光照射,用以表现舞台及背景的灯光效果。还用高科技制造出"西湖雨",人工描绘西湖的自然神韵。

```
┌─────────────────────────────────────────┐
│                                         │ 印
│   VIP 12座         VIP 220座            │ 象
│   包间:10000元/间   包间:8000元/间      │ 西
│                                         │ 湖
│          主观众区(1303座)               │ 座
│                                         │ 位
│   C区   A4区   A3区   A2区   A1区       │ 分
│  (220座)(78座)(311座)(308座)(308座)     │ 布
│                                         │ 图
│                                         │
│          清水平台(50加座)                │
│                                         │
│   2号                          1号       │
│                                         │
│         舞  台                 大画舫    │
│   小画舫                上层单座600元/座 │
│   单座:600元/座          下层单座450元/座│
│                         上层包船(20座)10000元│
└─────────────────────────────────────────┘
```

---

① 下列"表演场地策划"的诸多资料,来自于百度网站和实地调查。

《印象·刘三姐》是一场在桂林阳朔表演的山水实景演出，选址在漓江与田家河交汇处，隔江对面是著名的书童山。其表演区域为方圆两公里的漓江水域。其观众席是根据其地势而设计的梯田造型结构，设有 2200 个座位，包括 20 个总统席，180 个贵宾席和 2000 个普通席。其观赏视角为 180 度，可视范围达漓江河面 2 公里的水域和岸上的 12 座山峰。采用目前国内最大规模的环境艺术灯光工程和烟雾效果工程来制造灯光和烟雾效果。灯光、音响系统都隐蔽在周围的环境当中。

《印象·海南岛》是一场关于当代海南的海岛风情、休闲文化和浪漫椰城的实景演出。选址在海南省海口市西海岸原水世界及其周边沙滩海域。表演区域面朝大海呈半开放式的形式，外形设计成海胆仿生型建筑，总占地面积约 10 公顷，总建筑面积 11000 平方米，可容纳 1700 人观看演出。观众坐在看台上，就像置身于沙滩之中。海胆剧场是一个可以升降的游泳池，其屏幕影像和灯光效果，能营造出大海、沙滩、小岛等梦幻般的场景和氛围。

《印象·丽江》是一场关于云南丽江少数民族生活的实景演出，选址在玉龙雪山景区。玉龙雪山在丽江市北面 15 公里，海拔 5596 米，险、奇、美、秀为其显著的特色，随着四季时令的更替和天气阴晴的变化，景观各异。在云霞中，玉龙隐现的壮丽景观，令人神往。《印象·丽江》的表演场所就设在玉龙雪山的脚下，以变化莫测，具有神秘传说的玉龙雪山为背景，它在海拔 3100 米的高地上，是世界上海拔最高的演出场地。

《禅宗少林·音乐大典》是一场关于河南嵩山少林寺的实景演出。选址在登封市西，在离登封市 10 公里，离少林寺 7 公里的待仙沟。主要表演区域是群山排列层次分明的一带峡谷，树林、溪水、山峰、石桥等景观，构成实景表演的要素。它舞台工程十分巨大，舞台面积达方圆 5 公里，演出区域达 3 公里，演出最高点达 1400 米，是全世界最大的实景舞台。观众席是曲折的木廊和庙宇形态的建筑，安置在自然景观之中。观众席为蒲团坐席，2700 个蒲团坐席，有普通席与贵宾席之分，观众坐在蒲团上观看演出。其舞台灯光系统庞大，2800 多盏各式灯盏，从山下一直延伸到 1400 米高的山顶，灯光系统都由电脑操控。灯光效果与山势实景相互协调配合，营造出亦真亦幻的场景。如，《踏水行歌》这一段，安置了 3 个水景平台，水深 10 厘米，几十名少林武僧在水上表演少林棍术；又如，用 5000 瓦高功率的探照灯和诸多面光灯等灯光，制造仙境般的场景，演出尾声部分，用特殊的灯光效果照射，使其演出背景——少室山连天峰变成一尊大佛。它用多台雪花机制造冬天雪花飘飘的景色。它有直径达 20 米的人造月亮，用电脑操控，能使月亮从嵩山的树林中缓缓升起，也可以有圆缺之变化。

《云南映象》是一场原剧场表演的生态歌舞，其舞台可移动、升降转换。服装、灯光、道具着重于制造特定的"原生态"印象。它使用180副具有云南特色的面具，牛头、玛尼石、转经筒等道具，引领观众往来穿梭于远古和现代之间，产生视觉和时空错位、创造出亦真亦幻的景象。

《蝴蝶之梦》是在云南大理演出的一场剧场表演，选址在云南大理古城，在有名的蝴蝶泉的附近，演出地点在大理下关幸福路的艺术剧场。

《梦回大唐》是一台体现盛唐风情的综合性大型乐舞，是剧场表演，选址在陕西西安，表演场所是西安大唐芙蓉园凤鸣九天剧院。该剧院位于大唐芙蓉园南门北面，是一个具有盛唐风韵的皇家内苑式剧院，是大唐芙蓉园盛唐文化主题演出的核心表演区。剧院建筑面积5830平方米，按南高北低有4米高差的地形设置观众大厅，设有606个观众席。

《徽韵》是黄山市的一场剧场表演。其选址在安徽的黄山市，其表演场所香茗大剧院是专门为它修建的。香茗大剧院建筑面积8000平方米，设有1500个普通座席，22个贵宾座席。剧场舞台建造比较独特，由五组升降台组合而成，能够进行多方位的立体地移动，设有多个表演区域。剧场拥有5.1声道环绕立体音箱、进口的激光灯、魔幻灯阵、雾升系统、雨帘系统、大型实景瀑布台、水中升降月亮、移动的立体景架等高科技舞台技术装备。

《天禅》是一场关于中国茶文化的剧场演出。其选址在广东深圳大梅沙的东部华侨城。东部华侨城占地9平方公里，由华侨城集团斥资35亿元精心打造，是集休闲度假、观光旅游、户外运动、科普教育、生态探险等主题于一体的大型综合性国家生态旅游示范区。《天禅》的表演场所是东部华侨城大剧院。大剧院坐落于深山，依照山体的形势设计建造而成。剧场两侧的玻璃幕墙可开可闭，室内外可自然融合。舞台两端有岩石峭壁，瀑布飘然而下，环境清新，人与自然和谐。舞台空间很大，长35米多，纵深有20多米，顶部安装几十根吊架，挂满大型的舞台道具。大剧场设计了从舞台到剧场、从空中到地面的等多维空间，用于多维度表演的立体组合，极大地拓宽了表演的空间。大剧院拥有1300多席生态雅座和14套贵宾包厢，其座椅能够全部自动收起。大剧场使用诸多的现代科技手段：多媒体、水幕电脑动画、激光、舞台机械装置、符号式服装、特型道具等。它利用多媒体技术取代传统的舞台布景，使用高13米、宽23米、面积相当于近4个羽毛球场地总和，达300平方米的大型LED屏，把它作为舞台的背景屏幕。其物理解像度达到450万以上，用以表现地域、时间和生态的背景，又与书法、水墨画、影视蒙太奇语言等众多造型元素结合，显示丰富的文化信息量，构成文化背景。大剧院的音响系统全部采用数字化，用光纤输送，损耗小，声音分布均匀。

《藏谜》涵盖了中国各地藏族不同风格的歌舞，是一场全景式展现藏族文化的大型原生态歌舞，属于剧场表演。其选址在四川的九寨沟县漳扎镇，表演场所是九寨沟藏谜大剧院。该剧院位于川九公路（川主寺到九寨沟的公路）的南侧，北侧是一条7米宽的河流，由九寨沟县容中尔甲文化传播有限公司投资5000多万元修建，占地20亩，建筑面积15000平方米，拥有1500个观众席。剧院把传统的藏式建筑形式和现代建筑的技术手段结合起来，具有厚重的平面形态和起伏的屋顶，与周围环境融合；还采用藏族的石墙、木桩、玛尼石等作为舞台布景，反映出藏民族悠久的文化传统和个性特征。

《月上贺兰》是关于古丝绸之路上回族为中心的各民族和平发展与文化交流的一场剧场表演。虽然其选址是宁夏的银川，但是，与其他的旅游表演不同的是，策划者也注重其巡回演出，所以，它的选址是流动的，其表演场所也是流动的。因此，其表演场地的策划应该适合于巡回流动演出的要求，表演场地的设备要"便于携带、操作方便、减数量提质量"，设备不宜庞大，装台、拆台和切换场景的时间不宜过长，每到一地能够迅速完成场地的布置，表演结束以后又能及时拆除。其舞台的设计注重体现西部风情，利用现代的灯光技术和音响设备，把贺兰山、黄河、沙漠、戈壁、塞上湖城等西北风光，羊皮筏子、羊群、枸杞、盖碗茶、贺兰石、贺兰山岩画等宁夏特有的地域性文化符号，融入舞台布景及道具中，营造古丝绸之路的地理和人文环境氛围。

五、服装道具的策划

在考虑表演场地的安排、灯光布景和音响的布置的同时，还要设计服装和道具，进行服装道具的策划。

（一）服装的策划

服装的策划，就是为旅游表演项目设计服装。它应该遵循以下的原则。

第一，按照表演内容的需要设计服装。也就是说服装的设计要符合人物的身份，比如说年龄、性别、民族和时代等；符合所表现的事件；符合事件所发生的场合等。

第二，与一般的艺术表演相区别。旅游表演的服装与一般艺术表演的服装是有区别的。一般的艺术表演，其服装必须讲究舞台效果，要进行艺术化处理，一般都是远离生活的东西，而旅游表演的服装，虽然也有讲究舞台效果，要进行艺术化处理的，但是，其主要功能不是为艺术而表演，而是为展现某一地域的文化而表演，所以，有些服装不一定要进行艺术化处理。

第三，要保持原生态的服装形式。旅游表演的服装应该是取自于生活当中的，要保留生活当中服装的款式和特点，体现原生态的形式，具体地说，要保持地方特色、民族特色和时代的特色，等等。

第四，要考虑服饰的稳固性。不管为哪一种表演设计服装，都要注重衣服和饰品的稳固，确保在表演的过程中不至于脱落，应该杜绝不稳固现象的出现。

特别注意的是：为旅游表演进行服装策划不要太过于艺术化，当然，对原生态的服装进行适当的加工和提高是可以的，但是，不能脱离生活的原型，不要凭个人的爱好和想当然，特别是不能任凭明星大腕进行漫无边际的创作，展示某一个的艺术才华，变得毫无根基。

（二）道具的策划

道具的策划就是为旅游表演项目设计道具。就一般情况而言，道具有广义和狭义两种概念。广义上的道具，不仅包括表演过程中演员所使用的器具，而且也指舞台布景所使用的器具；狭义上的道具仅仅指表演过程中演员所使用的器具。因为舞台布景所使用的道具已经在舞台布景的策划部分论及了，这里所说的道具策划就仅指表演过程中演员所使用的器具。

道具的策划应遵循的原则，大体上与服装的策划相同，即：按照表演内容的需要设计道具，与一般的艺术表演相区别，保持原生态的形式和特征，要考虑道具的稳固性等。同时也要特别注意：不要太过于艺术化，不要凭个人的爱好和想象，任凭明星大腕进行打造。下面，列举服装道具策划的几个案例[①]：

《宋城千古情》的服装设计，是在中华民族传统服饰文化中融入国际上新的设计理念，力图在每一件演出服里凸显古典美与现代美的融合，如在粉红的荷花演出服上配以三朵同色调的荷花装饰灯，突显江南水乡的清新脱俗的特征。

《时空之旅》融舞蹈、音乐、戏剧和杂技于一体，其中"生命之轮"的道具是一个十多米高的巨轮。它是由3个小轮子组合而成的，每个小轮子的直径为2米宽，巨轮在360度不停地转动。背景用多媒体投影一些时刻变换的相关的图像。巨轮和图像相互叠加，一起营造出车轮转动不息的情景，象征生命不停地向前运动。演员则在车轮的内壁和外面的边上进行表演，完成了一系列精彩的动作表演。

《藏谜》的演出服饰呈现原生态的民间服装风格，所有的演出服装的设计都是来自于藏族人民的日常生活的着装，按原生态的款式制作，一些饰物，如珊瑚、玛瑙、绿松石等，都是真实材料，有些服饰还是演员家里收藏多年的珍品，非常宝贵。

《云南映象》的演出服装，还采用云南各民族生活衣着的原型。

[①] 服装道具策划案例的资料，来自于实地调查和百度网站。

附录：现实旅游表演项目表演流程 11 例[1]

1.《云南映象》的表演流程

| 序：混沌初开 | 天地混沌的时候没有太阳，没有月亮，四周漆黑一片，一轮血红的太阳冉冉升起，一面巨鼓引领 62 面鼓轰然擂响，把人的魂魄带进云南鼓的传说和图腾崇拜。|

第一场：太阳

鼓舞反映出云南远古先民的生殖崇拜。鼓槌、鼓面很有男女生殖的形似特征，打鼓更具明显的交合象征意味。太阳鼓舞（西双版纳州基诺族），芒鼓舞（建水县哈尼族），铜芒、木鼓舞（沧源佤族），象脚鼓舞（德宏州景颇族），神鼓舞（绿春县牛孔乡彝族），铜镲舞（西双版纳州哈尼族爱尼支系）。

第二场：土地

月光（独舞表演：杨丽萍）、花腰歌舞——海菜腔（石屏县花腰彝）、伞舞（黑彝）、烟盒舞（彝族尼苏支系——俗称"三道红彝"）、女儿国（新平县花腰傣）、打歌——跳土风舞。

第三场：家园

祭祀自然、山神、水神、寨神、树神的活动。对自然的敬畏，使得自然生态得以保护。人类只有一个地球，如今生态的严重破坏已向我们敲起了警钟……

第四场：火祭

葫芦笙舞（拉祜、傈僳、佤、纳西、苗、瑶）：葫芦创世神话；甩发舞（佤族）：妇女发式特点及民间生活技巧动作；纹身：中石器时代的图腾崇拜物及人体装饰艺术；面具舞蹈（栗坡县大王岩崖画面具舞图象）：驱鬼逐疫的祭仪中的面具舞、傩戏；东巴舞（丽江县纳西族）：东巴祭祀亡灵沿着"神路图"升入天堂；牛头舞（沧源崖画舞蹈图象）；涅磐：云南不少民族的先民都崇拜火，他们相信火能使人再生。

---

[1] 本章附录 11 个案例的资料，引自于百度网站和实地调查。

第五场：朝圣	朝圣者跋涉在山路上，转经筒陪伴着他们走向神山，走向理想的天国。藏族舞、转经筒、玛尼石。
尾声：雀之灵	傣族图腾的崇拜孔雀、杨丽萍孔雀舞。

2.《印象·丽江》的表演流程

古道马帮	六百年前茶马古道上"山间铃响马帮来"的再现，马鞍舞展现了大马帮男人的英雄色彩，筐舞展现了纳西妇女任劳任怨的伟大母性情怀。
对酒雪山	各民族的酒令、纳西快板展现了雪山脚下热血汉子的野性豪情，雪山下少数民族对朋友的热情和生命的豁达乐观。
天上人间	东巴经里玉龙第三国的传说。玉龙雪山——纳西人无限崇敬的十二欢乐山，多少痴情男女选择在此殉情的山。
打跳组歌	丽江少数民族的大众娱乐活动打跳，人们手拉手围成圆圈跳舞。纳西人的"阿丽哩""打劳丽"，普米人的"含摆舞"，藏族人的"锅庄"等。
鼓舞祭天	纳西人从古推崇对天的崇拜和对自然的亲和，纳西人是天的儿子，纳西人是自然的兄弟，一代一代地生生不息。祭天鼓舞：老东巴唱经。
祈福仪式	把双手交叉，放在额头，让目光辽远；向着天的方向，双手合十，展开双臂，高举过头，许下心中的愿望，祈求实现心愿，喜降福气。

3.《丽水金沙》的表演流程

序	象形文字——东巴文字、东巴教祭司东巴讲述着古老的历史；雪山女神呵护着阳光如风的滇西北高原，爱抚着自强不息的高原民族。

| 第一场：水 | 傣族舞蹈——傣家姑娘如水的柔情，带领进入宁静和谐的桃花源。 |

| 第二场：山 | 民族风俗画：棒棒会（纳西族）、赶猪调（花傈僳族）、织氆氇（藏族）、找姑娘（各民族）、火把节（各民族）等，从方方面面展示民族风采。 |

| 第三场：情 | 舞蹈：母系氏族的婚恋文化，泸沽湖畔摩梭人夜访晨归的阿夏走婚习俗；纳西族的殉情故事，神秘的玉龙第三国。 |

4.《蝴蝶之梦》的表演流程

| 序 | 金花、花伞、美丽的少女以及空中飞舞而下的"蝶人"，导入梦境。 |

| 洱海明珠 | 双鹤拓土：大理先祖在仙鹤的指引下，走出原始的森林、洞穴，到苍山洱海地区定居、进行生产劳动，农业文明开始。 |

| 三塔香云 | 在茶马古道、南方丝绸之路及盐米古道上，异域他乡的各类族群，各种风情、风俗与文化的交流，其中有：印度舞蹈、宗教音乐、国王仪仗队典礼、肚舞、草裙舞等。 |

| 苍山叠翠 | 大理的多元文化：广泛吸收中原、秦蜀、古越、吐蕃以及古印度文化，融会贯通，历经两千多年的时间，层层叠加、积累，犹如苍山叠翠，创造出异彩纷呈的大理文化。 |

| 蝴蝶泉边 | 游人心中的圣地大理。人们向往、迷恋大理最重要的原由是：大理有蝴蝶泉；世界只有一颗太阳，大理却有第二颗太阳——人性的阳光。 |

5.《多彩贵州风》的表演流程

高原我的家 ↓	女声独唱/合唱。一位大山的女儿回来了,回到了她日夜思念的家乡。
姑娘回家了 ↓	苗族歌舞。敲起铜鼓,吹起芦笙,端起米酒,捧上鲜花……,迎接亲人回来。
反排木鼓舞 ↓	苗族舞蹈。台江县反排村用于神圣祭祀的木鼓舞,舞姿剽悍和谐,鼓点粗犷奔放。
春暖花开 ↓	苗族集体舞。吉祥的锦鸡、远古的传说,百鸟衣、百褶裙、绣花鞋、织花带,过去的图腾意识,今天的欢乐庆典。
穿苗衣 ↓	情景表演。精致的刺绣,姑娘身上的盛装,凝结着妈妈的爱,连着姐妹们的心。
岜沙邦哟生 ↓	苗族男子群舞。锋利的镰刀、手中的猎枪,独特发式、远古遗迹,从江县山谷中彪悍的岜沙汉子,苗家文化的古今传奇。
贵州恋歌 ↓	歌舞/女声独唱。对故乡风光、人物和风俗的爱恋之情。
蝉之歌 ↓	侗族大歌之蝉之歌。模仿禅虫原始质朴的天籁之音。
多耶 ↓	侗族舞蹈。清新柔美的多耶舞,黎平洪州假声演唱的琵琶歌。在侗寨,朋友来了、吉庆年节都跳要多耶。
摆啊摆 ↓	土家族集体舞。土家族远古的庆典仪式的摆手舞。
飞溜飞 ↓	瑶族歌舞。瑶族姑娘和小伙享受春天的美丽与欢乐。
妈妈歌 ↓	布依族女子群舞。妈妈的摇篮曲、转动的纺车和织布机,伴着《好花红》的旋律,编织出孩子的梦想和希望,以及

布依族人的昨天、今天和明天。

汗水洒满都柳江	水族男子群舞。都柳江畔丰收的情景，展现水族人家的勤劳和勇敢。
↓	
情姐下河洗衣裳	仡佬族民歌。仡佬族青春常在的爱情。
↓	
阿西里西	彝族集体舞。彝语"阿西里西"意为"我们的好朋友"，热情的歌舞献给远道来的客人。
↓	
游方场	苗族男女声对唱。游方是苗家人求爱的古老风俗，一对对青年男女吹起木叶，唱起情歌，追求幸福的爱情。
↓	
盖新房	苗族集体舞。跳起板凳舞，敲起木鼓声，欢庆新房落成和生活蒸蒸日上。
↓	
心留苗山	女声独唱。远离家乡的游子把心留下，家乡是儿女们的港湾。
↓	
飞歌	情景表演。父老乡亲的深情厚意永远留在了游子的心里。
踩鼓	苗族女子群舞。源自于台江县"四方舞"。
敬酒歌	苗族歌舞。牛角杯装满了醇酒，唱起酒歌，是苗家人对贵客的欢迎、尊敬、祝福与思念。
↓	
多彩贵州	大歌舞。展示着贵州的丰富多彩和明天五彩的希望。

6.《印象·西湖》的表演流程

| 第一幕：相见 | 白鹤幻化而成的年轻书生和女子一见钟情。一场西湖雨，一把绢伞，一条船，人们似乎见到传说中许仙与白娘子相遇的情景。 |
| ↓ | |

| 第二幕：相爱 | 西湖的鱼，西湖的水，象征着人间的"鱼水之欢"。
| ⇩ |
| 第三幕：离别 | 女子白鹤死去，就像许仙和白娘子的悲剧，人世的离别，却能在天堂中化为永恒。
| ⇩ |
| 第四幕：追忆 | 书生白鹤回到与女子白鹤相遇之地追忆往事。物是人非，一切只能变成美好的回忆，有多少悔恨、向往和无奈。
| ⇩ |
| 第五幕：印象 | 那对爱情伴侣再次浮现，踏水远去。一切只留下一些零散的印象，周而复始，生生不息的理念却蕴涵于其中。

7.《西湖之夜》的表演流程

| 第一幕：岳王雄风 | 岳飞"精忠报国"。
| ⇩ |
| 第二幕：南宋盛景 | 人间天堂：宋朝时期临安商肆林立、车水马龙、市列珠玑、户盈罗绮情景。
| ⇩ |
| 第三幕：梁祝情缘 | 西湖传说：苏小小西泠桥、白娘子断桥、梁山伯祝英台的故事。
| ⇩ |
| 第四幕：东方佛光 | 一千六百多年的佛教文化：东方佛国、灵隐寺、净祠、雷峰塔。
| ⇩ |
| 第五幕：风雅西湖 | 风雅之地：古今文人墨客赏景、听乐、品茗。
| ⇩ |
| 第六幕：钱江时代 | 现代都市：杭州如同钱塘江海潮般大发展的钱江时代。

8.《天域天堂》的表演流程

| 序　幕 | 青藏高原、神山圣湖孕育华夏文明，三江起源，彩陶文化，王母瑶池。
| ⇩ |
| 第一幕：天意 | 大师宗喀巴的诞生，脐血润土，生发菩提；大师宗喀巴的学习成长过程，佛法天成。生命轮回，超越生死，信念与力量，顶礼与膜拜。

| 第二幕：天域 | 宗喀巴大师的心路历程。青海唤醒造化，唤醒佛陀，心通自然，万物有灵。 |

⬇

| 第三幕：天堂 | 山海携手，天地一家，青海蕴藏幸福。 |

⬇

| 尾　声 | 跨越生死，心就能回到故乡。青海离天最近，青海是天堂。 |

9.《宋城千古情》的表演流程

| 序：良渚之光 | 杭州古文明良渚文化。 |

⬇

| 第一场：宋宫宴舞 | 南宋时杭州著名大都市。市内街衢纵横，茶楼酒肆、艺场教坊林立，处处笙歌管弦，一派歌舞升平的景象。 |

⬇

| 第二场：金戈铁马 | 宋金之间波澜壮阔的民族战争。岳飞等将领抗金，收复了建康和中原失地的英雄事迹。 |

⬇

| 第三场：西子传说 | 杭州这个"人间天堂"的神奇的故事、美丽的传说。 |

⬇

| 第四场：魅力杭州 | 杭州"东方休闲之都，生活品质之城"的无穷魅力。西湖观光，宋城怀古，休博园杭州乐园休闲度假。 |

10.《禅宗少林·音乐大典》的表演流程

| 水乐·禅境 | 溪山坐禅、踏水行歌、溪山行旅、听泉抚琴、踏水行歌。雨景与溪流，月光与禅院，僧侣与农家，禅诗与野唱，构成和谐完美的人间生活图景。 |

⬇

| 木乐·禅定 | 少林木鱼功、风幡心动。千年古刹，木鱼声声，叙说着少林武僧的传闻和传说中牧羊女的故事。 |

⬇

| 风乐·禅武 | 寺院铃声、山岳风涛。演绎禅宗祖庭少林寺的传奇故事，由"达摩面壁"开始，讲述千年古风的承传，展现少林武术和万壑松风的壮丽景象。 |

⬇

| 光乐·禅悟 | 塔林四季，轮回鼓声。雪景寒林，佛光塔影，远逝高僧，讲述禅宗故事，引导参透生死，彻悟人生；吉祥的灯佛与世俗生活的交叠，表达了禅宗对生命万物的礼赞。 |

⇩

| 石乐·禅颂 | 松山石歌、圆满禅颂。嵩山古石制成的乐器奏出"嵩山修禅，顽石开言"的大境界；石乐礼佛，出现天花乱坠的奇异景象；中岳佛山现身云端，佛光普照，天地祥和，一派空无的境界。 |

⇩

11.《梦回大唐》的表演流程

| 序：游园惊梦 | 彩翼升腾、飞翔，带领人们回到遥远的盛唐。 |

⇩

| 第一幕：梦幻霓裳 | 敦煌壁画上的飞天仙女、杨贵妃身披七彩霓裳羽衣跳霓裳羽衣舞。 |

⇩

| 第二幕：梦邀秦王 | 点将台上唐明皇奋力击鼓，金甲、银甲双面武士列阵舞旗，盾阵变换各种队型，短剑长戈，层层叠叠，刀光剑影、惊心动魄。展现大唐所向披靡的军威。 |

⇩

| 第三幕：梦浴华清 | 唐贵妃独舞——杨贵妃沐浴华清池，如芙蓉出水，闭月羞花。贵妃与明皇双人舞，展现千古传说的爱情故事。 |

⇩

| 第四幕：梦萦西域 | 异域风情：胡璇之舞、羯鼓之舞、胡腾双刀舞、羌笛、胡琴对奏、印度蛇之舞，万国朝贡，丝绸之路风光，外国遣唐使的驼队、象队和火烈鸟。 |

⇩

| 第五幕：梦游曲江 | 唐朝盛世繁荣的情景：曲江映照大雁塔，喧哗的市井，街头武术杂耍——转碟飞舞、火流星飞旋、扬鞭霹雳、吐火生焰、蹴鞠马球，四川变脸绝活，大头娃娃，踏青少女等。 |

⇩

| 第六幕：梦回大唐 | 唐明皇与杨贵妃端坐龙椅之上，率百官祭天拜地，祈福万民。唐宫佳丽身披唐代盛装上殿，万众高歌。展示唐朝服饰。绽放焰火。 |

第七章　旅游表演项目的生产与营销

上一章我们已经分析了旅游表演运营总体过程的前一段，即旅游表演的创意与策划，包括旅游表演的创意与早期筹备、创建运营组织和项目策划三个部分；这一章我们即分析后一段：组建表演团队、项目生产、项目营销、投入表演、售后跟踪、调整提升等环节。

第一节　表演团队的组建

旅游表演与其他的艺术表演不一样，其他的艺术表演可以是先有团队，再根据团队演员的情况决定表演的项目及其内容和流程，旅游表演却是刚好相反，是先决定表演的项目及其内容和流程，再根据表演项目的需要来召集表演者，组建表演团队。组建旅游表演团队是一个比较复杂的事情，不能够一刀切，根据不同的表演内容、表演场地、表演类型和表演流程的实际，都可以建立各种不同的团队，具体建立什么样的团队比较合适，这要看具体的情况而决定。在这里我们只讨论一般的可能性。从大的方面看，旅游表演团队包括前台表演和后台工作两个部分的团队。

一、表演团队的功能、规模与名称

在组建旅游表演团队的时候，常常首先会遇到这样一些问题：这个团队是做什么用的，也就是说它有什么功能；这个团队由多少人数构成，也就是说它的规模要多大；同时，还要考虑给它起一个什么样的名称。表演团队的命名是一件比较复杂的事情，其实，它在本质上与表演团队的功能和规模大小有直接的联系，现在我们先讨论这个问题。

（一）表演团队的功能与名称

表演团队的功能，指的是表演团队在旅游表演中所发挥的职能，具体地说，就是一个表演团队所担任的具体的表演任务，就是指进行什么内容的表演。可以说，表演团队的功能是由团队所表演的具体内容来决定的，比如说表演瑶族蝴蝶歌、表演芦笙舞、表演木鼓、表演造纸、表演刺绣、表演剪纸，等等。

从现实中一些表演团队的命名情况来看，其命名遵循的一般原则是：表演团队的命名直接反映表演内容和团队的功能，即：表演什么就叫什么队（团）。如上述表演蝴蝶歌、芦笙舞、木鼓、造纸、刺绣、剪纸的团队，都可以命名为蝴蝶歌队、芦笙舞队、木鼓队、造纸队、刺绣队、剪纸队。如此类推，就有"侗族大歌队""壮族大歌队""盘王大歌队""苗族飞歌队""嗨歌队""歌圩队""马骨胡队""瑶族猴鼓舞队""铜鼓队""黄泥鼓舞队""跳盘王队""舞龙队""赛马队""茶艺队""蜡染队""斗鸡队""捕鱼队""红瑶头梳头队""媳妇娘歌堂队""刀山队""火海队""五色糯米饭队""瑶族服饰队""壮族服饰队""踩花灯队""刘三姐歌台队""绣球队""壮锦队""古琴队""书画展示队"等团队。

这些统称为功能意义上的团队。在旅游表演中，这种功能意义上的团队名称占据主要方面。

（二）表演团队的规模与名称

关于旅游中的表演团队，除了功能意义上的以外，还有规模意义上的。所谓规模意义上的团队，指的是表演团队的名称标示出团队的规模大小的程度。一般来讲，可以分为团、队、组三个级别。

划分这三个级别的单位，没有一个统一的标准，大致的指导思想是：团是规模较大的单位，常常需要几十人到几百人的规模；组是最小的单位，一般在十人以内；队这个单位的概念较为宽泛，规模介乎于团和组之间，从十几人到几十人不等，一般在七八个人到二十人之内。在旅游表演的实际的情况当中，不是很大型的单位，很少称为团；不是很小的单位，也很少称为组，一般都是称为队的较多。

一个较为完整的旅游表演团队的名称，往往是同时体现其功能意义和规模意义的，最好的方式就是在团、队、组的前面加上其功能意义。如上述的各种队，再如"侗族大歌团""苗族芦笙歌舞团"，或者以××景点和××风情园命名的"××艺术团"，此外，还有"刀山组""火海组""五色糯米饭组""木鼓组""造纸组""刺绣组""剪纸组"等。

旅游表演团队除了上述标示功能意义和规模意义外，有时候还标示出它所属的地域和民族等要素。上述有些名称已经标示出民族要素。

一般来讲，团一级的单位可以包含队和组一级的单位。

此外，按照其是否参加前台的表演，可以有前台表演团队和后台工作团队的称谓，这实质上是一个表演团队的两个组成部分。它是组建表演团队时，必不可少的两个方面。

二、前台表演团队的组建

前台表演团队指的是，在一个表演项目中在前台担任表演任务的人员总和，包括所有的表演者。按照一般文艺演出来说，就是所有的演员。在此，我们也把它们称为演员团队。在组织演员团队之前，我们要对团队的功能、规模、团队人员的技术技巧以及要达到的水平程度，演员的来源等这些问题，做通盘的考虑。

另外，在一些较为复杂的情况下，我们还要考虑旅游表演在空间分布上的块面功能的问题。在此，我们先明确一下什么是旅游表演在空间分布上的块面功能。如果某种类型的旅游表演，在不同的空间表演不同的内容的话，那么，它就存在空间分布上的块面功能，也就是说，它在不同的空间上具有不同的功能。这时，具有某一种功能的空间范围就成为功能块面。毫无疑义，这些不同的功能块面是需要不同功能的团队的操作才能体现出来的。

（一）各种表演类型的演员团队情况讨论

旅游表演不同于一般的文艺表演，它大多受制于表演类型，根据不同表演项目的要求，可以组建与之相适应的各种团队。下面，我们就从各种表演类型的角度切入，来讨论旅游表演演员团队的问题。

1. 实景演出的演员团队

尽管实景演出的场面很大，一般来说还是比较集中的。它只有一个观众场，它的所有表演在一个观众场中都能够看得见。所以，它所有的表演都可以归纳到一个节目单之中。从这种意义上讲，它和我们平常所说的一场文艺节目的表演有共同之点，可以说只要建立一个大的演员团队就可以了。

由于实景演出场面过于浩大，涉及的人员太多，存在相对独立的表演群体，为了便于管理，提高工作效率，可根据具体的需要设立次级团队。如果节目单上每个节目（或部分节目）的内容和表演形式都比较独立的话，这种次级的团队可以按照节目单上具体的节目来分，可以命名为"××（节目名称）队"。如果实景演出在空间分布上块面较为稳定，并且具有较为明显的功能分工的话，完全可以按照块面上的功能组建次级团队。比如说"侗族大歌队""蝴蝶歌队舞队""瑶族猴鼓舞队""铜鼓队""茶艺队""刺绣队""蜡染队""赛马队""斗鸡队""捕鱼队""古琴队""书画展示队"等。

2．主题园演出的演员团队

主题园是在一个主题下相关联的一系列活动的表演，它的空间流程性质较强，基本上属于在空间不同的点上表演不同功能的事项，因此，不同地点的功能性较强，可以依块面功能组建各个点的演员团队。如：瑶族风情园可以组建"蝴蝶歌队舞队""瑶族猴鼓舞队""铜鼓队""跳盘王队""盘王大歌队""舞龙队""红瑶头梳头队""媳妇娘歌堂队""刀山队""火海队""瑶族服饰队""黄泥鼓舞队"等，壮族风情园可以组建"壮族大歌队""歌圩队""嘹歌队""铜鼓队""五色糯米饭队""马骨胡队""壮族服饰队""踩花灯队""刘三姐歌台队""绣球队""壮锦队"，等等。

3．广场表演的演员团队

广场表演有一般的公共广场（public square）和文化广场（plaza）两种表演类型。

如果是一般的公共广场（public square）表演，它也有两种情况：可能是相当于一场剧场的演出。它较为单纯，可以是一个节目单，可以组建一个演员团队，就相当于一个歌舞团的形式，队员分工协作，同意完成各项表演活动。但是，在大多数情况下，它们有点像风情园，分成几块而各有功能，那就得按块面功能组建各种团队了。比如："拦路敬酒队""舞狮队""舞龙队""锣鼓队""秧歌队""腰鼓队""××戏曲队""××舞队""××歌队""蜡染队""刺绣队""斗马队""斗鸡队""斗牛队""捕鱼队""油茶队""糍粑队"，等等。

如果是文化广场（plaza），就更复杂一些。文化广场有大型的专场演出和其他的小型表演，有室内的也有室外的。大型的专场演出相当于一个剧场的综合文艺表演，这需要组建一个专门的表演团体，相当于以前的歌舞团。其他的小型表演，也有室内的，如：某种乐种的表演——各地的地方戏、说唱艺术、器乐曲，各种工艺流程的表演——造纸、造船、榨油、酿酒、印刷、刺绣、蜡染、打草鞋、织布、捏泥人、酥油茶、制奶酪、制葡萄干等，都要为其组建相应的表演队。文化广场也有一些适合于公共广场（public square）表演的项目，如"上刀山""下火海""下雪山""吞刀""吐火"等一些绝活的表演，舞狮、舞龙、秧歌等一些大型的歌舞活动等，都要为其组建相应的表演队。我们可以根据其相应的功能特点，以及它所来自的地点、组成的人员、或民族将其命名成"××队（团）"。

4．剧场馆所表演的演员团队

剧场馆所有各种不同的表演形式，因此，其演员团队的组建也有多种形式。

剧场一般较为单纯，它往往是一台节目的表演，一般组建一个表演团体就可以了，这种表演团体往往根据表演项目的内容而有专门的命名。但是，如果某些节目内容和功能上比较独立，而表演人员又比较一致，可以建立次级的表演队（小组）。

馆类的表演比剧场的表演相对来说类型要多一些，形式要复杂得多。能够从事旅游表演的馆主要有茶馆、饭馆、酒馆、博物馆和展览馆等。

茶馆、饭馆、酒馆可以看作是大致相同的一种情况，其表演形式一般是作为一种背景，形式、内容比较单一，一般为简单的说唱、戏曲、歌舞和器乐表演，有些地方也会有杂耍表演，所以，只要组建一个与其相应的几个人的小型表演团体就可以了。但是，现在一些高级饭店设有专门的演艺厅，安排有一场专门的文艺表演，这就和剧场表演差不多，就要建立一个专门的比较大型的演员团队了。

博物馆之类的馆所有历史博物馆、军事博物馆、民俗博物馆、民族博物馆、科学博物馆、地质博物馆、矿藏博物馆等，其内容非常丰富，但是每一个博物馆都有所偏重，有一个主题。在博物馆中，按其收藏的内容分成各种厅，在相应的地方进行表演，重在演示该厅所展示的一些事项，使其重现于参观者面前。因此，要根据表演内容的需要组建一些与之相适应的小型表演队。

展览馆具有与博物馆相同的性质，分展厅进行各项事项的展览，与博物馆不同的是，展览馆没有那么固定，它的展览是阶段性的。展览馆的有些项目需要与其相适应的演示活动对展品做说明、介绍和推广。比如：书画展览的现场书画表演，工艺品的制作过场表演，像玉石加工、牛角梳的加工、陶瓷器的制作、银器的加工、乐器的制作，茶艺的展示，医疗技术，等等。这些也要根据具体情况组织相关的人员进行表演。它与博物馆的表演一样，一般是小型的团队，有时候甚至只由一个人进行表演。

这类的表演一般不多，也不进入旅游领域，但是，现在随着旅游文化产业的兴起，一些会所大量兴起，其中，也有不少的表演活动。能够从事旅游表演的所主要有会所和研究所。

会所有两种，一种是历史上的会所，一种是现代新建的会所。历史上的会所已经大多成为旅游景点，如过去异地商人在某地建立的商业会所。为了展示会所的历史和商业文化，往往进行一定的表演，有些作为会所历史的解说，有些则只是为会所增加一点背景色彩，一般都是小型的表演，与其相适应的表演组织也应该是小型的。一些新建的会所往往与大型的商业活动有关系，为了对相关的产品和文化进行推介，往往组织一些中型的演出活动，像这样的会所就要组建一个比较完整的演员团队。

目前，研究所的旅游表演很少，但是，随着文化旅游产业的兴起和蓬勃发展，研究所的研究成果，以及它们所保留的物质和非物质文化遗产将会向世界公开，为了演示某些工艺流程，为了介绍和推广他们的研究成果，都需要一定的表演活动。这些表演活动一般都是些小型的活动，需要组建与之相适应的小型演员组织，但是，如果要把它打造成旅游品牌的话，也可以变成大型的表演项目，这就需要建立与之相适应的大型的演员团体了。

5. 景点次级项目演员团队

景点次级项目的表演多是空间性、功能性较强的表演，一般的情况是一个地点为一个比较独立的表演，因此，需要按照不同地点表演项目的不同功能建立与之相适应的演员团队。这种类型的表演一般来说都是些中小型的表演，所以，与之相适应其演员团队也是中小型的。上文提到的诸多团队在旅游景点中比比皆是。

6. 背景衬托表演演员团队

与景点次级项目的表演一样，背景衬托表演也是空间性分布的功能性表演。因为只是起到对主要项目的衬托作用，所以，它是比较独立的，不同地点的表演项目具有不同功能，因此与之相适应，要建立与之相适应的演员团队。这种类型的表演一般来说都是些小型的表演，所以，其演员团队也是小型的团队。

（二）演员团队成员来源的讨论

演员团队成员的来源是多方面的，一般来说，大多来自如下几个方面。

1. 原生态居民

旅游表演团队成员的最佳来源应该是原生态居民。所谓原生态居民指的是某一种表演项目所产生的原生态地域村寨的居民。他们是该表演项目的原生态传承人，能够熟练掌握该表演项目的操作技巧和完整的操作过程，懂得其生存背景和文化内涵等，是该表演项目最权威的解读者和操作者，当然，也是其代表人物和最适合的表演者。在现实的旅游表演中，人们把他们称为原生态演员。

2. 专业文艺团队演员

专业文艺团队指的是原来各地的专门从事文艺和技能表演的团体，包括各种艺术团、歌舞团、剧团、乐团、曲艺团、杂技团、马戏团、时装表演队，各种宣传队等。这些团体在20世纪中期曾经一度蓬勃发展，但是，到了20世纪后期面临着严重的生存危机，许多团体纷纷解体。这些团体当中不乏有一些经验丰富的老演员，他们身怀绝技，应该是旅游表演的中坚力量。事实上，当文化旅游产业蓬勃发展的时候,有许多专业文艺团队演员已经进入到旅游表演当中。

3. 专业学校学生

专业院校的学生是旅游表演演员团队成员来源最为持久的源头。随着诸多民间文化资源走向衰落,其传承人走向衰竭,同时,那些有民间文艺素养的专业文艺团队演员走向老年化,旅游表演的大多数演员得依靠教育来培养。

必须明确的一点是,旅游表演所涉及的专业学校,不是像有些人所认为的那样仅仅局限于艺术表演专业的学校,而是具有更为宽广的范围。它可以把诸多具有工艺流程性质的与科学技术性质的高校专业和技术学校涵括在内,诸如:手工艺品制作、烹调厨艺、服装设计、各种制造技术、建筑工艺、果树栽培、养殖技术、航空和交通驾驶技术、矿冶技术、江海航行、水产捕捞技术和体育等,凡属能够涉及与旅游表演技术有关的技术学校和专门院校。它们所培养的学生都可以成为旅游表演的从业人员,因而,成为旅游表演团队的演员。

4. 专门培训的演员

有些旅游表演项目,由于它具有较强的特殊性,或者是策划者对它提出了比较特别的要求,在原生态居民、专业文艺团队、专业学校学生当中都找不出合符要求的演员,他们可以聘请一些专家作为教员,设立一些培训机构,专门为自己的旅游项目培训演员。

就一般情况而言,原生态居民是最合适的演员团队成员来源,旅游院校表演专业的学生和与表演技术相关的各种技术院校的学生也是比较合适的,专门培训的演员具有较强的针对性,比较实用。对于专业文艺团体演员和一些艺术院校、师范院校艺术系、综合性大学艺术系的学生,就得按照具体的情况区别对待。在这些人员中挑选旅游表演者,要防止三种倾向:一种是防止所谓的"专业"概念的影响,一些人(包括旅游策划者和旅游表演者)认为是艺术表演专业出来的人员经过所谓严格的专业训练,应该高人一等,表演专业出来的人员鄙视原生态表演,有要把它拔高成专业水平的思想意思和行为;一种是防止所谓的"先进文化"概念的影响,一些表演专业的人员,特别是那些经过西洋艺术(包括西洋音乐、西洋舞蹈、西洋绘画和西洋建筑等)训练的一些学生和教师、艺术家等,往往坚持欧洲中心论,认为欧洲文化是世界上最先进的文化,其他地方的文化是落后的文化,尤其中国传统文化,他们有要把它拔高到接近西方先进文化水平的思想意思和行为;一种是防止所谓的"流行"概念的影响,一些人认为现代的国际潮流是流行文化,只有打造流行品牌才能与国际接轨,才能走向世界,他们同样鄙视原生态表演,有把它转化成流行品牌的思想意思和行为。有这三种思想意思和行为当中任何一种的人,都不宜作为旅游表演的演员,尽管他们专业技术水平高超。他们最适合做的是有关的专业团体的演员。

在现实的旅游表演当中,大多数少数民族村寨所建立的旅游景点基本上选用原生态居民作为演员。一些比较集中的地域和城市当中的大型表演,比如一些实景演出、风情园、文化广场表演等,也大量招募原生态居民,甚至于一些剧场的表演也利用不少的原生态居民;选用专业团体演员和艺术院校的学生的也很多。打造流行品牌的到处都是,对于后面这两种情况,人们不太注意预防上述三种倾向,反而有将其发展成主流的意思,这是我们必须引起重视的。

如《幸福在路上》,集中了西藏优秀的原生态演员,其中有西藏拉孜县农民艺术团六弦琴弹唱《飞弦踏春》的原班人马,他们曾在 2007 年中央电视台春节晚会和全国少数民族艺术节开幕式人民大会堂表演,有藏区山歌王、情歌王、踢踏舞王、六弦琴王、热巴舞王、鼓王等,有西藏自治区歌舞团青年舞蹈家加永江春等演员;《云南映象》70%的演员都是来自于云南本地的少数民族演员;《丽水金沙》剧团中 80 多名演员,有 31 人为前丽江市歌舞团,其他的演员,大多数在本地招聘,少部分聘用云南各地或省外的人。①

三、后台工作团队的组建

后台工作团队指的是,一个表演团队中由从事表演以外其他工作的那一部分工作人员所组成的团队。它也是表演团队的重要组成部分,没有他们的配合演员团队的工作就无法进行。后台工作团队的规模没有演员团队那么大,习惯上把他们称为后台工作人员。

(一)后台工作团队的构成

后台工作团队包括负责音响和灯光的工作人员,负责道具的管理、上场与撤出的工作人员,化妆师,服装管理人员,还有负责场地管理的人员,包括前后台的联络、拉幕、催台的人员和舞台监控人员,等等,此外,电工和炊事员也是重要的后台工作人员。

我们可以根据旅游表演类型的实际情况确定后台工作团队的规模。对于一些小型的演出或者一些比较集中的较为大型的演出(比如剧场演出)而言,它只是由几个人构成的一个简单的小组。对于表演项目较多、表演空间比较分散的旅游景点、主题园、广场表演和实景演出而言,情形就比较复杂,在有必要的时候要在总体上设立比较大的后台工作团队,其负责人负责全盘的后台工作,

---

① 引自于百度网站。

然后，再根据不同子项目的情形，设立各子项目的后台工作队或者小组，进行具体的分工，各负其责。对于有些特别大型的演出（即使是剧场演出），在其设立的后台工作团队规模较大时，也可以根据其工作职责设立其下属的小组，如音响组、灯光组、道具组、服装组、化妆组、舞台联络监控组等。

（二）后台团队成员来源的讨论

像演员团队成员的来源一样，后台团队成员来源也是多方面的。他们可以是原生态居民、专业文艺团队成员、专业学校学生等。一般来说，在涉及原生态的场地、服装、道具的管理和运用上，原生态居民较为有优势，应该多选用原生态居民；在灯光、音响、舞台布景和其他涉及现代技术的管理运用方面，专业文艺团队成员和专业学校学生会更为有优势，应该多选用专业文艺团队的后台技术人员，如灯光师、音响师、化妆师等，多选择专业学校学生。

无论任何演员团队，都要配备好功能齐全的后台团队，以确保表演的顺利完成。

总而言之，旅游表演团队的组建要因地制宜，根据表演内容、表演类型的实际情况选定表演团队的名称，严格地挑选演员，组建好演员团队，再结合场地、音响、灯光、道具、服装等实际，组建好后台工作团队，演员团队和后台工作团队要紧密配合，比例合适，后台工作团队要功能齐全，这样才算是一个较为合理的团队。

第二节　项目的生产

从产业的角度而言，旅游表演项目就是旅游文化产业的产品，一项旅游表演项目实质上就是一个产品。产品必须有一个生产过程，它们表现为从原料到做成成品的整个过程，旅游表演项目的生产也有相类似的过程，这就是旅游表演项目的制作，它包括前期设计和正式生产两个环节。

一、前期设计

前期设计包括创意、内容选择、规划方案、台本创作、音乐设计、场面设计、灯光道具的设计、服装和化妆的设计等。

任何项目的生产总是从创意开始的，在创意的统率下，确定内容，然后，进行整个项目的具体设计。如果它是一个小的项目，主要考虑的是中间具体有哪些节目、怎样排序、节目之间怎样串联、是否需要串台词，等等，最后的结果就表现为一个表演操作流程的台本；如果是一项大型的项目，要考虑它有多少子项目，子项目在时间上的贯串，在空间上的分布情况，写出一个总体上的规划方案，然后，接着考虑各子项目具体有哪些节目，怎样排序，节目之间怎样串联，是否需要串台词，等等，写出各自项目表演的操作流程台本。

许多旅游表演是需要音乐的，要进行音乐的设计。关于音乐有原生态的音乐和创作的音乐两种。原生态的音乐演奏，选用演奏曲目，安排曲目的次序，以及确定是否是即兴地演奏；创作的音乐演奏，要根据表演的内容确定音乐的风格，进行音乐的整体设计，写出音乐的设计方案。此外，要做好整个表演项目的音响设计方案。

无论大型演出还是小型演出，旅游表演都要重视场面的安排，一些大型的演出要做好场地使用和场面安排的方案。要用灯光的，制作出灯光的使用以及灯光效果的方案。要使用道具的，设计好道具。各种旅游表演，都要设计好服装，制订服装的制作和使用计划。要化妆的，要设计好化妆的类型和各种服饰，对于一些大型的表演要考虑到化妆师的选用等。

上述工作由艺术总监带领有关的策划编导人员以及相关的其他人员来完成。

二、正式生产

正式生产指的是，节目的排练，音响、灯光、服装、道具的制作和化妆的试验。

节目的排练是整个项目生产的主要内容。在各种表演的规划方案、操作流程台本确立以后，编导人员就要根据方案和台本组建相应的演员团队，按照台本进行节目的排练。节目的排练是把旅游表演方案和台本视觉化和听觉化的一个过程，只有通过排练才能展示给旅游者，排练的过程等于把原料制成成品的过程。编导人员，尤其是导演，在这其中起着重要的作用。

节目的排练是一个富于挑战性的过程，编导人员把业已设计好的方案制成成品，并不是像生产工业商品那样按部就班地按生产流程进行生产就可以了，它面临的是活生生的人，因此，在排练的过程中，还要考虑演员个人的素养和技术特点，个性因素以及演员们的创造性的问题，可以讲排练又是一个二度创作的过程。编导人员事先做好的方案和台本尽管已经很完善，在大体上和基调上我们不宜做更改，但是，在局部和细节上则要根据演员团队的具体情况进行调整，做进一步地细化和提升。使之既能体现设计上的总体目标，又能发挥演员们的个人优势，这样才能达到最好的效果。

在组织演员团队进行节目的早期排练的过程中，音响、灯光、服装、道具的制作也在同步进行。有些项目是需要为之创作音乐的，就需要组织创作团队进行作曲，需要制作音响的，还要组织相关的人员准备设备按要求制作音响。在灯光上，要组织相关的人员准备灯光设施，按要求进行灯光布置，调节好灯光效果。同样，要组织好相关的人员按要求制作道具、服装，组织好化妆师选购好化妆用品，对各种妆口进行化妆试验。

等到节目的排练熟悉到一定的程度，就要加上音响、灯光和道具服装进一步地排练，让演员熟悉实际的音响和灯光效果，熟悉场景。等到这一步较为熟练之后，再加上服装和化妆，进行完整的排练。

排练的最后阶段就是彩排，这时候，音响、灯光、服装、道具和化妆齐上，也就是说在实际演出中所有的东西一样不少地加入，按照正式演出的要求进行排练。彩排一般要等一切都比较齐备了才进行，彩排的次数不宜过多。彩排的目的在于发现漏洞，给予弥补。

对于一些比较重要的大型的表演项目要有预演。预演就是预备演出，它与彩排的不同在于，它已经是演出，有观众的参与。预演的目的和彩排差不多，还是在于发现漏洞，给予弥补。在彩排过程中，有时已经是很好了，只是它没有观众的参与，有观众和没有观众是不一样的。彩排时没有什么问题，但预演时观众一参与进来，就有可能暴露问题。再者，预演还可以收集观众的意见。在预演后，做进一步地完善与提高。

预演后，一个旅游表项目生产的主要工作就大致就完成了。

必须说明的是，上述项目的生产过程指的是比较大型的项目较为完整的生产过程，对于一些小型的项目，则不一定要经历这所有的过程，但是，一般的排练是必要的，不可或缺的。其他的事项，则可以根据实际的需要定夺。

第三节　项目的营销[①]

旅游表演属于商品，一切商品所具有的属性皆有之。营销是商品运营重要的过程，关系到商品生产的命运，具体地说，营销就是使产品能成功地走向市

---

① 本节参考：杨卫武，徐薛艳，刘嫄. 旅游演艺的理论与实践[M]. 北京：中国旅游出版社，2013.

场,为消费者所接受并购买,最终实现产品价值的活动。旅游表演项目的营销在旅游表演的运营中占有很重要的地位,它也关系到旅游表演项目的命运,是旅游表演项目能为消费者所接受并购买,最终实现旅游表演项目的价值的活动。

许多旅游表演的实践,已经证明了这一点。《丽水金沙》开始表演的时候就遇到这样的境况。它于2002年5月1日正式公演。据丽水金沙演艺有限公司总经理周志强透露:"刚开始几乎没什么观众,6月1日,全场就一个人。我记忆太深刻了!演完后,这位外地游客撂下一句话:节目很好,宣传不够。"游客的话提醒了周志强,他采取了一系列的宣传策略,诸如:请政府专门组织《丽水金沙》促销会、组织导游上课、吸引旅游团队观演、利用媒体宣传造势等,终于,在2002年11月走出低谷。《印象·刘三姐》也有过相类似的境况,从2003年10月到2004年4月,它经了6个月的亏损。[①]

随着市场经济的突飞猛进,各种营销方式如雨后春笋层出不穷。旅游表演项目的营销可以借鉴其方式。在产品营销过程中最有效的营销方式有如下的几种形式。

一、广告促销

利用广告的形式来促进旅游表演项目的营销,称为广告促销。

广告是一种常见的较为传统的营销方式,现代社会当中广告存在诸多的投放形式,如海报、手册、卡片、专门资料、报刊、杂志、电台、广播、电视、电影、网络、光碟、大屏幕、宣传栏、招贴、路牌、气球、沿街灯箱、条幅等,以及一些交通设施及公共场所,如公共汽车、长途汽车、出租车、火车、机场、车站、公园等。旅游表演项目可以充分利用这些广告的投放形式促进营销。

二、网络营销

利用计算机互联网的形式来促进旅游表演项目的营销,称为网络营销。

随着数字化技术的飞速发展,网络突破时空的局限,成为覆盖面最广、反应快捷、效率最高的一种现代化媒体。网络营销已经成为影响人们生活的一项重要而平常的营销方式。旅游表演项目可以很好地利用网络的功能来促进营销。

旅游表演的网络营销可以有两种方式,即:可以在网络上建立专门的网站,也可以利用其他影响力大的网站。它可以在网站上展示表演场景,公布表演信息、交通信息,提供在线订票、在线咨询、网络留言、免费送票上门、在线支

---

① 引自于百度网站。

付等服务项目。目前很多旅游景点和旅游表演都建立有相关的网站,如《云南映象》《印象·刘三姐》《宋城千古情》《印象·丽江》《时空之旅》《印象·西湖》《吴桥杂技大世界》《灵山吉祥颂》《禅宗少林·音乐大典》《天禅》等,有些还开通了电子商务系统,支持在线支付购票,如《时空之旅》开通计算机联网售票,在上海市设立近 50 个销售网点,《宋城千古情》《灵山吉祥颂》也支持网上支付。

三、推介会促销

利用推介会的形式来促进旅游表演项目的营销,称为推介会促销。

推介会是商品推销的一种重要的手段,是生产商向社会推广介绍自己产品,从而达到拉近生产者与消费者之间的关系,增加产品销售量的一种方式。这是商品营销的常见手段。旅游表演项目可以通过推介会促销。

推介会可以有各种形式,可以是专题的推介会,也可以是大型的博览会、展销会或者是交易会当中的一个部分。其场所一般设在城市的会展中心、高级酒店、大型的会馆等,也可以设在旅游景点。届时,旅游表演项目生产者和消费者进行当面交流,通过现场解答的形式,生产者向消费者介绍自己旅游表演项目的内容、形式、特色和亮点,同时消费者对产品增加了解,从而达到促销的目的。

当一个大型的旅游表演项目准备投入市场进行正式营业的时候,组织一个专题的推介会是很有必要的。推介会可以邀请各重要的新闻媒体,一些专家学者,当地旅游组织各层次的人士,以及社会各层面的人员参加,尽量扩大其影响力。随后,再参与各种形式的博览会和交易会,做进一步的推介。

现实旅游文化产业中,比较大型的旅游表演都举行过各种形式的推介会。如《时空之旅》举行专题推介会、参加国际旅交会等达 15 次之多。

四、中介促销

利用中介关系来促进旅游表演项目的营销,称为中介促销。

充当中介媒体作用的可以是团体单位和某种组织,也可以是个人,还可以是某些网站。在单位团体和组织中,与旅游表演的营销关系最直接的是旅行社、散客中心、旅店、饭店以及各种票务代理组织,其次是各种交通运营单位,如航空公司、火车站、汽车站、水运站,还有就是大型的企业、工会、学会、协会、俱乐部以及各种娱乐休闲组织。个人充当中介媒体的,与旅游表演的营销关系最直接的主要是导游,还有票务代理商。至于网站,可以是一些门户网站,如网易、搜狐、腾讯、雅虎等网站,也可以是其他的各种网站,如旅游网站、购物网站、交通网站,等等。这些中介媒体和个人,它们都有自己的团体队员、服务对象和业务范围,建立了一定的人脉、关系网络和销售渠道。利用中介促销,就是借用它们的各种关系网和销售渠道进行旅游表演项目的促销。这种中介促销,必须让一部分利给中介,常见的让利措施体现为现金回扣和数量优惠,也就是中介可以按一定的比例得到一定的现金,或者得到一定的观看演出的票。也可以采用其他的方式,给中介一定的实物或待遇享受。

湖南张家界《魅力湘西》以高佣金和一对一交流《魅力湘西》产品的形式与导游合作,同时采用门票回扣的方式与旅行社合作,进行《魅力湘西》表演项目的促销,使其上座率保持在稳定的状态。[①]上海《时空之旅》则与中国青年旅行社合作,发挥其中介作用,把上海市内的13家营销网点作为《时空之旅》的指定票务代售点。[②]

五、折扣促销

利用价格打折扣使旅游者直接享受票价优惠的形式,来促进旅游表演项目的营销,称为折扣促销。

折扣促销有各种类型,如节日折扣、网络折扣、团体折扣、开业折扣、预订折扣、季节折扣等。节日折扣是指在节假日对旅游者进行票价打折,如十一、五一、中秋、元旦和春节等节日;网络折扣是指在网络上买票旅游者可以享受一定的票价打折;团体折扣是指在团体买票时,对旅游者进行票价打折;开业折扣是指某个旅游表演项目,在开业上市的一段时间内,面向旅游者进行票价打折,有时候甚至于免票;预订折扣是指旅游者以预订的形式购票,可以享受打折的票价;季节折扣是指在不同的季节,对旅游者进行票价打折,旅游有淡季和旺季之分,一般常常在淡季进行票价打折。这些都是常见的折扣促销的手段。

例如:《云南映象》的预订售票打折情况为:贵宾票400元/张,预订320元/张;甲票300元/张,预订240元/张;乙票220元/张,预订176元/张;丙票140元/张,预订112元/张。其折扣额度为:贵宾票80元/张,甲票60元/张,乙票42元/张,丙票28元/张。

[①] 杨卫武,徐薛艳,刘嫄. 旅游演艺的理论与实践[M]. 北京:中国旅游出版社,2013.
[②] 杨卫武,徐薛艳,刘嫄. 旅游演艺的理论与实践[M]. 北京:中国旅游出版社,2013.

六、差价销售

利用价格差异的形式来促进旅游表演项目的营销,称为差价销售。

差价销售就是根据观众席的不同位置所在,席位布置和设施的优劣;根据不同旅游者的欣赏层次和购买力的不同,而设立的各种不同的档次的席位,与之相应采用不同的价位来进行促销的一种方式。

在现实的旅游表演中,根据观看位置的不同,条件和设施的优越与否,观众席位分为总统席、豪华席、贵宾席、尊宾席、嘉宾席、移动席、普通席等各种席位,也有称为甲、乙、丙、丁等档次的,还有按区划而分的,如A区、B区、C区、D区、E区等,不同的席位有不同的价位。如《宋城千古情》的宋城剧场根据座位与舞台的距离关系,划分为豪华席、移动席、尊宾席、贵宾席、嘉宾席等,价位从480元/张、280/张,到260元/张(含门票80元)等各种不同的档次。

下面是几个旅游表演项目的价格一览表。

部分旅游表演项目价格一览表[①]

表演项目名称	观众席位类型与差别价格梯度(门市价)
云南映象	贵宾票:400元/张 预订:320元/张
	甲票:300元/张 预订:240元/张
	乙票:220元/张 预订:176元/张
	丙票:140元/张 预订:112元/张
印象·刘三姐	总统席:A2680元/张 A1480元/张
	贵宾席:B2238元/张 B1320元/张
	普通票:C198元/张
宋城千古情	豪华席:480元/张(含门票80元)
	移动席、尊宾席:280元/张(含门票80元)
	贵宾席:260元/张(含门票80元)
印象·丽江	贵宾票:260元/张
	普通票:190元/张

---

① 杨卫武,徐薛艳,刘嫄. 旅游演艺的理论与实践[M]. 北京:中国旅游出版社,2013.

续表

表演项目名称	观众席位类型与差别价格梯度（门市价）
印象·西湖	A1～A4.C区、清水东、中、西区：第一场260元/张，第二场248元/张
	大画舫下层：第一场450元/张，第二场450元/张
	清水贵宾1.2区：350元/张
	大画舫上层：600元/张
	小画舫上层：600元/张
	豪华席VIP2包厢（15～20座）：9000元/间
	豪华席VIP1包厢（12～15座）：10000元/间
时空之旅	VIP：500元/张
	A区：380元/张
	B区：280元/张
	C区：180元/张
	D区：80元/张

这种差价销售的促销方式，能够满足各种不同层次的旅游者的需求。

第四节　项目的表演

在旅游表演项目生产的过程中，就可以采用各种措施进行促销。等到旅游表演项目的生产过程结束，其促销也具有了一定的效果，这时候就可以考虑上市销售，但是，营销活动还要继续进行。旅游表演项目的上市销售是指在旅游当中进行演出，即投入表演。投入表演也要试探而行，先是进行试演，然后，才是正式的演出，在正式演出的过程中，还要跟踪调查，进行改进，调整提升。

一、试演

试演是正是开演的第一个阶段，是带有试探性质的演出。无论是什么样的演出，一般都要经过试演。在试演的时候，主要是投石问路，通过与各方面的人士和观众见面，旅游表演主要是要与旅游者见面，以检查这一这表演项目所引起的反响。试演时往往特意邀请一些权威人士、专家学者，动用一些新闻媒体进行宣传。过后，听取各方面的意见，再做一定的改进后，方能进行正式表演。如《印象·刘三姐》试演的门票价格为 100 元 / 张，重新调研市场，对旅游者重新评估后提高到 188 / 张，投入正式演出。

二、正式表演

试演以后，又收集了各方面的反馈意见，再做加工改进，确定一切业已成熟，就可以进行正式表演了。正式表演必须做好如下工作。

（一）具体落实表演的各种事项

试演以后，针对预演中发现的问题和不足之处，做改进和调整，在正式演出之前，一定要再一次做好具体的落实。这主要体现在以下几个方面。

第一，把试演中出现的漏洞，逐一地检查，看是否过关。这一项要具体落实到人，确保每个漏洞都已经弥补好。

第二，对那些在平常排练的过程中容易出问题的事情，要加以强调，询问其负责人或当事人是否落实到位。服装道具、舞台布景、音响和灯光等看得见的实物，一定要在现场加以验收和调试，以确保一切确实到位。

第三，询问每一个演员、每一个后台工作人员，对自己所担任的任务是否还有什么不明确的地方，是否还有什么问题需要解决。有些重要的演职人员，要考虑到候补的演员和职员，以防在特殊情况下主要演职员缺席，能够有人立即顶替上去。

第四，仔细考虑一下，各个部门之间的协调工作是否到位，检查各部门的负责人和当事人是否明确有哪些事情需要协调，具体怎么做，跟谁协调，在什么时候需要协调。对于那些容易出问题的地方，要加以强调。

总之，要方方面面考虑到，做到每一个项目、每一个环节都具体落实，包括每一个细节，落实到每一个人，力争把问题减少到最少。

（二）开业仪式和优惠活动

旅游表演实际上就是旅游文化产业中的产品。关于产品的上市，有一定规律。

产品生命周期理论揭示了这一规律。产品生命周期（Product Life Cycle，简称 PLC），是产品的市场寿命，它指的是一种新产品从开始进入市场到被市场淘汰的整个过程。弗农认为，产品生命是指市上的营销生命，产品和人的生命一样，要经历形成、成长、成熟、衰退这样的周期。就产品而言，也就是要经历一个开发、引进、成长、成熟、衰退的阶段。而这个周期在不同的技术水平的国家里，发生的时间和过程是不一样的，期间存在一个较大的差距和时差。

旅游表演项目开始正式表演，实质上属于产品生命期的引进阶段，所以，在正式表演最初的一段时间，主要的工作任务还是表演项目的引进。在现实的旅游景点中最常见的引进手段有开业仪式和优惠活动。

1. 开业仪式

对于商家来说，开业仪式是最有效的引进和推介的手段之一。每当一个产品上市，都要做一个开业仪式，旅游表演也不例外。

做好开业仪式，要有一个周密的计划，做好各种事项的具体安排，这个计划的主要事项包括：场地的布置，不仅是表演场地和景点内部的布置，还包括景点外道路和有关城镇醒目地点的布置，包括彩旗、标语、大条幅、大屏幕、气球、拱门等设施的筹划和布置等；开业仪式的程序安排，邀请哪些领导和专家到主席台就坐，邀请谁做讲话，邀请书的撰写和发送，时间和规模等；特邀观众，拟定多少特邀观众，送多少票，由谁去送票等；除正式表演的项目以外相关的活动，主要有哪些，由谁负责，什么时候进行等，还包括各项后勤工作，安全保卫工作，都要逐一做好落实安排。

2. 优惠活动

对于商家来说，优惠活动也是最有效的引进和推介的手段之一。不仅一个新的产品上市，有优惠活动，就是平常时期，也兼而有之。旅游表演也可以在正式表演时举行优惠活动。

优惠活动的方式多种多样，但是，常见的是打折和免费酬宾。在旅游表演项目开始正式表演的前一段时间内，可以实行票价打折，要做好打折的计划，确定打折的时间期限，打折的对象，每天打折票的数量等；也可以是免费酬宾，也要做好免费的计划，确定免费的时间期限，免费的对象，每天免费的数量，等等。

如果有其他的优惠方式，也要做好具体的安排。比如，在规定的时间内赠送实物，要做好准备工作，采购好，安排好发放方式和地点等。

3. 宣传工作

旅游表演项目举行开业仪式和优惠活动，一定要做好宣传工作。创意策划部、外联部和营销部联合起来成立一个宣传组织，制订一个宣传计划。除了开业仪式场地设施的筹划以外，主要任务是调动各种媒体和广告手段进行宣传。一般要做好如下的工作。

设计和印制海报、手册、卡片等宣传资料，设计并制作大屏幕、宣传栏、招贴、路牌、气球、沿街灯箱、条幅等宣传设施；设计好网络格式，建设好网站，在网上发布消息；与一些门户网站联系，通过它们向社会发布信息；与电视台、广播电台、报刊、杂志等媒体联系，在这些媒体上发布广告和消息，或做专题的节目介绍；通过交通部门在一些公共交通设施上发布广告和消息；还可以通过中国移动等通讯部门发布消息。

这些宣传工作一定要先行，至少提前一年左右就开始，在临近正式演出开始的时候，更要加大宣传的力度，确保在社会上造成较大的影响。

（三）及时调研与长远规划

正式表演展开后，要做好及时的调研工作，以把握事情的发展动态，同时还要根据实际情况制定出切实可行的长远表演规划。

1. 做好及时调研

正式表演的前期，在开业仪式和优惠活动期间，要由外联部组织一个调研小组就现场展开调研，采访有关的专家、领导、各种层次的旅游者和活动的参与者。事先要制订一个调查计划，制定提纲，为了调查方便，同时，也设计一个调查问卷或者调查表，就表演项目的内容与形式，表演的风格特点，他们喜爱与不喜爱及其理由，哪些地方比较好，哪些地方需要改进等问题进行调查。另外，从面上也要做好有关数据的收集，比如，开业仪式发出去的邀请函与真实到场出席者的比率，送出去的票与真实到场者的比率，每天出售的门票多少，经济效益如何，等等。也还要关注媒体反应，是否对开业仪式和优惠活动进行了宣传与报道，同时也要关注大众的意见和热情。在这些资料收集以后，集中起来分析其成功与不足之处。

2. 制定长远规划

产品一上市，必须受到价值规律和产品生命周期的制约，尽管旅游表演项目是文化产品，它的生命力在于其文化价值和文化特征，但是，价值规律和产品生命周期对它的制约作用也是强大的。因此，必须正确地处理好各种关系。

根据产品生命周期理论，产品的引入期是指产品从设计投产直到投入市场进入测试阶段。新产品投入市场，便进入了介绍期。此时，顾客对产品还不了解，除少数追求新奇的顾客外，几乎无人实际购买该产品。生产者为了扩大销路，不得不投入大量的促销费用，对产品进行宣传推广。旅游表演项目正式表演的前一阶段，正处产品的引进和介绍阶段。此时广大旅游者对旅游项目还不了解，也只有少数的旅游者为追求新奇前来观看。所以，这一阶段的任务还是以促销为主，扩大其影响力，使旅游表演项目为社会所认识，为广大旅游者所接受。

在开业仪式和优惠活动之后，就应该根据及时调研所得的信息，进行分析研究，着手于表演项目长远规划的制定。制定长远规划时，首先要考虑到两极的消极作用。按照产品周期理论，产品的生命周期实际上是一个纺锤形，中间大，两头小，即：在产品的引进期和衰退期，经济效益很低。所以，旅游表演项目表演的长远规划，要正确地认识引入期，不要急功近利，把工作的中心放在介绍表演项目、介绍它的特色和文化内涵上，另外，在衰退期要做充分的改进工作，以保持其生命力。同时，在不同的阶段，也要注重其特点。

三、跟踪调查与调整提升

在旅游表演项目度过其引入期，被广大旅游者接受以后，旅游表演项目的表演即进入比较稳定的正常轨道了，经济效益也开始明显地显现出来，不要认为此时就万事大吉了。其实，这只是事情的开头，刚刚才真正地进入正式演出，下面需要做的事情，仍然很多。其中，最主要的就是跟踪调查与调整提升。

（一）跟踪调查

表演进入正式轨道以后，要进行跟踪调查，时刻关注该表演项目的现状，关注市场的变化、旅游者审美倾向的变化，关注该表演项目在变化了的环境中的各种情况。

我们可以拟定各种层次的旅游者做跟踪调查。比如说，我们可以把旅游者按年龄结构分为老年、中年和青年三个层次，可以按照知识结构把旅游者分成几种层次，也可以把旅游者按照不同职业归纳为几个层次，等等，跟踪调查，以一年或者是半年为单位，或者是不定时地对各层次的旅游者进行访谈，或者做问卷调查，把调查的情况做系统的分析，归纳整理，以此，发掘不同层次的人群每一年，不同阶段的需求的变化情况，以及产生这种变化的内在和外在的原因，及其各种因素的相互作用。

（二）调整提升

一个旅游表演项目正式上演后，不是一成不变的，而是要根据现实情况经常地进行调整提升。

根据跟踪调查的情况，预测旅游者的需求趋势，然后，再结合旅游表演项目的实际，不时地对旅游表演项目的内容和形式做出适当的调整，一方面是满足各种不同层次的旅游者的需求，满足旅游者变化了的新的要求；另一方面是使旅表演项目不断地完善，使它更具独一无二性，发挥它旅游资源的吸引力。

特别是一个旅游表演项目在长时间上演以后，会使旅游者产生审美疲劳，最后像其他的产品一样会走向衰退，这样产品的衰退期也就随之到来。其他的产品应付衰退期有各种办法，有的可能就要转型或者终止生产，有的则通过改进，增加新的因素，使产品更新换代。对于旅游表演项目来说，调整提升使其进一步完善，进一步突出它的地域性特征、民族风格、特有的文化价值和文化形态，则是使其保持长久生命力的最好办法。如果我们能够真正地做好这一部分的工作，就可以避免衰退期的到来。

对这方面的工作，现行的旅游表演项目实践中已经有了一些宝贵的经验。

《印象·丽江》导演王潮歌说："我们都会不停歇地找，认为什么地方最合适，什么地方又出现一个好的想法，我们都会加以实验，我觉得它不仅不是句号，它一直会在很长时间内，只要它演，都会有一些更迭，都会有一个新的信号传递给观众。"[1]

宋城景区自从1998年推出《宋城千古情》以来，天天上演，平均每天有4000多名观众欣赏演出，景区根据自身特色不断推出新节目，在2006年初，耗巨资打造《燕青打擂》《南宋船拳》等大型影视实景剧，在暑期推出宋城首届歌会、戏水狂欢等大型户外节目。[2]张家界"魅力湘西国际文化广场"、广东《天禅》等旅游表演项目，先后都做过大幅度的调整和提升，增加了许多新的内容和项目。

---

[1] 引自百度网站。
[2] 杨卫武，徐薛艳，刘嫄. 旅游演艺的理论与实践[M]. 北京：中国旅游出版社，2013.

第八章　旅游表演人才的构成、来源及其培养

旅游表演从项目的策划和组建，到项目产品的生产、营销、表演，到最后的调整提升，这整个过程，需要一系列的人才来支撑，这些人才怎样获得，怎样培养，是我们旅游表演中的一个重要的事项。这个问题不妥善地解决，整个旅游表演将成为一句空话。在这一章我们主要谈旅游表演的人才问题。

第一节　旅游表演的人才构成

要解决旅游表演的人才问题，我们首先应该弄清楚的一个问题就是，旅游表演需要些什么人才，即旅游表演所需的人才结构。一个旅游表演项目，无论其规模的大小，必须具有策划人才、编导人才、管理人才、表演人才、技术人才、财务人才、营销人才等，这就是旅游表演的人才结构。

一、策划人才

策划人才是负责旅游表演项目策划的人员。策划就是从无到有的构想，一个旅游表演项目从最初的创意，到项目的大致形式的构想都是他们的任务。除了大的轮廓的构想以外，还包括一些主要事项的构想，诸如：表演的主题、内容、表演类型、演出流程、表演场地、灯光效果、音响效果、舞台布景、服装道具等的构想，这些都由策划人才来完成。

二、编导人才

编导人才是负责旅游表演具体项目的创作、编排的人员，他们其中有些人

称为编剧，有些人称为导演。他们是在总体策划的基础上，把总体策划的意图转化为具体的表演形式。他们负责各种剧本、台本和表演方案的设计与撰写，并同演员们一起，进行排练，把这些方案变成可供旅游者观赏的表演节目。

三、管理人才

管理人才是负责旅游表演的各项管理工作的人员。旅游表演事务繁杂，需要有专门的管理人才才能理顺各种关系，以确保各种事项的顺利进行。事务经理和艺术总监就是旅游表演项目最大的两位管理人员。事务经理是总负责，总揽行政和经营事务的管理，以及对外各项事务的联系；艺术总监则是负责整个旅游表演项目，从其创意策划，到制作生产，再到营销和售后提升等整个过程的管理与调控工作。此外，还需要一些管理人员协作事务经理和艺术总监做一些具体事项的管理。

四、表演人才

表演人才是负责表演的人员，大多数可以称为演员。他们在编导人员的指导下，发挥自己的各种技巧，进行排练，把总体策划的意图和编导们撰写的剧本、台本和设计的表演方案转化成可供旅游者观赏的表演节目，并在表演的过程中担任表演工作，与旅游者产生互动。

五、技术人才

技术人才是除前台表演人员以外的后台或其他方面的技术人员，主要是指负责灯光效果操控的灯光师，舞台美术设计的舞美设计师，负责音响效果的音响师，及其工作人员，习惯上把他们称为灯光、舞美和音响；还有负责服装和道具的设计与制作的工作人员，负责化妆的化妆师，负责各种宣传资料设计的广告设计师；还有电工，等等。这些工作人员的共同特点是拥有一门专业技术。只有他们的各项技术到位，整个表演项目才能够顺利地进行。

六、财务人才

财务人才是负责财务工作的人员。旅游表演项目的运营实际上就是一种产品的生产与营销，其整个过程从一开始就与经济有关系，有各种账目需要管理，财务人员就专门负责旅游表演的账目管理工作。

七、营销人才

营销人才是负责各种营销事务管理的人员。旅游表演项目的运营需要做大量的营销工作，他们要进行市场调查，根据旅游表演项目的文化价值和市场需求情况，制订并完成各种营销计划，具体设计出各种宣传广告和海报，采用各种手段，开辟各种营销渠道，把广告和海报送到市面上，把旅游表演项目有关的具体资讯送到公众当中。有必要的时候，组织专题推介会和新闻发布会以及跟踪调查，等等，使广大的公众能够成为旅游表演项目真正的消费者。

从以上的分析可以看出，旅游表演人才的构成比较复杂，类型较多，对技术和业务上要求的程度也参差不齐。

第二节 旅游表演人才的来源

要解决旅游表演的人才问题，我们还应该弄清楚旅游表演人才来自何处，有必要讨论人才的来源方式。旅游表演人才的来源渠道较多，归纳起来，大致有科研单位、高等院校和职业院校、表演团体以及民间村寨等几个方面。

一、科研单位

科研单位是旅游表演项目高级人才的来源地，它往往能够给表演项目提供权威性的专家，不仅能够提供旅游方面的专家，而且能够提供文化方面，诸如音乐、美术、民俗方面的专家，也能够提供灯光、音响、舞台设计、数字通讯等技术方面的专家。旅游表演项目的创意、策划、编导和高级管理人才往往出自于科研单位。只有出自这些科研单位的专家团队才能够真正地把握旅游表演项目的文化价值，组建起合理的旅游表演项目。

二、高等院校和职业院校

高等院校和其他相关的各类学校是培养旅游表演人才的摇篮，可以说旅游表演的各种人才都能够从学校培养。但是，相对来说，旅游院校和音乐院校所占的比例略高。

（一）旅游院校

旅游院校包括专门旅游大学、旅游专科学校、旅游职业院校和旅游技术学校，还包括综合性大学和师范院校当中的旅游学院和与旅游产业相关的系部，等等，它们专门为旅游产业培养各种人才，可以为旅游表演提供旅游管理人才和旅游表演人才。

（二）艺术院校

艺术院校包括音乐院校、舞蹈院校、美术院校、传媒院校，综合性大学和师范院校当中的音乐系、舞蹈系、美术系、传媒系和专业，以及一些职业技术学院（职业技术学校）当中的艺术专业和一些艺校、戏校，等等。它们可以为旅游表演提供表演人才、编导人才、化妆人才、广告设计人才、舞台布景设计人才、音响操作人才等。

（三）其他院校

其他院校包罗更加广泛，指的是有关财务、管理、经济和各种技术方面的院校、院系和专业，它们可以提供财务人才、管理人才，各种技术方面的，如电工、灯光、音响、营销等方面的人才。

另外，高等学校可以为旅游表演提供高级的专家和教授，他们可以成为旅游表演项目策划、编导、管理与各种技术上的权威人士和掌舵者。

三、表演团体

有相当一部分旅游表演人才来自于表演团体。表演团体指的是从事各种表演活动的团体，它们有些是专业团体，有些是业余团体，既包括音乐、舞蹈的表演团队，也包括其他的各种表演团队，如各种艺术团、歌舞团、剧团、乐团、曲艺团、杂技团、马戏团、时装表演队，各种宣传队，还有各种走江湖的民间草根班子等。这些团体拥有经验丰富的各种工作人员，能够为旅游表演提供经验丰富的甚至是身怀绝技的表演人才，同时，也能够提供实践经验丰富的舞台布景、灯光音响、服装道具以及策划、编导和管理方面的人才。

如《张家界·魅力湘西》先后与古丈及凤凰县剧团、湖南省民族歌舞团、湖南省歌舞剧院合作，《幸福在路上》特邀了西藏自治区歌舞团青年舞蹈家加永江春等优秀演员。《丽水金沙》31名前丽江市歌舞团演员转制后成为股东，与丽水金沙演艺公司共同组建民族演艺公司，为其提供演员保障，并培养小演员。

四、民间村寨

民间村寨是旅游表演人才的重要来源地之一。那些民间歌手、民间乐手、民间舞蹈者；民间风俗仪式的操作者；民间工艺的操作者，包括剪纸、年画、刺绣、蜡染、风筝、泥人、银（金铜铁锡）饰、面具、各种龙的工艺制作者，各种杂技的操作者,包括各种把戏、舞大刀、上刀山、下油锅、下雪山、下火海、走绳索、冲浪、耍猴等;生活程序的操作者,包括采茶、制茶、泡茶、打油茶、制酥油茶、制奶酪、打糍粑、酿酒、做五色糯米饭、拉面、做小笼包等的操作者;生产劳动的操作者,打猎、放牧、开山、稻作、车水、行船、挑担、伐木、打石头、榨油、撒网、捕鱼等劳动的操作者,诸如此类的人员都可以是旅游表演当中的表演人才。此外,民间村寨还能够提供编导、策划、服装、化妆、道具和场景布置等方面的人才。这些人才往往给旅游表演项目带来了原生态的内容和结构形式,使旅游表演项目带有真实的民间特色和风貌。

如:《云南映象》共有演员90余人,70%以上是云南各村寨的少数民族村民,年龄最大的20多岁,最小的只有7岁;《印象·丽江》的500多个演员,分别来自云南10个少数民族、16个乡下村寨,都是普通农民和非专业演员;《张家界·魅力湘西》花费10年时间,深入湘西村寨,邀请一批居住在深山的民间艺人出山,到舞台上表演;《幸福在路上》聚集了西藏优秀的原生态演员,其中有拉孜县的农民艺术团、山歌王、情歌王、踢踏舞王、六弦琴王、热巴舞王、鼓王等。①

第三节 旅游表演人才的培养

旅游表演人才构成比较复杂,类型较多,对技术和业务上要求的程度也有不同的标准,旅游表演人才的来源渠道也较多,因此,旅游表演的人才培养也是多方、多渠道的。概括起来,其主要的渠道有学校教育、临时培训和原生态传承三种主要的培养方式。

一、学校教育

学校教育是旅游表演人才培育的主要方式,可以说,除了某些原生态表演和原生态工艺制作技术人才以外,其他所有的人才几乎都可以通过学校教育来获得。

学校教育一般是分专业按课程进行教学,每个专业都有一定的人才培养目标。除了旅游院校和旅游专业专门为旅游表演与旅游管理培养一些对口的人才

---

① 引自百度网站。

以外，其他院校所培养的人才就不一定是专门为旅游行业所对口培养。但是，旅游表演项目所需的人才都可以从一些相关院系和专业中获得。一般来说，艺术院校和传媒院校可以培养策划、编导、表演人才、音响灯光方面的技术人才，管理院校和艺术院校可以培养各种管理人才，各种技术院校可以培养技术人才，与财务相关的院校可以培养财务人才，有关的经济院校可以培养财务、营销方面的人才，等等。

在学校教育当中，产学研一条龙的教学，可以直接为旅游表演项目培养人才，而且是很有效的培养手段之一。旅游院校（其他的院校也可以）可以与旅游文化产业结合，以建立学生对民间文化正确的价值观、正确的保护发展观和正确的旅游文化产业开发观为基本理念，把"基本理念""系统知识""乡土文化"和"操作实践"几大板块融合在一起，根据旅游行业对旅游表演人才需要的实际情况，制定人才培养目标，设置一系列的专业、课程体系，制订一定的教学计划、编制一些特有的教材，采用针对性较强的教学方法和手段，有针对性地培养旅游表演及其管理人才。课程设置可以有专业必修课程、专业限修课程、专业与非专业选修课程和社团训练课诸多模式。产学研的教学方法是灵活多样的，可以把"教育""学习""科研"和"创造性"四块结合起来，可以有包含原生态课堂教学、校园模拟原生态、校园内构建产业、课堂外延到校外产业、创造性的教学等方式在内各种教学方式。实习基地的建构可以有校外单纯企业基地、校外企校联合基地、校内真实企业基地、校内模拟企业基地等模式。实习组织方式有校内外基地分批集中实习、非基地分散实习、自发性实习等模式。在人才培养目标上，总体上是培养集"研"（科研）、"发"（开发）、"策"（策划）、"演"（表演）、"管"（表演）多种能力于一体的综合型人才，具体做起来又有所偏重，有研发策划型、研发表演型、研发管理型等人才培养目标模式。

下面，是以民间音乐旅游文化产业为例的旅游表演产学研人才培养有关做法的设想。

（一）基于产学研的旅游院校音乐专业民间音乐课程设置与教材制定诸模式设想[①]

1. 旅游院校音乐专业民间音乐课程设置设想

依据教学不同的侧重点，可以把民间音乐课程设置为专业必修课程、专业限修课程、专业与非专业选修课程和社团训练课程等多种课程形式，具体情况

---

① 陆栋梁. 产学研视阈下旅游院校民间音乐课程设置与教材制定构想——以桂林旅游高等专科学校为例[J]. 广西教育，2013，6（2）：76-78.

如下表所示。

旅游院校音乐专业产学研民间音乐课程设置模式一览表

课程性质	课程类型	课程内涵	学分
专业	必修（一般、重点、精品）	民间音乐的整个知识体系	2
	限修	民族声乐乐种（任1）+民族器乐乐种或乐器（任1）	2
专业与非专业	选修	民族声乐乐种（任1）、民族器乐乐种或乐器（任1）	2
专业与非专业	社团训练	各乐种、各乐器、各活动形式等	2

2. 基于产学研的旅游院校音乐专业民间音乐教材制定诸模式结构要素

旅游院校民间音乐教材的构成，必须要包含四大结构要素：基本理念、系统知识、乡土音乐和操作实践，具体内涵如下图所示。

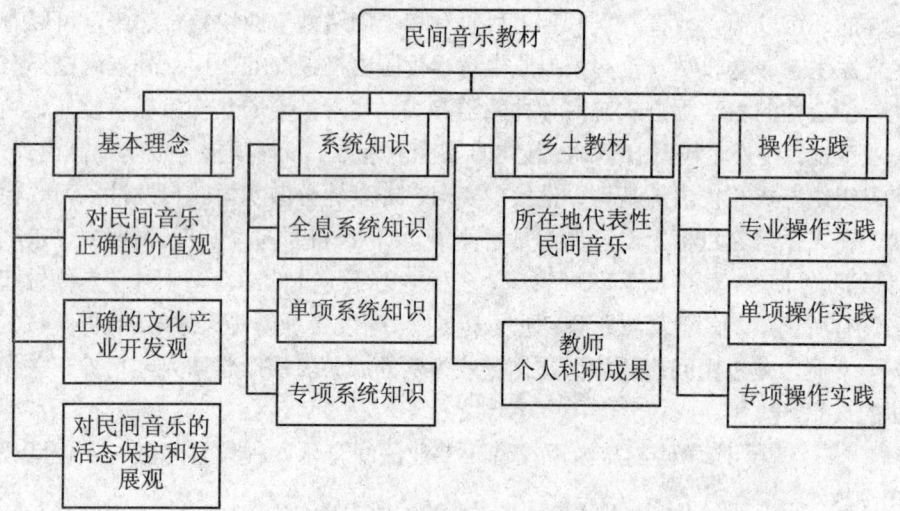

旅游院校音乐专业产学研民间音乐课程教材模式结构要素示意图

3. 旅游院校音乐专业关于产学研的民间音乐诸课程教材制定的设想

根据上述课程设置模式，根据各类课程的特殊情况和产学研结合的形式，教材制定的模式又可分为基本模式和具体模式两种情况。

基本模式是总体上的结构框架，体现出产学研民间音乐课程结构四大要素之间总的结构关系和构成情况。具体模式是在基本模式的基础上派生出来的，它是在实际运用中根据不同课程的设置，将基本模式具体化。面对具体的课程，其具体内涵有所不同，特别是系统知识和操作实践这两个方面的差别很大，所以，与之相适应，派生出的具体模式。具体情况如下表所示。

旅游院校音乐专业关于产学研的民间音乐课程教材制定模式的构成一览表

模式类型	模式结构构成	适用范围
基本模式	基本理念+系统知识+乡土音乐+操作实践	所有课程
必修课模式（一般、重点、精品）	基本理念+全息系统知识+乡土音乐+专业操作实践	专业必修课程（一般、重点、精品）
限修课模式选修课模式	基本理念+单项系统知识+乡土音乐+单项操作实践	专业限修课程、专业与非专业选修课程
社团训练课程模式	基本理念+专项系统知识+乡土音乐（含活动）+专项操作实践	社团训练课程

（二）基于产学研的旅游院校音乐专业民间音乐课程体系教学诸模式构想①

1. 旅游院校音乐专业产学研民间音乐课程体系教学方法总模式设想

总的来讲，基于产学研的教学方法，其模式是把"教""学""研""创"四个方面结合在一起，它们并驾齐驱，又体现出"本"和"魂"两个层面的教学模式。在这个模式中，"教"和"学"是根本；"研"和"创"是灵魂，决定着"教"与"学"的特色，"教""学"和"研""创"分别构成模式的两个层面。这两个层面相互渗透，相辅相成，又与旅游文化产业和原生态民间音乐紧密联系，构成一个不可分割的整体。旅游院校音乐专业产学研民间音乐课程体系教学方法总模式结构图式如下图所示。

---

① 陆栋梁. 基于产学研的旅游院校音乐专业民间音乐课程体系教学诸模式构想——以桂林旅游高等专科学校为例[J]. 旅游论坛, 2013, 6（2）: 104-110.

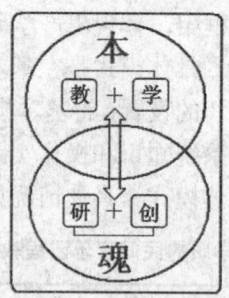

旅游院校音乐专业产学研民间音乐课程体系教学方法总模式结构图式

2. 基于产学研的民间音乐课程体系教学方法诸模式

具体的说来,基于产学研的教学方法在总模式之下,又有一些子模式,它们包括"走进原生态""引进原生态""模拟原生态(含'原生态团体''原生态活动')""校园外产业参与型(含'组织策划''操作表演''经营管理')""校园内产业实战型(含'演艺广场''活态博物馆''旅游景点')""教研创造""学研创造""产研创造"等,具体如下图所示。

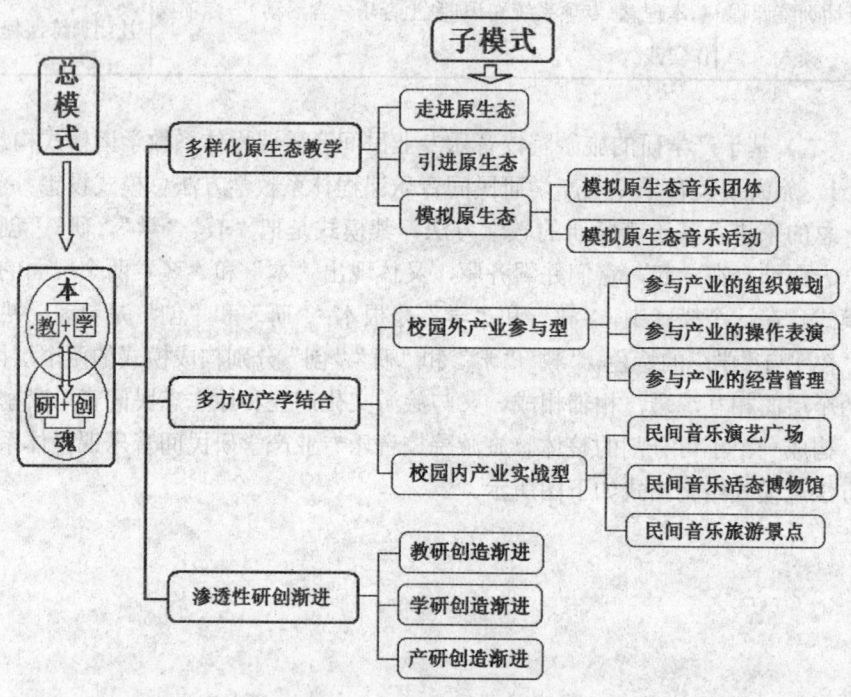

旅游院校音乐专业产学研民间音乐课程体系教学方法模式总结构树图式

二、临时培训

旅游表演是一种具有特定性质的表演,针对具体的旅游表演项目有时需要一些特别的人才,而学校培养的人才往往具有一般性,不合用,这时候,旅游产业就要临时有针对性地培养人才。临时培养人才的渠道也是多样的,可以自己建立一定的培训机构进行培训,也可以送往实地进行培训,还可以送到学校进行委培,等等。

(一) 自办培训机构

为了解决某个表演项目所需的特殊人才,在学校和其他的培训机构找不到相应的培训方式的时候,旅游产业必须想方设法自己培训人才。自己培训人才的方式也是多种多样的,一般的情况下,往往自办培训机构,这些培训机构可以是临时的艺术学校,也可以是临时的某种团体,如歌舞团、艺术团或者表演队,等等。

如广西桂林阳朔的《印象·刘三姐》项目,成立以胡庆玲为校长的"张艺谋漓江艺术学校",专门为《印象·刘三姐》培养表演人才;《丽水金沙》31 名前丽江市歌舞团演员与丽水金沙演艺公司共同组建民族演艺公司,培养小演员,为《丽水金沙》培养表演人才;九寨沟宾馆演艺厅和九寨沟民族艺术团从藏区专业团以及农村招聘优秀青年,聘请艺术单位的专家老师进行专门培训,为九寨沟景点的藏族、羌族民族文化及民风民俗节目的演出培养表演人才。

除了表演人才的培养以外,还可以培养一些特有的技术人才。这往往是面向社会招聘人才,然后进行培养,就在自己的表演项目里面工作。

这种自办的培训机构,往往针对性很强,它们是为自己的表演项目专门培训特殊人才的,一旦自己表演项目的人才已经够用,培训机构一般就会立即停止工作。特别是那些艺术学校和技校,一旦达到目的就会立即解散,那些艺术团体因为担负演出任务,团体不会解散,培养专门表演人才的工作可能会因为实际的需要断断续续地进行着。

(二) 送往实地培训

旅游表演人才一般来说都是操作型人才,具有实践经验者尤佳,所以,送往实地进行培训也是一个重要的培养方式。一个新的旅游表演项目还没有投入正式演出之前,根据自己旅游表项目的所需,选派一些人员到其他已经很成熟的景点,直接或者间接地参与他们的旅游表演的操作,他们可以是前台表演的演员,也可以是后台操作的技术人员,如灯光、音响、舞美、以及其他的技术制造和操作的工作人员。这种培养往往是去学习人家的一技之长,能够培养出具有实践经验的人才。

（三）委培

委培就是旅游企业与相关的学校合作，委托学校帮它们培养人才。旅游企业根据自己旅游表演项目的实际情况，挑选一些人员送往有关的学校进行有目的的培训。它们往往针对一些高技术进行有目的的人才培养，尤其是与现代科技相关的灯光、音响和舞台设计方面的技术人员的培训；它们有时候为了提高整个团队的素质，分批地对队员进行专业素质的培训。

如《宋城千古情》拥有国内最大的民营剧团，自聘的舞蹈、杂技、模特等演员上千名，为了把它打造成一台高水平的文化演出，集团与浙江大学等高等学校联合，多方位培训艺术团演员，提高演员的艺术素质和理解感悟的能力。[1]

三、原生态传承

尽管目前诸多原生态民间文化面临着消亡的危机，民间文化的原生态的传承方式被人们认为是落后的，而不加注意，但是原生态的传承方式仍然有它不可替代的优势。因此，原生态传承也是旅游表演人才培养的一种重要方式。

对于一种文化而言，它在漫长的历史岁月中历练出自己的传承方式，这是有一定的道理的，尽管现代的科技可以以最快的速度复制很多东西的复制品，但是，作为一种文化、一种工艺或者是一种艺术，它有很多的品质和因素是无法复制的。

第一，它的独一无二性无法复制。任何一种民间艺术，无论是演唱、舞蹈、一次工艺流程、一幅剪纸、一张绘画、一件手工品，它们都是独一无二的，永远不会有两个或者两次完全一样的东西，永远不会有重复。这种独一无二性是不能够复制的。

第二，它的活态性无法复制。任何一种民间艺术或者其他的文化事项，当它第二次出现的时候，都是新的。它永远在被创造，被加工，在逐步的完善，所以，它永远是活的。这种活态性是不能够复制的。

民间文化讲究心灵的感应，心领神会。按中国传统的审美观念，强调的是神似，而不是形似，使精髓的实质的东西保留下来，而外观和形态上可以变化。它的传承过程，本质上也就是一个心领神会，掌握其精髓的东西，而在形式外观上不做多的限制的过程，也是将它逐步发展和完善的过程，要给它的发展和完善以足够的余地，所以，面对面的口传心授、师徒传承应该是它最适合的传

---

[1] 引自百度网站。

承方式。那些只可意会不可言传的神韵，也只有通过心领神会才能达到。

原生态的口传心授的师徒传承方式，可以为旅游文化产业培养真正的原生态文化的表演人才和技术人才。比如：原生态的山歌、说唱、戏曲、器乐、舞蹈的表演；原生态的工艺制作，如各民族的蜡染、刺绣、服装、金银饰品、乐器和其他各种手工艺品的制作；原生态的仪式程序；原生态的绝活——吞刀、吐火、上刀山、下油锅、过火焰山、变脸、走绳索以及一些民间武术；原生态的建筑技艺，等等，都是由口传心授的方式传承的。

总的来说，原生态的传承方式不仅为旅游表演项目培养表演人才，而且还培养原生态项目的策划和编导人才，服装和道具设计制作人才，场地的规划和管理人才。只有原生态的传承方式，才能使原生态的旅游表演项目保留原生态的特征和文化底蕴。这一点尤为重要，应该引起我们极大的关注，并努力地付诸实践。所以，我们可以建立一些传承基地，召集有绝活的民间艺术家按照传统的方式培养各种人才。

参考文献

一、中文著作类

1. [美]丹尼逊·纳什. 旅游人类学 [M]. 宗晓莲, 译. 昆明: 云南大学出版社, 2004.
2. 孙惠柱. 社会表演学 [M]. 北京: 商务印书馆, 2009.
3. 彭勇文. 戏剧与企业培训 [M]. 上海: 上海远东出版社, 2011.
4. 彭兆荣. 旅游人类学 [M]. 北京: 民族出版社, 2004.
5. 谢彦君. 旅游体验研究: 一种现象学的视角 [M]. 天津: 南开大学出版社, 2006.
6. 马勇, 李玺. 旅游景区管理 [M]. 北京: 中国旅游出版社, 2006.
7. [英]欧文·戈夫曼. 日常生活中的自我呈现 [M]. 黄爱华, 冯钢, 译. 杭州: 浙江人民出版社, 1989.
8. [美] Dean MacCannell. 旅游者休闲阶层新论 [M]. 张晓萍, 等译. 桂林: 广西师范大学出版社, 2008.
9. [以色列]埃里克·科恩. 旅游社会学纵论 [M]. 巫宁, 马聪玲, 陈立平, 译. 天津: 南开大学出版社, 2007.
10. 理查德·谢克纳. 环境戏剧 [M]. 曹路生, 译. 北京: 中国戏剧出版社, 2001.
11. 陈世雄. 导演者——从梅宁根到巴尔巴 [M]. 厦门: 厦门大学出版社, 2006.
12. 理查德·谢克纳, 孙惠柱. 人类表演学系列——政治与戏 [M]. 北京: 文化艺术出版社, 2011.
13. 杨卫武, 徐薛艳, 刘嫄. 旅游演艺的理论与实践 [M]. 北京: 中国旅游出版社, 2013.
14. 彭兆荣. 人类学仪式的理论与实践 [M]. 北京: 民族出版社, 2007.

15. [美]维克多·特纳. 戏剧、场景及隐喻：人类社会的象征性行为[M]. 刘珩, 石毅, 译. 北京：民族出版社, 2007.
16. [英]约翰·尤瑞. 游客凝视[M]. 杨慧, 等译. 桂林：广西师范大学出版社, 2009.
17. 周宪. 视觉文化的转向[M]. 北京：北京大学出版社, 2010.
18. 吴靖. 文化现代性的视觉表达：观看、凝视与对视[M]. 北京：北京大学出版社, 2012.
19. [英]贝拉·迪克斯. 被展示的文化：当地"可参观性"的生产[M]. 冯悦, 译. 北京：北京大学出版社, 2012.
20. 齐美尔. 桥与门——齐美尔随笔集[M]. 涯鸣, 宇声, 等译. 上海：上海三联书店出版社, 1991.
21. 郑传寅. 传统文化与古典戏曲[M]. 长沙：湖南人民出版社, 2004.
22. 王兆乾, 吕光群. 中国傩文化[M]. 汕头：汕头大学出版社, 2007.
23. 杨慧, 陈志明, 张展鸿. 旅游、人类学与中国社会[M]. 昆明：云南大学出版社, 2001.
24. [法]安托南·阿尔托. 残酷戏剧——戏剧及重影[M]. 桂裕芳, 译. 北京：中国戏剧出版社, 2006.
25. 徐赣丽. 民俗旅游与民族文化变迁（桂北及壮瑶三村考察）[M]. 北京：民族出版社, 2006.
26. 容世诚. 戏曲人类学初探——仪式、剧场与社群[M]. 桂林：广西师范大学出版社, 2003.
27. 彭万荣. 表演诗学[M]. 北京：中国社会科学出版社, 2003.
28. [苏联]斯坦尼斯拉夫斯基, 等. 苏联戏剧大师论演员艺术[M]. 北京：文化艺术出版社, 1956.
29. 瓦伦·L. 史密斯. 东道主与游客：旅游人类学研究[M]. 张晓萍, 何昌邑, 译. 昆明：云南大学出版社, 2002.
30. 郭少棠. 旅行：跨文化想象[M]. 北京：北京大学出版社, 2005.
31. [澳]克里斯·库珀. 旅游研究经典评论[M]. 钟林生, 谢婷, 等译. 天津：南开大学出版社, 2006.
32. 谢大京, 一丁. 演艺业管理与运作[M]. 上海：上海音乐出版社, 2007.
33. 李天元. 旅游学概论[M]. 天津：南开大学出版社, 2003.
34. 孙喜林, 荣晓华. 旅游心理学[M]. 大连：东北财经大学出版社, 2010.
35. 黄伟林, 何金桃. 中国县城旅游典范阳朔现象[M]. 桂林：漓江出版社，2007．

36．赵长华．旅游概论［M］．北京：旅游教育出版社，2008．

37．阿兰·德波顿．旅行的艺术［M］．南治国，彭俊豪，何世原，译，上海：上海译文出版社，2014．

二、中文学术期刊、学位论文、报刊

1．孙惠柱，高鸽．什么是人类表演学——理查德·谢克纳教授在上海戏剧学院的讲演［J］．戏剧艺术，2004（5）：4-8．

2．孙惠柱．社会表演学：现实与虚拟之间［J］．上海大学学报（社会科学版）2008，15（1）：58-63．

3．朱江勇，覃庆辉．论人类表演学在旅游研究中的运用［J］．旅游论坛，2009，2（3）：330-334．

4．吴致美．体验式培训的运用与发展［D］．上海：上海戏剧学院，2011．

5．朱江勇，梁姣，韦凡荣．论旅游景区几种戏剧表演空间范式［J］．旅游论坛，2008，1（2）：299-303．

6．李淼，谢彦君．以博客为舞台：后旅游体验行为的建构性诠释［J］．旅游科学，2012，26（6）：21-31．

7．朱立新．中国古代的旅游演艺［J］．社科纵横，2009，24（12）：97-100．

8．李蕾蕾，张晗，卢嘉杰，等．旅游表演的文化产业生产模式：深圳华侨城主题公园个案研究［J］．旅游科学，2005，19（6）：44-51．

9．李幼常．国内旅游演艺研究［D］．成都：四川师范大学，2007．

10．徐琪．国内大型主题性旅游演艺产品开发初探［D］．上海：华东师范大学，2009．

11．朱立新．中国当代的旅游演艺［J］．社科纵横，2010，25（4）．

12．徐世丕．旅游演艺对我国传统演出市场的冲击和拓展［J］．中国戏剧，2008（9）：14-17．

13．张力，王磊．山水实景演出：点亮夜色的一种可能性［N］．中国旅游报，2007-6-13（13）．

14．赵刘．美学视角下的旅游演艺［N］．中国旅游报，2013-6-28（11）．

15．王德刚．旅游演艺：做大餐，更需烹小鲜［N］．中国旅游报，2012-7-18（2）．

16．朱江勇．中国戏曲文化旅游概述［J］．旅游论坛，2010，3（2）：240-244．

17．陈世雄，邵牧．戏剧人类学刍议［J］．东南学术，2004（6）：86-93．

18. 赵红梅. 论仪式理论在旅游研究中的应用——兼评纳尔什·格雷本教授的"旅游仪式论"[J]. 旅游学刊，2007，22（9）：70-74.

19. 张晓萍. "旅游是一种现代朝圣"刍议[J]. 云南民族大学学报（哲社版），2003，20（4）：91-93.

20. 陈鸣，刘高阳. 世博开启国民素质"成人礼"：国民优雅起来[N]. 南方周末，2010-9-1.

21. 孙惠柱. 欧美戏剧市场运作的三种模式[J]. 文艺研究，2001（3）.

22. 李春霞. 好客的东道主：旅游人类学"主—客"范式反思[J]. 广西民族大学学报（哲学社会科学版），2012（5）.

23. 杨慧，凌文锋，段平. "驻客"："游客""东道主"之间的类中介人群——丽江大研、束河、大理沙溪旅游人类学考察[J]. 广西民族大学学报（哲学社会科学版），2012（5）.

24. 魏美仙. 他者凝视中的艺术生成——沐村旅游展演艺术建构的人类学考察[J]. 广西民族大学学报（哲学社科科学版），2009（1）：43-47.

25. 阳宁东. 现代旅游语境中的"自我"与"他者"——对九寨沟《藏迷》表演者文化身份建构的思考[J]. 青海民族大学学报（社会科学版），2012（3）：152-155.

26. 朱江勇. "舞台互动"：旅游表演学视域下的旅游展演空间[J]. 旅游论坛，2014，7（2）：87-93.

27. 朱江勇. "角色互动"：旅游表演场域中的角色及角色关系[J]. 旅游论坛，2015（1）：87-94.

28. 傅云仙. 试论泰国旅游业[J]. 东南亚，1994（3）.

29. 陆栋梁. 西部地区民间音乐文化与旅游文化产业双重可持续性发展的操作模式[J]. 旅游纵览，2013（12）.

30. 陆栋梁. 基于产学研的旅游院校音乐专业民间音乐课程体系教学诸模式构想[J]. 旅游论坛，2013，6（2）：104-110.

31. 陆栋梁. 产学研视阈下旅游院校民间音乐课程设置与教材制定构想——以桂林旅游高等专科学校为例[J]. 广西教育，2013（2）：76-78.

三、外文文献

1. Adler J. Travel as Performed Art[J]. American Journal of Sociology, 1989, 94: 1366-1391.

2. Edensor T. Staging Tourism: Tourists as Performers[J]. Annals of Tourism

Research, 2000, 27(2): 322-344.

3. Dean MaCannell. Empty Meeting Grounds: The Tourist Papers[M]. London: Routledge, 1992.

4. Nelson Graburn. Secular Ritual: A General Theory of Tourism[M]. London: Cognizant Communications, 2001.

5. Crawshaw, C. and Urry, J. Tourism and the Photographic Eye[M]. In C. Rojuk and J. Urry (eds) Touring Cultures. London: Routledge, 1997.

6. Osborne, P. Travelling Light. Photography, Travel and Visual Culture. Manchester: Manchester University Press, 2000.

7. D. J. Boorstin. The Image: A Guide to Pseudo-Events in America[M]. New York: Harper & Row. 1964.

8. D.Chaney: Fictions of Collective Life[M]. London: Routledge, 1993.

9. Campbell, C. The Romantic Ethic and the Spirit of Modern Consumerism[M]. Oxford: Blackwell, 1987.

10. Feifer, M. Going Places[M]. London: Macmillan, 1985.

11. Talbot, M. Women and Leisure[M]. London: Sports Council/Social Sciences Research Council, 1979.

12. Russell, M. The Blessings of a Good Thick Skirt: Women Travellers and Their World[M]. London: Collin, 1988.

13. Levy, D.E and Lerch, P.B. Tourism as a Factor in Development: Implications for Gender and Work in Barbados[J]. Gender and Society, 1991, 5(1), 67-85.

14. Dahles, H. and Bras, K. Entrepreneurs in Romance: Tourism in Indonesia[J]. Annals of Tourism Research, 1999, 26(2), 267-93.

后 记

2013年我有幸入选为广西高等学校优秀中青年骨干教师培养工程第一期培养对象，这个项目是以课题形式申报和批准的，为期三年。我当时结合自己近些年对旅游基础理论和旅游表演研究的心得与体会，以"旅游表演研究"为课题名称申报，这本书正是这个项目结业的成果之一，同时也作为广西特色高校建设项目桂林旅游学院旅游艺术表演与策划专业建设成果之一。

一开始我对旅游表演的研究是对旅游业下戏剧类节目表演的关注，这属于狭义上的表演研究，随着对这方面研究的深入和对人类表演学与社会表演学等理论的理解，我逐渐认识到整个旅游活动其实就是人类活动的一种表演形式，加之前贤已有不自觉运用人类表演学理论对旅游活动展开的研究，于是我考虑在前人研究的基础上用广义表演含义来架构旅游表演学，如果尚不能构成一门学科的话，说它是旅游表演研究体系也行，它既包括大多数人理解的旅游业下的狭义上的表演，也包括整个旅游场域中人们具有表演性特征的各种行为活动。鉴于旅游表演学这个课题涉及内容太多、太广的事实，虽然这本书写完了，但我感觉到只是在这个领域的研究开了个头，我希望有更多的同行对这个领域产生兴趣，不断地将这方面的研究推进。

本课题的完成得到陆栋梁教授的大力支持，事实上他利用自己的专业优势在旅游研究上取得了丰硕的成果，他主持研究过三个课题："旅游院校音乐专业民间音乐产学研模式研究"（主要探讨旅游表演人才培养模式、课程体系、教育与产业的理论与实践）、"西部地区民族音乐资源的空间流变与旅游产业的结构布置"（主要探讨民间音乐文化进入旅游场域中的流变现象以及空间上的分布）、"西部地区民间音乐文化与旅游文化产业可持续性发展"，这些课题和他发表的学术论文很多与我申报的"旅游表演研究"课题密切相关，请他加盟这个课题的研究再恰当不过了。2013年除夕之夜，我们在房顶的露台上，就这书的写作进行了长达三个多小时的讨论，之后在写作期间也进行了多次交流。这本《旅游表演学》前面四章主要是旅游表演学理论建构与探讨，后面四章主要是对旅游表演实践与操作的剖析,全书分工如下:前言(朱江勇)、第一章(朱江勇)、第二章(朱江勇)、第三章(朱江勇)、第四章(朱江勇)、第五章(陆栋梁)、第六章(陆栋梁)、第七章(陆栋梁)、第八章(陆栋梁)、后记(朱江勇)。

  本书的出版得到广西壮族自治区教育厅"广西高等学校优秀中青年骨干教师培养工程"项目的经费资助!感谢北京第二外国语大学邹统钎教授的悉心指导!感谢复旦大学博士生导师郭英之教授为本书写序!感谢南开大学出版社老师的辛勤工作!感谢桂林旅游学院党委书记林娜教授、院长杨杰教授长期以来对青年教师成长的关心!感谢桂林旅游学院组织人事部、科技产业处、旅游外语系、艺术表演系等部门,以及广西师范大学博士生导师黄伟林教授、厦门理工学院外国语学院副院长覃庆辉副教授,桂林旅游学院周其厚教授、钟泓教授、黄晓萍教授、张洁夫副教授、梁敢教授、梁永飞副教授、陆礼春博士、韦婕老师等诸多同仁的支持!

  值此书完稿之时,笔者所在的桂林旅游高等专科学校经过多年的努力终于升格为二本院校——桂林旅游学院,迈上新台阶的她将承载着中国旅游教育人才培养的责任与希望向新的彼岸进发!

  谨以此书献给桂林旅游学院三十周年华诞!愿她地处的美丽的相思江畔成为国内外旅游教学、研究的重镇!

  由于笔者的学识有限,书中难免有疏漏和不足之处,敬请专家和读者批评指正!

朱江勇

2015 年 3 月

初稿 桂林三里店旅专家园思齐斋

修改 桂林旅游学院雁山校区

涉外语言文化研究所

南开大学出版社网址：http://www.nkup.com.cn

投稿电话及邮箱：　022-23504636　　QQ：1760493289
　　　　　　　　　　　　　　　　　　QQ：2046170045(对外合作)
邮购部：　　　　　022-23507092
发行部：　　　　　022-23508339　　Fax：022-23508542

～～～～～～～～～～～～～～～～～～

南开教育云：http://www.nkcloud.net　　

App：南开书店 app　　

　　南开教育云由南开大学出版社、国家数字出版基地、天津市多媒体教育技术研究会共同开发，主要包括数字出版、数字书店、数字图书馆、数字课堂及数字虚拟校园等内容平台。数字书店提供图书、电子音像产品的在线销售；虚拟校园提供 360 校园实景；数字课堂提供网络多媒体课程及课件、远程双向互动教室和网络会议系统。在线购书可免费使用学习平台，视频教室等扩展功能。